ammann

András Hegedüs

Im Schatten einer Idee

Eine Befragung von Zoltán Zsille
zur Vergangenheitsbewältigung
eines Stalinisten

Herausgegeben und übersetzt
von Hans-Henning Paetzke

Ammann Verlag

Ungarischer Originaltitel: Élet egy eszme árnyékában, Wien 1985.
Gekürzte und bearbeitete Fassung vom Herausgeber

Erste Auflage

ISBN 3-250-10042-0

Vorwort

Von Hans-Henning Paetzke

Wo sind die Festtage geblieben

Zoltán Zsilles Befragung zur Vergangenheitsbewältigung eines Stalinisten ist ein beeindruckendes zeitgeschichtliches Dokument. Der geläuterte Kommunist und ehemalige Ministerpräsident Ungarns, András Hegedüs, der sich heute freimütig dazu bekennt, 1956 den Hilferuf an die Sowjets unterschrieben zu haben, und der Emigrant Zoltán Zsille, Hegedüs' ehemaliger Schüler, stehen sich im Gespräch, manchmal im Streitgespräch, gegenüber. Die Positionen sind grundverschieden. Während Zsille selbst das gemäßigte ungarische Regime kádáristischer Prägung ablehnt und für ihn 1956 eine Revolution stattgefunden hat, will Hegedüs eine Pluralisierung der ungarischen Gesellschaft erreichen unter der Vorherrschaft der Kommunistischen Partei. Auch hat für ihn 1956 keine Revolution stattgefunden, sondern lediglich ein Volksaufstand. Wie auch immer, András Hegedüs' Memoiren sind in der vorliegenden Form ein beachtliches publizistisches Ereignis. Seit Chruschtschow ist Hegedüs der ranghöchste osteuropäische Politiker, der sich die Freiheit nimmt, seine Memoiren im Westen erscheinen zu lassen, noch dazu ohne die Genehmigung der KP. Ähnlich wie Milovan Djilas durchbricht er mit diesem Buch die engen Grenzen des kommunistischen Sittenkodexes. Selbst dort, wo ihm die Zunge am Gaumen kleben bleibt, weil er letzte Rücksichten übt, ist das Schweigen beredt. Vor den Augen des Lesers entfaltet sich die Psychologie der Schuldverdrängung und der ansatzweisen Schuldbewältigung, sprich Vergangenheitsbewältigung. Doch kann eine Vergangenheit überhaupt bewältigt werden? Bleibt bei den Opfern und Nachgeborenen nicht immer ein schaler Geschmack zurück? Aus den Eichmann-Protokollen kennen wir die Schutzmechanismen, wie Jahre nach dem Holocaust die eigene Verantwortlichkeit heruntergespielt wird. Hegedüs ist frei von Illusionen. Nur weil der Kommunismus auf der Seite der Sieger der Geschichte stehe, sei der ehemalige Stalinist Hegedüs, so meint er in einem Gespräch, unbehelligt geblieben und habe eine Katharsis durchmachen können. Er bekennt sich zu seiner Schuld während der Zeit des Stalinismus. Aber hier an dieser Stelle soll keine Wertung von Hegedüs' *Im Schatten einer Idee* unternommen werden. Dies mag dem Leser vorbehalten bleiben. Vielmehr soll der Versuch gewagt werden, als Lesehilfe einige Bausteine des Mosaiks der jüngsten ungarischen Geschichte und Gegenwart zusammenzutragen.

Die Volksrepublik Ungarn scheint innerhalb Osteuropas das zu sein, was Amerika als Markenzeichen auch heute noch anhaftet: das Land der unbegrenzten Möglichkeiten. Wenn in den westlichen Medien von Ungarn die Rede ist, dann neigen selbst bürgerliche Journalisten, die über den Verdacht, kommunistische Sympathisanten zu sein, erhaben sind, zu Begeisterungsausbrüchen. Der Kommunismus ungarischer Prägung zeigt ihnen ein menschliches Antlitz. Und sie meinen sogar, von einem liberalen politischen und wirtschaftlichen System sprechen zu müssen. In der Tat ist das, was die Ungarn in den vergangenen dreißig Jahren geleistet haben, erstaunlich. Nach der Niederschlagung der Revolution am 4. November 1956 durch die sowjetische Bruderarmee hatte es vorübergehend so ausgesehen, als würde Ungarn in eine neue Ära des Stalinismus zurückfallen. Schon einmal hatte sich der Beginn finsterer Jahre mit dem Einmarsch der Roten Armee auf ungarischem Territorium verbunden: 1944. Damals allerdings hatte es ganz harmlos angefangen. Die sowjetischen Truppen wurden von breiten Bevölkerungskreisen als Befreier vom Faschismus begrüßt. Nach 1945 baute die ungarische KP ihre Parteiorganisationen außerordentlich schnell aus. Geleitet wurde die Partei von den sogenannten Moskowitern. Das waren ungarische Kommunisten, die den Krieg als Emigranten in Moskau verbracht hatten. Im zweiten Glied standen diejenigen Kommunisten, die während der Kriegsjahre in Ungarn aktiv im Widerstand tätig gewesen waren. Die Vertreter der Kommunistischen Partei in der Provisorischen Nationalen Regierung befanden sich in der Minderheit. Doch mit den Sowjets im Hintergrund konnte diese Minderheit die Geschicke des Landes wesentlich mehr beeinflussen, als es ihr aufgrund der demokratischen Machtverhältnisse zugekommen wäre. Nach den ersten demokratischen Wahlen im November 1945 erhielt die Partei der Kleinen Landwirte die Mehrheit. In der Koalitionsregierung wurden den Kommunisten jedoch Schlüsselpositionen zugestanden. So konnten sie sich sofort an den Aufbau der Politischen Polizei machen. Dadurch wurden sie in die Lage versetzt, durch permanenten Terror das Mehrparteiensystem aufzureiben. 1948 war es schließlich so weit: Das Mehrparteiensystem war vernichtet. Das stalinistische Einparteiensystem wurde installiert. Nachdem die

Säuberungen in der nichtkommunistischen Bevölkerung, in den nichtkommunistischen Parteien Tausende ins Zuchthaus und Hunderte an den Galgen gebracht hatten, begannen die Säuberungen in der Kommunistischen Partei selbst. Das Muster war aus den dreißiger Jahren aus Moskau weitgehend bekannt. Die Ideologie der ungarischen Schauprozesse war dennoch eine neue. Stalin hatte sich darauf verstanden, das Gespenst eines vor der Tür stehenden dritten Weltkriegs einzusetzen, um eine Hysterie ohnegleichen heraufzubeschwören. Mit unerbittlicher Härte wurde nun in den Reihen der KP nach Kommunisten gefahndet, die aus den verschiedensten Gründen ideologische Angriffsflächen boten. Die Moskowiter blieben von den Säuberungen weitestgehend verschont, denn sie hatten diese Zeit bereits in Moskau überstanden. So konzentrierten sich die Säuberungen vor allem auf die heimischen Kommunisten. Erstes prominentes Opfer wurde László Rajk, ehemaliger Innen- und Außenminister, der 1949 in einem berüchtigten Schauprozeß, dem sogenannten Titoistenprozeß, zum Tode verurteilt und hingerichtet wurde. 1951 schließlich wurde János Kádár zu lebenslangem Zuchthaus verurteilt. Die Vorwürfe gegen ihn und seine Mitangeklagten waren mehr als fadenscheinig. Ferenc Donáth, im Geheimprozeß gegen Kádár mitangeklagt, berichtet: »Als Vorwand für unsere Verhaftung wurden die Ereignisse in der Zeit um 1943 gegen uns vorgebracht. 1943 wurde die Auflösung der III. Internationale beschlossen. Die kommunistischen Parteien erhielten die Instruktion, daß es der Führung jeder einzelnen kommunistischen Partei überlassen bleibe, ob sie in der neuen Situation als kommunistische Partei aktiv bleiben wolle. Auf Vorschlag von János Kádár hörte die kommunistische Partei Ungarns 1943 nominell auf zu existieren und nannte sich fortan Friedenspartei. Organisatorisch hatte sich in Wahrheit nichts geändert, und das war auch kein Geheimnis. Für die Polizei war es ein leichtes festzustellen, daß es zwischen den beiden Parteien keine Unterschiede gab. Unter anderem zeigte sich das in den Publikationen unserer Presse. Wir benutzten die gleiche Druckerei und die gleichen Drucktypen. Der Vorwurf gegen uns war also, die Auflösung der KP im Jahr 1943 sei ein schrecklicher Schlag gegen die kommunistische Bewegung gewesen, die als kommunistische Partei viel effektiver hätte arbeiten können. Als Friedenspartei habe sie nicht entsprechend wirksam werden können. Die Erfindung dieses Vorwurfs mußte als Erklärung dafür herhalten, woran es eigentlich gelegen habe, daß die ungarische Arbeiterschaft keinen wirksamen und bewaffneten Widerstand gegen die deutsche Besatzung geleistet hat. Die Verantwortung für dieses Versagen wurde uns angelastet. Im Juli 1954 wurden wir entlassen. Der Entlassung war eine Neuaufnahme der Verhandlung vorausgegangen, in deren Verlauf festgestellt wurde, daß der Prozeß von 1951 auf fiktiven Anklagen basiert habe und abgekartert gewesen sei. Das Urteil habe sich auf Unwahrheiten gestützt. Unsere Rehabilitierung hängt mit der Person Imre Nagys zusammen, in erster Linie jedoch mit Stalins Tod. Zu Stalins Lebzeiten war absolut nicht daran zu denken, daß man einen solchen Scheinprozeß nochmals hätte aufrollen und unsere Unschuld feststellen können. Die Frage nach der politischen Verantwortung für unseren Prozeß wurde natürlich zu keinem Zeitpunkt aufgeworfen. Nach Stalins Tod folgte eine Periode der Liberalisierung. Die erste Regierung Imre Nagy proklamierte 1953 die Beseitigung der

Gesetzlosigkeit und die Anhebung des Lebensstandards. Diese Periode dauerte jedoch nur kurze Zeit, denn auch die inzwischen eingetretenen Veränderungen in der sowjetischen Führung hatten dazu beigetragen, daß Rákosi, der Erster Sekretär der Partei geblieben war, Imre Nagy nicht nur aus den Führungsorganen der Partei, sondern auch aus der Partei selbst ausschließen konnte. Damit hatte Imre Nagy erneut ausgespielt. Seine Situation war äußerst bedrohlich. Rákosi machte einen seiner engsten Mitarbeiter, der sein volles Vertrauen genoß und der Rákosis Vorstellungen Geltung verschaffte, zum Ministerpräsidenten: András Hegedüs.«

Heute wird die Volksrepublik Ungarn in den westlichen Medien als das liberalste Land im Ostblock gepriesen. Das ist das Ergebnis erfolgreicher Wirtschaftsreformen, einer behutsamen Lüftung des Eisernen Vorhangs und nicht zuletzt auch einer geschickten Propagandapolitik. Bei den kritischen Intellektuellen Ungarns stößt diese Sicht auf Zurückhaltung. Die zweifellos positive ungarische Entwicklung beschränkt sich ihrer Meinung nach auf die Reformbewegung in der Wirtschaftspolitik. Die Liberalisierung der Wirtschaftspolitik habe nicht die Reformierung des gesellschaftlichen Überbaus nach sich gezogen. In der offiziellen ungarischen Politik wird der Versuch erblickt, die Quadratur des Kreises zu lösen, nämlich die Wirtschaft zu reformieren, das heißt zu liberalisieren, ohne Reformen in der Gesellschafts- und Kulturpolitik durchzuführen. So kommt es, daß in Ungarn heute zwei Reformbewegungen zu beobachten sind. Bei der einen handelt es sich um eine von Partei und Regierung initiierte, von den Sowjets und den Bruderländern oft stöhnend und argwöhnisch geduldete, bei der zweiten geht es um eine revolutionär anmutende Reformbewegung von unten. Allerdings wird diese Bewegung vom Proletariat nicht unterstützt, wie das bei der polnischen Gewerkschaft Solidarität der Fall war. Vielmehr haben wir es in Ungarn mit einer kleinen Schicht von politisch und soziologisch bewußten Intellektuellen zu tun, die sich am ehesten mit dem polnischen KOR vergleichen ließen. Auch KOR, das Komitee zur Verteidigung der Arbeiter, war keine Massenbewegung, sondern fungierte im Vorfeld der Entstehung von Solidarność als eine Art Ideologieträger.

Das, was heute in Ungarn geschieht, ist nicht loszulösen von den Jahren des Stalinismus unter Mátyás Rákosi, der sich nicht zu Unrecht für den besten Schüler Stalins hielt. Und es ist vor allem nicht loszulösen von der Revolution, die, vor dreißig Jahren, am 23. Oktober 1956, ungestüm und vollkommen unerwartet ausgebrochen war. So nimmt es auch nicht wunder, daß die Auseinandersetzung mit der stalinistischen Ära und der Revolution teilweise noch immer tabuisiert ist. In den ungarischen Medien werden nur Halbwahrheiten ausgesprochen. Die Grabstätte des Revolutionsführers und ehemaligen Ministerpräsidenten Imre Nagy ist unbekannt. Wo, das ist ein streng gehütetes Staatsgeheimnis, ähnlich wie in den fünfziger Jahren das Grab des 1949 nach einem stalinistischen Schauprozeß hingerichteten ehemaligen Innen- und späteren Außenministers László Rajk, der kurz vor Ausbruch der Revolution ein zweites Mal, diesmal unter Beteiligung von 250000 Menschen, feierlich beigesetzt wurde.

Anläßlich seines 60. Geburtstags 1972 sagte János Kádár: »1956 war eine schwerwiegende und kritische Lage entstanden, die wissenschaftlich als Konterrevolution bezeichnet wird. Wir wissen, daß dies die wissenschaftliche Definition dessen ist, was 1956 geschehen ist. Doch es gibt auch einen anderen Begriff, den wir alle akzeptieren können: 1956 war eine nationale Tragödie. Eine Tragödie für die Partei, für die Arbeiterklasse, für das Volk und auch für den einzelnen. Es war ein Irrweg beschritten worden, und daraus war eine Tragödie entstanden.«

Am 1. November 1956 allerdings sprach Kádár lediglich von der Gefahr einer Konterrevolution. In seiner damaligen Rundfunkrede stellte er sich sogar eindeutig auf die Seite der Revolutionäre. Und darin ist nichts Besonderes zu sehen. Schließlich gehörte er der Revolutionsregierung von Imre Nagy als Mitglied an: »Der ruhmreiche Aufstand unseres Volks hat die Rákosi-Herrschaft abgeschüttelt, hat die Freiheit des Volks und die Unabhängigkeit des Landes erkämpft, ohne die es keinen Sozialismus gibt, und auch nicht geben kann. Ohne Umschweife dürfen wir sagen, die ideellen und organisatorischen Führer und Wegbereiter sind aus unsern Reihen hervorgegangen. Die ungarischen Kommunisten, Schriftsteller, Journalisten, Studenten und die aufgrund verlogener Anklagen eingekerkerten alten Kämpfer haben in den ersten Reihen gegen Rákosis Willkürherrschaft und Abenteurerpolitik gekämpft. Wir sind stolz darauf, daß ihr im bewaffneten Aufstand und in dessen Führung ehrenvoll bestanden habt, durchdrungen von echter Vaterlandsliebe und Treue zum Sozialismus.«

Und im weiteren Verlauf der Rede gibt Kádár die Auflösung der bisherigen kommunistischen Partei, der sogenannten Partei der Ungarischen Werktätigen, bekannt. Zugleich verkündet er die Gründung einer neuen Partei, der Ungarischen Sozialistischen Arbeiterpartei, deren Erster Sekretär János Kádár auch gegenwärtig ist. In der offiziellen ungarischen Geschichtsschreibung will man heute nichts vom Zusammenhang zwischen der Revolution und der Parteigründung wissen. Damals erklärte Kádár im Rundfunk: »In diesen schweren Stunden haben jene Kommunisten, die auch bisher schon gegen Rákosis Willkürherrschaft gekämpft haben, entsprechend dem Verlangen zahlreicher wahrer Patrioten und Sozialisten die Gründung einer neuen Partei beschlossen. Die neue Partei bricht für alle Zeiten mit den Verbrechen der Vergangenheit! Sie wird unsere nationale Ehre sowie die Unabhängigkeit unserer Heimat gegen jedermann verteidigen. Auf dieser Grundlage, auf der Grundlage der nationalen Unabhängigkeit entwickelt sie ihr brüderliches Verhältnis zu allen fortschrittlichen sozialistischen Bewegungen und Parteien auf der Welt. Auf dieser Grundlage, auf der Grundlage der nationalen Unabhängigkeit wünscht sie freundschaftliche Beziehungen zu allen nahen und fernen Ländern, vor allem zu den sozialistischen Nachbarländern. (...) In dieser großartigen, wenn auch schweren Periode unserer Geschichte rufen wir alle ungarischen Werktätigen auf, die sich von der hingebungsvollen Liebe zum Volk und zur Heimat leiten lassen, sich unserer Partei anzuschließen, die sich Ungarische Sozialistische Arbeiterpartei nennt. (...) Um die Organisation der Partei in Gang zu setzen, zwecks Lenkung der Parteiangelegenheiten und zwecks dringlichster Einberufung des landesweiten Gründungsparteitags hat sich ein Vorbereitungskomitee konstituiert, dessen Mitglieder Ferenc Donáth, János Kádár, Sándor Kopácsi, Géza Losonczy, Georg Lukács, Imre Nagy und Zoltán Szántó sind.«

Die Namen der Gründungsmitglieder der Ungarischen

Sozialistischen Arbeiterpartei sind besonders interessant, zumal sie in der nachrevolutionären Geschichtsschreibung gemäß dem Orwellschen Vorbild in der Versenkung verschwanden. Als einziger konnte sich János Kádár behaupten. Ferenc Donáth, der große alte Mann der Opposition, im Juli 1986 verstorben, stand 1958 gemeinsam mit Sándor Kopácsi und Imre Nagy in einem Geheimprozeß vor Gericht. Imre Nagy wurde am 16. Juni 1958 hingerichtet. Kopácsi und Donáth wurden zu hohen Zuchthausstrafen verurteilt, 1963 im Zuge der Amnestie auf freien Fuß gesetzt. Géza Losonczy kam vor Prozeßbeginn unter mysteriösen Umständen ums Leben. Seine in Belgien lebende Tochter, die jahrelang von der Partei hofiert wurde, hat trotz wiederholter Versuche noch immer nicht in Erfahrung bringen können, wo sich das Grab ihres Vaters befindet. Zoltán Szántó zog sich nach der rumänischen Internierung 1958 aus der Politik zurück. Den Philosophen Georg Lukács schützte sein Weltruhm. Seine Hoffnung auf eine Erneuerung des Kommunismus, wie er sie mit der Gründung der Ungarischen Sozialistischen Arbeiterpartei am 1. November 1956 verbunden hatte, gab er bis zu seinem Tod nicht auf.

In Kádárs Rundfunkrede heißt es weiter: »Arbeiter! Bauern! Intellektuelle! Die neue Partei nimmt teil am Kampf um die Stabilisierung der Unabhängigkeit und der Demokratie, sie kämpft für die sozialistische Zukunft unseres Volks. (...) Unser Volk hat es mit seinem Blut bezeugt, daß es die Forderung der Regierung nach vollkommenem Abzug der sowjetischen Streitkräfte unerschütterlich unterstützt. Wir wollen keine weitere Abhängigkeit! Wir wollen das Land nicht zum Kriegsschauplatz werden lassen! Wir wenden uns an jeden anständigen Patrioten!

Halten wir zusammen für den Triumph der ungarischen Unabhängigkeit, der ungarischen Freiheit!«

Und am 30. Oktober gar, als die Regierung Imre Nagy den sowjetischen Botschafter Andropow vom Austritt aus dem Warschauer Vertrag und von der Neutralitätserklärung in Kenntnis setzt, verkündet Kádár, daß er als Ungar gegebenenfalls bereit sei zu kämpfen. Andropow schleudert er ins Gesicht: »Wenn Ihre Panzer ins Land kommen, werde ich auf die Straße gehen und mit bloßen Fäusten gegen sie losgehen!«

Vor dem Hintergrund von Kádárs Rundfunkrede und seiner Willensbekundung gegenüber Andropow stellt sich die Frage neu, inwieweit 1956 als Aufstand, Revolution oder gar Konterrevolution zu sehen ist. Der Begriff der Konterrevolution steht allerdings auf wackligen Füßen, da eine Konterrevolution eine vorangegangene Revolution voraussetzt. Diese aber hat nach Meinung parteiunabhängiger Historiker mit der kommunistischen Machtergreifung nach dem Zweiten Weltkrieg nicht stattgefunden. So bleibt nur die Frage zu klären, ob wir es 1956 mit einer Revolution oder einem Aufstand zu tun haben. András Hegedüs, der bis zum Ausbruch der Unruhen von 1956 ungarischer Ministerpräsident war und heute als Randfigur der Opposition von sich reden macht, behauptet, daß man in Ungarn nicht von einer Revolution, sondern lediglich von einem Volksaufstand sprechen könne. Er hält die Revolution für den »Ausbruch der äußerst verschiedenartigen gesellschaftlichen Unzufriedenheit in einem von vornherein aussichtslosen bewaffneten Aufstand.« Die Philosophin und Lukács-Schülerin Agnes Heller dagegen schreibt in ihrem gemeinsam mit Ferenc Fehér verfaßten Buch *Diktatur über die Bedürfnisse* im Kapitel *Ungarn*

1956: Die Anatomie einer politischen Revolution folgendes: »Darf man ohne große Übertreibung und nationale Anmaßung behaupten, daß im Jahrhundert (...) der Februar- und Oktoberrevolution, der chinesischen Revolution, der Aufruhr in einem kleinen Land eine politische Revolution par excellence darstellt? Es gibt nur einen Grund für die Behauptung: nach dem Umsturz von 1848 fand in Ungarn 1956 die einzige rein politische Revolution in dem Sinne statt, daß sie nicht aus einer durch den Krieg ausgelösten Krise hervorging (meist aus einem verlorenen Krieg) – wie die Pariser Commune, die russischen Revolutionen 1905 und 1917, die ungarische und die deutsche Revolution 1918/19 –, sondern aus der totalen Legitimationskrise eines tyrannischen Regimes. Diese Revolution ist eine reine Revolution, da die ihre Protagonisten motivierenden Überlegungen einzig aus der Struktur der Gesellschaftsordnung und nicht aus externen Faktoren gewonnen werden (während im Februar 1917 und später die Frage des Friedens eine entscheidende Rolle spielte) und daß entsprechend der Mechanismus der sozialen Revolution wie unter Laboratoriumsbedingungen in hellem Licht erscheint. Es muß angemerkt werden, daß die oft in falschen Zusammenhang gebrachte ungarische Revolution von 1956 nichts mit den rechtsgerichteten Revolutionen wie dem Marsch auf Rom oder Hitlers Machtergreifung gemein hat. Letztere waren keine Erhebungen der unterdrückten bürgerlichen Gesellschaft gegen die Tyrannei, sondern das genaue Gegenteil: der Staatsstreich der Tyrannei (im Gewande einer Revolution) gegen die Demokratie.«

In einem Gespräch antwortet Agnes Heller auf die Frage, ob man zwischen einem Volksaufstand und einer

Revolution unterscheiden müsse: »Ich meine, daß man tatsächlich zwischen einem Volksaufstand und einer Revolution unterscheiden sollte. Ich bin überzeugt davon, daß es sich in Ungarn um eine authentische Revolution gehandelt hat und daß der Aufstand lediglich ein Bestandteil der Revolution gewesen ist. Es gibt nicht-revolutionäre Aufstände. Sie sind der Ausbruch der Unzufriedenheit, ohne daß die bestehende Souveränität verändert werden soll. Wo aber die Veränderung der Souveränität beabsichtigt ist, muß man von einer Revolution sprechen. Es gibt politische Revolutionen ohne Aufstände. Und es gibt Aufstände ohne Revolution. In Ungarn gab es beides. Dennoch war der Aufstand als solcher nicht allzu groß. Am Aufstand selbst haben nur ein paar tausend Menschen teilgenommen. Die Revolution aber wurde von der gesamten Bevölkerung getragen. Der Aufstand war lediglich ein Teilaspekt der Revolution. Die Aufständischen waren eine Art pressure group innerhalb der Revolution. Die Revolution hat sich aber nicht auf der Aufständischen-Ebene artikuliert.«

Als führende Repräsentantin der Lukács-Schule ist Agnes Heller international bekannt geworden. Und wenn von der ungarischen Revolution die Rede ist, liegt es nahe, Agnes Heller nach der Rolle Georg Lukács' in der Revolution zu fragen. Denn Georg Lukács war ja Mitglied der Revolutionsregierung Imre Nagy. Zusammen mit Imre Nagy und anderen war er vom Asyl in der jugoslawischen Botschaft durch sowjetisches Militär in die rumänische Internierung verbracht worden. Neben Zoltán Szántó ist er der einzige, dem die Vergeltungsmaßnahmen relativ wenig anhaben konnten. Alle anderen wurden zu hohen Zuchthausstrafen verurteilt oder aber gar hingerichtet wie

Imre Nagy und Verteidigungsminister Pál Maléter. In dem erwähnten Buch schreibt Agnes Heller: »Oft wurde gegen Imre Nagy ins Feld geführt, daß er ein Mann von bewundernswerter Moral, ein wirklicher Märtyrer, aber kein richtiger Politiker gewesen sei. Diese Kritik hat zwei Seiten. Einerseits wurden verschiedene Episoden aus seiner ersten Periode als Premierminister erwähnt, wobei er beschuldigt wurde, die Gelegenheit nicht genutzt zu haben, die Macht mit eiserner Faust zu ergreifen, Rivalen zu liquidieren und Widersacher vom stalinistischen wie vom bürgerlich-liberalen Pol ins Gefängnis zu werfen. Selbst Lukács, der nach 1956 darauf bedacht war, nie ein Wort gegen Imre Nagy zu äußern, sagte uns 1955, als wir ihm vorschlugen, Kontakt zu Imre Nagy und seiner Gruppe aufzunehmen: ›man macht keine Politik mit mittelmäßigen Schriftstellern und Privatmoralisten. Ich war selbst in den 20er Jahren ein alter Fraktionist, ich weiß, wie solche Dinge gehandhabt werden müssen; man organisiert eine Fraktion mit einflußreichen Funktionären und erobert die Machtstrukturen, statt Volksreden zu halten‹. Andererseits gab es einen zweiten Vorwurf, der dahin ging, daß Imre Nagy ein geborener Opportunist wäre oder – wenn es in einer milderen Form ausgedrückt wurde – daß er ständig Zugeständnisse an die Bevölkerung machte, besonders in den Fragen der Revolution.«

Georg Lukács hat nie von einem Aufstand, wohl aber von einer Revolution gesprochen. Als Parteipolitiker kritisierte Lukács Imre Nagys Wirken zwischen 1953 und 1956. Er warf Imre Nagy dessen ungeschicktes Taktieren innerhalb der Partei vor. Agnes Heller erläutert: »Imre Nagy war kein Parteipolitiker oder zumindest ein schlechter. Aber gerade deshalb halte ich ihn für einen guten

Politiker. Er war fähig, von den Menschen und der Bewegung zu lernen. Als er im Oktober 1956 erneut an die Macht kam, hatte er noch keine fertige Konzeption. Er hatte immer über eine Revolution von oben und nicht über eine Revolution von unten nachgedacht. Deshalb war für ihn die Situation im Oktober 1956 eine absolut unerwartete. Und so war er dieser Situation in den ersten Tagen auch nicht gewachsen.«

Der Dichter György Petri hat eben dieses Schwanken Imre Nagys, wovon Lukács und Heller sprechen, in einem beeindruckenden lyrischen Porträt festgehalten:

Imre Nagy
Du warst unpersönlich wie die anderen bebrillten Führer
im Sakko, deine Stimme war nicht metallen,
denn du wußtest nicht, was du eigentlich sagen solltest,

so unvermittelt den vielen Versammelten. Gerade das Plötzliche
war ungewohnt für dich. Du alter Mann mit dem Zwicker,
ich hörte dich, ich war enttäuscht.
Ich wußte noch nichts,

vom Betonhof, wo der Staatsanwalt
das Urteil gewiß heruntergeleiert hat,
ich wußte noch nichts von der großen Reibung
des Stricks, von der letzten Schmach.

Wer will sagen, was sagbar gewesen wäre
von jenem Balkon aus, Möglichkeiten, unter Maschinengewehren
verfeuert, kehren nicht zurück. Gefängnis und Tod
wetzen die Schärfe des Augenblicks nicht aus,
wenn der eine Scharte bekommen hat. Aber wir dürfen uns erinnern
an den zögernden, verletzten, unentschlossenen Mann
der gerade seinen Platz zu finden schien,
als wir davon aufwachten,
daß man unsere Stadt zerschoß.

Doch ist es nicht gerade das, was einen demokratischen Politiker ausmacht? Daß er von der Massenbewegung lernt? Agnes Heller: »Imre Nagy wurde immer wieder der Vorwurf gemacht, die Bewegung nicht gelenkt zu haben, sondern umgekehrt, sich von ihr beeinflußt haben zu lassen. Ich meine nun aber, genau das ist es, was ein demokratischer Politiker tun sollte, ein Gespür dafür zu entwikkeln, was die Bewegung von ihm erwartet und den Willen der Bewegung durchzusetzen. Genau das hat Imre Nagy getan. Er hat den Willen der Bevölkerung in die Sprache der Politik übersetzt. Der Austritt aus dem Warschauer Pakt, die Ablösung des Einparteiensystems durch ein demokratisches Mehrparteiensystem ist das, was ich als Souveränitätswechsel bezeichne. Und dieser Souveränitätswechsel wurde von Imre Nagy politisch artikuliert.«

Georg Lukács hatte sich allerdings gegen den Austritt aus dem Warschauer Pakt ausgesprochen. Dies war wohl der Punkt, an dem für ihn die Grenze seiner Zivilcourage erreicht war. Auf die Frage, wie Lukács' ablehnende Haltung zum Austritt aus dem Warschauer Pakt einzuschätzen sei, ob es sich hierbei um ein kluges politisches Verhalten oder aber um seine innerste Überzeugung gehandelt habe, antwortet Agnes Heller: »Lukács beging mit diesem Verhalten sicher einen Fehler. Man könnte diesen Fehler als ideologischen und taktischen Fehler beschreiben. Ideologisch deshalb, weil Lukács glaubte, Ungarn dürfe nicht vom Sowjetblock abfallen. Taktisch deshalb, weil Lukács meinte, durch den Austritt aus dem Warschauer Pakt würde man die Intervention der Sowjets provozieren. Die Krise des Prager Frühlings 1968 hat Lukács widerlegt.«

Was nun hat die Revolution mit dem gegenwärtigen Zustand der ungarischen Gesellschaft zu tun? Agnes Heller ist überzeugt davon, »... daß alles, was heute in Ungarn passiert, als Revolutionsfolge anzusehen ist. Nach der Revolution fand natürlich eine sehr peinliche Konterrevolution statt. Doch die Revolution war nicht mehr aus den Gehirnen der Menschen zu tilgen. Auch die neue Führungsschicht, die nach der Revolution an die Macht gekommen war, war ein Ergebnis der Revolution. Natürlich repräsentierten die neuen Führer die Parteisouveränität, aber sie waren immer darauf bedacht, den Ausbruch einer neuen Revolution zu verhindern.«

Trauma und Folgen der Revolution sind ein Schlüssel zum Verständnis der ungarischen Gesellschaft und Politik heute. Bei den Revolutionsfolgen ist an rund 3000 Hinrichtungen zu denken, aber auch an einen gesellschaftlichen Konsens, der in den sechziger Jahren erreicht wurde, nachdem die zu hohen Zuchthausstrafen verurteilten Revolutions-Teilnehmer amnestiert worden waren. Wenn ich von einem Trauma spreche, dann ist damit auch die Angst vor einer Wiederholbarkeit der 56er Revolution gemeint. All das, was den ungarischen Kommunismus dem westlichen Beobachter und Touristen heute so sympathisch erscheinen läßt, ist unmittelbar oder zumindest mittelbar eine Folge, ein Ergebnis der Revolution. Am 4. November 1956, als sich Kádár der ungeliebten sowjetischen Besatzungsmacht als Statthalter zur Verfügung stellte, schlug ihm eine Welle des Hasses entgegen. Er hatte die Revolution verraten und sich als Judas verdingt. Wer hätte damals gedacht, daß János Kádár, der politisch verantwortlich ist für die Hinrichtung von Imre Nagy und der anderen Revolutionäre, innerhalb weniger Jahre zum geliebten Vater der Nation aufsteigen würde? Ich will mir nicht anmaßen, Kádárs Rolle zu beurteilen. Auch gibt es ohnehin zwei verschiedene Beurteilungskriterien. Das eine Kriterium wäre der Zivilist Kádár, der zwischen 1945 und 1960 viel Schuld auf sich geladen hat. Ab 1960 allerdings verbindet sich mit seinem Namen die Amnestierung der inhaftierten Revolutionäre, ein wachsender Wohlstand der Bevölkerung, weitestgehende Liberalisierung der Wirtschaft, Aufhebung der Reisebeschränkungen, Lockerung der Zensur und so weiter. Das andere Kriterium wäre der Politiker, der sich vom Stalinisten zum kommunistischen Realpolitiker entwickelt hat und der aufgrund seiner politischen Verdienste um den real existierenden Sozialismus mehr als positiv zu beurteilen ist. Das natürlich immer nur in Relation zu den anderen osteuropäischen Staaten. Unmittelbar nach 1956 hatte es geheißen: Wer nicht für uns ist, der ist gegen uns! Das hieß natürlich auch: Wer nicht für uns ist, der ist gegen Frieden, Fortschritt und Humanismus! Mit dem beginnenden Liberalisierungsprozeß änderte sich die Losung. János Kádár verkündete, seine Bibelkenntnis geschickt einsetzend: Wer nicht gegen uns ist, der ist für uns! Dieses Bibelwort ist der Schlüssel zum Verständnis des Kádárismus, wie man Kádárs System seither nennt. Die Losung bietet aber auch Raum für wechselnde Interpretationen, die der jeweils aktuellen ideologischen Situation angepaßt werden können. Statt von wechselnden Interpretationen könnte man auch von Kurswechseln sprechen. Was das heißen kann, bekommen auch Politiker zu spüren, deren Namen einst an erster Stelle rangierten. So beispielsweise Rezsö Nyers, der bis 1974 als ZK-Sekretär der Ungarischen Sozialistischen Arbeiterpartei zur Führungsspitze gehörte. Er gilt als Vater der Wirtschaftsreform von 1968, in deren Folge die ungarische Volkswirtschaft eine günstige Entwicklung durchgemacht hat.

In *Ungarn – ein kommunistisches Wunderland?* schreibt der Wirtschaftshistoriker Iván T. Berend: »Der Leitgedanke des neuen Wirtschaftsmechanismus war, die auf gesetzeskräftigen Weisungen basierende Planung sowie die maximale Zentralisierung aufzuheben. In dem neuen System sollte der Plan nicht mehr durch zentrale Weisungen, sondern durch indirekte Regulatoren wie Preise, Löhne und Steuern realisiert werden. Die Unternehmen wurden in diesem System zu selbständig handelnden Wirtschaftseinheiten, die ihre Aktivitäten unter Marktbedingungen abwickeln.«

Doch als den Lenkungsorganen die Kontrolle aus den Händen zu gleiten drohte, machte sich innerhalb der Partei ein tiefes Unbehagen und Mißtrauen breit. Schon Milovan Djilas hatte in seinem Buch *Die neue Klasse* deutlich gemacht, daß die Parteioligarchie ein existentielles Interesse an der Monopolisierung der Bedienung der Machthebel hat. Bei Iván T. Berend liest sich die Darstellung dieses Unbehagens so: »Ende 1972 entstand im ganzen Land eine regelrechte Reformfeindlichkeit, die bis 1977 dazu führte, daß die Reform gebremst, teilweise sogar zurückgenommen wurde. Eine Wurzel dieser Reformfeindlichkeit lag in der vorhandenen gesellschaftlichen Spannung und Unzufriedenheit, die durch die zunehmenden Einkommensunterschiede bei schnell wachsenden Realeinkommen und besserer Versorgung entstanden war.«

1974 wurde Rezsö Nyers, der für die Wirtschaftsreform verantwortlich war, entmachtet. Eine Zeitlang sah es so aus, als ob auch Kádár gehen müßte. Als Integrationsfigur hat er aber seit 1956 bis zum heutigen Tag alle parteiinternen Krisen bestens überstanden. Er scheint eine Art übergeordnete Instanz im Kampf zwischen Falken und Tauben zu sein. Es ist vorstellbar, daß die Sowjets schützend ihre Hand über Kádár halten. Ist es doch ein offenes Geheimnis, daß die osteuropäischen Führungsspitzen von den Sowjets vorgeschlagen und von den dortigen Regierungen akzeptiert werden.

Schon in den fünfziger Jahren stand im Kampf zwischen Falken und Tauben die Wirtschaftspolitik im Mittelpunkt. Der Ausbruch der Revolution geht nicht zuletzt auf halbherzig durchgeführte Wirtschaftsreformen zurück und darauf, daß die Regierung die Kontrolle über die gesellschaftlichen Bewegungen verloren hatte. Und diese Angst ist es, die auch heute noch in den Gehirnen der altgedienten Genossen spukt. Folge dieser Angst waren Anfang der siebziger Jahre sich häufende Prozesse wegen angeblicher Wirtschaftskriminalität. András Hegedüs jun. berichtet in *Ungarn – ein kommunistisches Wunderland?*: »Anfang der siebziger Jahre wurden die Reformen schrittweise zurückgenommen. 1972 fanden beinahe tagtäglich Prozesse statt. Die Angeklagten waren Kleingewerbetreibende, Leiter gutgehender landwirtschaftlicher Produktionsgenossenschaften und Leiter von Zweigbetrieben solcher Genossenschaften. Ein Beispiel: Ein Unternehmer hatte Kirschkerne einer Konservenfabrik aufgekauft und sie als Setzlinge an Baumschulen weiterverkauft. Dafür wanderte der Unternehmer ins Gefängnis. Da es keinerlei Rechtsgrundlage für das Urteil gab, wurde der Begriff des ›unanständigen Profits‹ als juristische Kategorie eingeführt.«

Angesichts der verheerenden Wirtschaftslage, der schier hoffnungslosen Verschuldung bei westlichen Geldgebern, setzte sich Ende der siebziger Jahre die Überzeugung durch, daß die Wirtschaftsreformen erneut zu beleben seien. Hinzu kam die üppig wuchernde Schattenwirtschaft, die man besser in den Griff zu bekommen meinte, wenn man sie legalisierte. So gibt es heute neben den auch bisher schon existierenden kleinen Privatbetrieben sechzehn legale private Unternehmensformen. Die privaten Arbeitsgemeinschaften, wie diese bürgerlichen Gesellschaften genannt werden, dürfen maximal dreißig Mitglieder und höchstens dreißig Angestellte haben. Die halbprivaten Arbeitsgemeinschaften dagegen sind von einem sozialistischen Unternehmen abhängig. Sie arbeiten in eigener Regie unter Nutzung staatlicher Produktionsmittel im Auftrag des Staatsbetriebs, dessen Angestellte sie zugleich sind. Inzwischen sind beim Registergericht mehrere tausend Arbeitsgemeinschaften registriert. Selbst als Tourist begegnet man dem privaten Wirtschaftssektor auf Schritt und Tritt. In Budapest wimmelt es von privaten Taxiunternehmen und Gaststätten. Durch die Legalisierung der Schattenwirtschaft hat das sozialistische Ungarn mehrere Fliegen mit einer Klappe geschlagen. Zum einen hat man die lästige Errungenschaft des Achtstundentags de facto außer Kraft gesetzt. Zum zweiten ist in Ansätzen sozialistische Engstirnigkeit in der Wirtschaftspolitik über Bord geworfen worden. Zum dritten hätte sich die Schattenwirtschaft ohnehin nur mittels drakonischer Polizeimaßnahmen beseitigen lassen. András Hegedüs jun. erläutert: »Nach offiziellen Schätzungen haben siebzig Prozent der Bevölkerung auf irgendeine Weise Einkünfte aus der zweiten Ökonomie, der Schattenwirtschaft, bezogen. Diese Einkommen machen sechzehn bis achtzehn Prozent des Nationaleinkommens aus. (...) Die Verordnung über die neuen Organisationsformen soll also die zweite Ökonomie legalisieren. Das Absinken des Lebensstandards in den letzten zehn Jahren, verursacht durch rasant steigende Preise und stagnierende Löhne, kann nur durch Mehrarbeit aufgehalten werden.«

Ungarn, dessen Wirtschaftsreform von 1968 den Außenhandel in den vergangenen Jahren belebt und wachsend ausländisches Kapital ins Land zu holen vermocht hat, muß natürlich auch den zunehmenden Argwohn der sozialistischen Brüder zerstreuen. Außerdem sieht sich das Land an Donau und Theiß mit einer erstarkenden Opposition konfrontiert, die unüberhörbar gesellschaftliche Reformen verlangt. Die Oppositionellen unterhalten Untergrundzeitschriften, die der Polizei seit Jahren ein Dorn im Auge sind. Trotz gelegentlicher Hausdurchsuchungen und Beschlagnahmeaktionen kann sich die ungarische Geheimpolizei nicht zu einem vernichtenden Schlag gegen die Opposition entschließen. Diese vorsichtige Zurückhaltung der Staatsorgane hat vermutlich zwei Gründe. Zum einen bangen die ungarischen Reformer um den mühsam erreichten gesellschaftlichen Konsens. Die Generation derer, die unter dem Stalinismus gelitten und 1956 als Revolution erlebt haben, sitzt in politischen und technokratischen Schlüsselpositionen. Politische Prozesse würden sich auch für ihre Existenz als Bedrohung darstellen. Zum zweiten würden politische Prozesse im Westen einen äußerst schlechten Eindruck machen. Westliche Kreditgeber, Kapitalanleger und Touristen könnten abgeschreckt werden. Also bleibt den Ungarn nichts weiter übrig, als auf dem einmal beschrittenen Weg der Wirtschaftsreform unerschrocken voranzuschreiten. Das Problem besteht darin, neben den Wirtschaftsreformen gesellschaftliche Reformen einzuführen, ohne sich das Heft aus der Hand nehmen zu lassen. So wurde 1985 das neue Wahlgesetz, wonach mindestens zwei Kandidaten aufgestellt werden *müssen*, erstmals in der Praxis angewendet. Ein einmaliges Gesetz in Osteuropa, das aber vermutlich nicht dem Ziel dient, unabhängige Kandidaten ins Parlament zu bringen. Am 6. Juli 1985 fanden Kommunal- und Parlamentswahlen statt. Die staatlichen Behörden unternahmen alles, um die Aufstellung unabhängiger Kandidaten zu verhindern. Mit Erfolg. Die Opposition testete das Gesetz. Ferenc Köszeg berichtet: »Nach der Verabschiedung des Wahlgesetzes erschien in einer Untergrundzeitschrift, in der Samisdat-Zeitschrift Beszélö (Sprecher), zu deren Redakteuren ich gehöre, ein Redaktionsartikel, der sich mit diesem Gesetz auseinandersetzte. Wir kamen zu dem Schluß, daß das Gesetz eine der auf der Strecke gebliebenen Reformen sei, die vor dem als bedrohlich empfundenen Hintergrund der erstarkenden Solidarność-Bewegung hektisch eingeleitet worden seien. Als 1981 der polnische Alpdruck gewichen war und nach dem Jaruselski-Putsch offensichtlich keine Gefahr mehr bestand, daß die Solidarność-Bewegung auch auf die anderen Länder Osteuropas übergreifen würde und insbesondere nicht auf Ungarn, bestand zur Durchführung von Reformen kein unmittelbarer Anlaß mehr. Dennoch wurde die Reformierung des Wahlgesetzes weiter verfolgt, wenn auch mit erheblichen Abstrichen.«

Nachdem Anfang der siebziger Jahre bereits eine Wahlreform durchgeführt worden war, derzufolge zwei Kandidaten aufgestellt werden *durften*, wurde die Nationale Front nunmehr verpflichtet, auf jeden Fall zwei Kandidaten aufzustellen. Weitere Kandidaten dürfen nach dem neuen Gesetz durch das Wahlvolk nominiert werden. Der Zwang zur Aufstellung geht darauf zurück, daß infolge der freien Entscheidungsmöglichkeit seitens der Nationalen Front, ob ein oder zwei Kandidaten aufzustellen seien, in der Regel doch immer nur ein Kandidat aufgestellt wurde. Was nun vom Gesetzgeber als Demokratisierung der Wahlen propagiert wurde, hätte sich beinahe tatsächlich als eine solche erwiesen. Erst als diese Gefahr deutlich wurde, zeigte sich, daß die Parteigewaltigen mehr an eine Demokratisierung auf dem Papier als in der Praxis gedacht hatten. Allem Anschein nach war man nicht darauf gefaßt, daß Vertreter der demokratischen Opposition fest entschlossen waren, zu den Kommunal- und Parlamentswahlen 1985 zu kandidieren. Wie ist diese Fehleinschätzung der Lage durch die offiziellen Stellen zu erklären? Ferenc Köszeg meint: »Man war nicht nur darauf unvorbereitet, daß Kandidaten der Opposition die politische Bühne betreten könnten, sondern eine Überraschung bedeutete auch das Auftreten einer beachtlichen Zahl von Kandidaten, die von der Bevölkerung vorgeschlagen wurden. Man hatte absolut nicht damit gerechnet, daß die Wahlen ein größeres gesellschaftliches Interesse auslösen könnten. Das ist um so komischer, als die Propagandamaschinerie in Sachen Wahlen auf Hochtouren lief, als das Wahlgesetz im Herbst 1983 vom Parlament verabschiedet wurde und auch jetzt während der Wahlkampagne. Die Massenmedien überschwemmten die Bevölkerung förmlich mit einschlägigen Informationen. Dennoch glaubte niemand ernsthaft an ein Echo. Einfach deshalb nicht, weil die Bevölkerung sich seit 1949 vollkommen abgewöhnt hat, Wahlen ernst zu nehmen. Wahlen sind eben ein Akt, woran man gezwungenermaßen teilzunehmen hat. Auf dem Land passiert es auch heute noch, daß man jemanden in der Wohnung aufsucht, wenn er nicht rechtzeitig zur Wahl erscheint. Und das war auch bei dieser Wahl so. Die Menschen begreifen die Wahl als einen schäbigen Ritus, den man über sich ergehen lassen muß. Im Fall einer Sich-Verweigerung hätten sie, so meinen sie, mit Unannehmlichkeiten zu rechnen.«

Innerhalb der Opposition waren Stimmen zu vernehmen, die sich gegen eine Kandidatur bei den Wahlen aussprachen. Denn mit ihrer Beteiligung daran würde man den demokratischen Charakter der Wahlen anerkennen, ja würde man die sozialistische Demokratie legitimieren, der es ja gerade daran mangele, was im herkömmlichen Sinne unter sozialistisch und demokratisch zu verstehen sei. Ferenc Köszeg: »Diese Gedanken entstammen einem doktrinären Denken. Ich meinerseits – und das ist nach anfänglich unterschiedlichen Standpunkten die Ansicht der gesamten Opposition – bin der Meinung, daß man schlechthin nicht Politik machen kann, wenn man die Möglichkeiten des politischen Lebens nicht wahrnimmt. Und darin besteht schließlich auch die Aufgabe unserer Opposition; in der gegebenen Miniaturform müssen wir versuchen, jene Funktion auszuüben, die in den demokratischen Ländern von der Opposition übernommen wird. Ich mache keinen Hehl daraus, daß ich nicht an einen durchgreifenden Reformwillen des Kádár-Systems glaube.«

Von den unabhängigen Kandidaten hat niemand die Hürden überwinden können, um auf die Wahlliste, das heißt auf die Kandidatenliste zu gelangen. Das wissen wir heute. Ernstlich hat ja wohl auch niemand an eine solche Möglichkeit geglaubt, daß ein Einparteiensystem sich selbst eine Laus in den Pelz setzen würde. Hoffnungen und Illusionen waren natürlich trotzdem an der Tagesordnung. Aber selbst das vorprogrammierte Mißlingen dieser außerparlamentarischen Initiative hat in Ungarn und auch in den westlichen Medien Staub aufgewirbelt. Seitens der Opposition wurden zwei Kandidaten vorgeschlagen: László Rajk und Gáspár Miklós Tamás. László Rajk ist der Sohn des 1949 hingerichteten Innen- und späteren Außenministers László Rajk. Rajk jun. ist heute eine der schillernden Figuren der Opposition und bereitet seinem Patenonkel János Kádaśr seit einer Reihe von Jahren nur allzu häufig Unannehmlichkeiten. Gáspár Miklós Tamás ist Philosoph, stammt aus dem heute zu Rumänien gehörenden Siebenbürgen und hat in der westlichen Presse ziemlich unverblümte Artikel veröffentlicht, worin er auf die unhaltbare Lage der ungarischen Minderheit in Siebenbürgen aufmerksam macht.

In einem Interview mit der Samisdatzeitschrift Hirmondó (Landbote) sagt Rajk auf die Frage, ob er sich in seiner Programmrede Selbstbeschränkung auferlegt habe: »Eigentlich habe ich auf kein einziges Thema verzichtet. Nur wegen der Zeitbegrenzung konnte ich nicht alles sagen, was zu sagen gewesen wäre. Und ich bedaure sehr, daß mich die Diskussionsredner nicht ergänzt haben. In einem einzigen Punkt habe ich mich selbst zensiert – im Zusammenhang mit 1956. Nur hier sprach ich durch die Blume. Aber das tat ich bewußt, dazu bekenne ich mich. Ich sprach über die schwerwiegende wirtschaftliche Lage und daß wir einen Ausweg nur von der Weiterführung der Reformen erwarten könnten. Ich forderte institutionelle Garantien, die eine Zurücknahme der Reformen unmöglich machten. Ich sprach von den Umweltschäden und insbesondere über den Staudamm von Bös-Nagymaros. Ich schlug vor, über derart umfangreiche Investitionen eine Volksabstimmung zuzulassen. Im Zusammenhang mit dem Problem der Armut sprach ich über die Sorgen der Rentner und der in Armut lebenden kinderreichen Familien. Ich schlug die Schaffung eines Sozialministeriums vor. Ich forderte, die Verfügung über Zwangsarbeit sofort rückgängig zu machen. (Als ich die Mienen der Anwesenden studierte, hatte ich einen sehr komischen Eindruck. Die Leute wissen nicht einmal, daß in Ungarn erneut die Zwangsarbeit eingeführt worden ist!) Im allgemeinen machte ich darauf aufmerksam, daß die gesellschaftliche Aktivität in den letzten Jahren unglaublich zugenommen habe. Die Diskussion um den Bau des Kraftwerks von Nagymaros sei auch durch eine solche Initiative in Gang gekommen.«

Jenen Fragen, die den Rahmen des Systems sprengen würden, wich Rajk bewußt aus. Das Einparteiensystem sowie die internationale und strategische Lage Ungarns waren für ihn kein Thema. Viele machten ihm später deshalb Vorwürfe. Wie könne ein Oppositioneller das Programm der Nationalen Front akzeptieren, wo doch darin die führende Rolle der Partei und die Zugehörigkeit zum sozialistischen Lager festgeschrieben seien? Die Betreffenden ließen dabei freilich außer Acht, daß die Annahme des Programms der Nationalen Front gesetzliche Voraussetzung war, um überhaupt bei den Wahlen kandidieren zu können. In der Opposition hatte sich die Auffassung herausgebildet, daß sowohl als Kandidat als auch im Falle einer Wahl zum Abgeordneten die Behandlung gewisser Themen tabuisiert sein müßte. So beispielsweise die Mitgliedschaft im Warschauer Vertrag, der Wunsch nach Neutralität und nach einem Strukturwandel der politischen Institutionen. Das heißt also, daß auch der Kandidat der

Opposition die Gegebenheiten der eingeschränkten sozialistischen Demokratie zu akzeptieren hat. Der Protest gegen den Bau des Staudamms von Nagymaros dagegen wäre ein mögliches Thema, wie Ferenc Köszeg ausführt: »Sowohl in Rajks Programm als auch in meinen einführenden Worten kam zur Sprache, daß die Bürgerinitiative als solche gesetzlich vollkommen ungeklärt sei. Immerhin sei eine Unterschriftenaktion, wie sie gegen den Bau des Kraftwerks Nagymaros stattgefunden habe, vom Gesetzgeber nicht verboten. Geregelt sei aber auch nicht, wie das Parlament auf eine solche Petition, die sich auf 6000 Unterschriften stützt, zu reagieren habe.«

Inzwischen kann sich die Petition sogar auf 10000 Unterschriften stützen. Der Donau-Kreis der ungarischen Umweltschützer kämpft verzweifelt gegen den Bau des Staustufensystems Gabčikovo-Nagymaros an der Donau. Verheerende Umweltschäden werden befürchtet. Selbst wissenschaftliche Analysen sprechen sich gegen das Projekt aus. Doch die ungarische Regierung will das tschechoslowakisch-ungarische Gemeinschaftsunternehmen ohne Rücksicht auf Proteste aus der Bevölkerung und neue Erkenntnisse realisieren. Da die Österreicher mit ihrem vergleichbaren Hainburg-Projekt am massiven Widerstand der Grünen vorerst gescheitert sind, kommt ihnen das ungarische Bauvorhaben äußerst gelegen. Sie wollen den finanzschwachen Ungarn mit einem Kredit von 7 Milliarden Schilling unter die Arme greifen. Allerdings soll die Verwirklichung dieses Projekts der Republik Österreich Strom für mehr als zwanzig Jahre sichern. Und die Umweltschäden könnte Österreich auf die Weise von sich fernhalten. Im März 1986 wurden die Tschechoslowakei und Ungarn wegen des Bauvorhabens vom Europa-

Parlament verurteilt. Österreich wurde aufgefordert, den Bankkredit zu sperren. Im Dezember 1985 hat der Biologe und Journalist János Vargha im schwedischen Parlament in Stockholm den alternativen Nobelpreis im Namen des Donau-Kreises in Empfang genommen. Zuvor war er allerdings von den ungarischen Behörden gewarnt worden, bei Annahme des Preises mit einer achtjährigen Freiheitsstrafe rechnen zu müssen. Der Preisstifter, der Schriftsteller und Abgeordnete des Europa-Parlaments Jackob von Uexkull, sagte bei der Preisübergabe: »Ich übergebe Ihnen den ›Preis für richtige Lebensweise‹ für Ihren permanenten Kampf um die Bewahrung Ihrer natürlichen Umwelt, als Ausdruck der Ermutigung und Unterstützung der Mitglieder des Donau-Kreises.«

Der Donau-Kreis plant, die mit dem alternativen Nobelpreis verbundenen 25000 Dollar zur Unterstützung ökologischer Forschungsprojekte einzusetzen. Die Lage im Zusammenhang mit dem geplanten Kraftwerkbau von Nagymaros hat sich inzwischen zugespitzt. Am 16. April 1986 erschien in der Wiener Zeitung Die Presse eine ganzseitige Anzeige, worin die Österreicher aufgefordert werden, den Kredit für das Staustufensystem Gabčikovo-Nagymaros zu verhindern: »Werte Leserinnen und Leser, wir wenden uns auf diese Weise an Sie, weil Sie demnächst eine entscheidende Rolle bei Finanzierung und Realisierung einer überflüssigen und schädlichen tschechoslowakisch-ungarischen Donau-Wasserkraftwerkprojekts spielen könnten. Sie sollten wissen, daß das Projekt des Staustufensystems Gabčikovo-Nagymaros in Ungarn auf friedlichen, jedoch entschiedenen und deutlichen Widerstand stößt. Seit Jahrzehnten ist dies die bedeutendste staatsbürgerliche Willensäußerung im Lande.

Zehntausend Gegner des Projekts haben in Petitionen eine offene Diskussion und eine Volksabstimmung gefordert.«

Unterzeichnet worden ist der Aufruf an die Österreicher, worin die zu erwartenden Umweltschäden ausführlich dargestellt werden, von Olympiasieger András Balczó, dem Herder-Preisträger Sándor Csoóri, dem Schriftsteller György Dalos, dem Gründungsmitglied der Ungarischen Sozialistischen Arbeiterpartei und heutigen Oppositionellen Ferenc Donáth, dem Schriftsteller Miklós Haraszti, dem ehemaligen Ministerpräsidenten András Hegedüs, dem Philosophen Janos Kis, dem international bekannten Pianisten Zoltán Kocsis, dem ebenfalls international bekannten Schriftsteller György Konrád, dem Schriftsteller Miklós Mészöly, dem Dichter György Petri, dem Architekten László Rajk, dem alternativen Nobelpreisträger János Vargha und anderen in Ungarn bekannten Persönlichkeiten.

Der österreichische Bundeskanzler Sinowatz hat öffentlich erklärt, man habe nicht gewußt, daß das Wasserkraftwerk von Nagymaros in der ungarischen Öffentlichkeit auf derartigen Widerstand stoße. Man wolle keineswegs Umweltschäden nach Ungarn exportieren. Es bleibt abzuwarten, wie das offizielle Ungarn reagieren wird.

Bisher drängt sich dem Beobachter der Eindruck auf, daß das System insgesamt gesehen nicht wirklich an einer Meinungsvielfalt Interesse hat. Vielmehr wird der Versuch unternommen, die starren Planungsmechanismen allmählich durch Marktmechanismen zu ersetzen. Daß im Verbund damit auch gesellschaftliche Mechanismen reformiert werden, erscheint bei näherem Hinsehen als propagandistisches Spiel und als Seiltanz über einem Abgrund.

Die partiell tatsächliche Liberalisierung in der Wirtschaftspolitik ermuntert die bewußtseinsbildende Schicht der Intelligenz, eine Reformierung der Kultur- und Gesellschaftspolitik zu fordern. Doch das ist ein gesellschaftlicher Konflikt, der nicht ausufern darf. Dem Großen Bruder gegenüber muß der Eindruck erweckt werden, daß man die Zügel fest in der Hand hält. Diese Abhängigkeit erklärt vielleicht auch die Schizophrenie des neuen Wahlgesetzes, daß man einerseits die Aufstellung unabhängiger Kandidaten propagiert und andererseits diese scheut wie der Teufel das Weihwasser.

Welche Lehren hat die Opposition aus ihrer Teilnahme an den Versammlungen zur Aufstellung der Kandidaten gezogen? Ferenc Köszeg antwortet: »Auf jeden Fall mußte man eine solche Gelegenheit wahrnehmen. Wie jede Gelegenheit, bei der Diskussionen um gesellschaftliche Fragen stattfinden. Sicher kann man ohne Übertreibung sagen, unsere Teilnahme an den Wahlveranstaltungen hat viele Menschen in der Gesellschaft aufhorchen lassen. Das Auftreten der Opposition, das Auftreten der unabhängigen Kandidaten hat der politischen Betätigung ihren gesellschaftlichen Sinn zurückgegeben. Doch die Wahlen waren nicht nur für die Opposition, sondern auch für die Parteiführung ein besonderes Ereignis. Die Versammlungen zur Aufstellung der Kandidaten dauerten vom 15. April bis zum 15. Mai 1985. Zum 29. April wurde vollkommen überraschend eine Sitzung des Zentralkomitees einberufen, um über die Versammlungen zur Aufstellung der Kandidaten zu diskutieren. Es ist absolut ungewöhnlich, daß sich das Zentralkomitee gesondert mit der Frage der Wahlen beschäftigt, und es ist noch ungewöhnlicher, daß dies mitten in der Wahlperiode geschieht. Als besonders ungewöhnlich ist auch die Tatsache einzustufen, daß das Referat auf der Sitzung des Zentralkomitees nicht vom zuständigen Sekretär, von István Horváth, dem Innenpolitischen Sekretär des Zentralkomitees, gehalten wurde, sondern von Kádár selbst. Die Mitteilung über die Sitzung lautet etwa so, das Zentralkomitee habe den Rechenschaftsbericht gebilligt und zur Kenntnis genommen. Das heißt, eine Diskussion hat es nicht gegeben. Mit anderen Worten: Einerseits hat Kádár das Thema an sich gerissen, hat seine ganze Autorität in die Waagschale geworfen, um die Aggression innerhalb der Parteiführung zu dämpfen, andererseits hat er nicht zugelassen, daß die Anhänger von Ordnung und Sicherheit und die Anhänger der Reformpolitik aufeinanderprallen.«

Kann man im Zusammenhang mit den Parlamentswahlen von einem Demokratisierungsprozeß sprechen, oder aber handelt es sich nur um eine kosmetische Operation an altbekannten Zuständen? Ferenc Körzeg: »Eine eindeutige Antwort darauf ist kaum möglich. Es handelt sich um eine politische Veränderung, wahrscheinlich jedoch nicht um eine Demokratisierung. Gewachsen ist aber die Bedeutung der lokalen Machtgrößen, deren Gewicht in der Zukunft innerhalb des politischen Lebens vermutlich zunehmen wird. Im allgemeinen sind diese Machtorgane nicht als Anhänger des Reformkurses zu bezeichnen. Sie sind konservativ und sind allen gesellschaftlichen und demokratischen Initiativen gegenüber feindlich gesinnt. Sie sind meist argwöhnisch und intolerant. Die lokalen politischen Organe, die lokale politische Elite haben erkannt, daß sie mit den neuen Möglichkeiten des Wahlgesetzes ein interessantes und brauchbares Machtinstrument in Händen halten. Sie können Kandidaten ihres Vertrauens durchsetzen, Kandidaten also, die bereit sind, lokale Interessen zu vertreten, und zwar zum Nachteil von Landesinteressen. Es hat den Anschein, als nehme die Macht der lokalen Parteileitungen und Parteiapparate gegenüber der Zentrale zu. Die Parteiführung verfolgt diese Entwicklung nicht ohne Unbehagen.«

Wer nicht gegen uns ist, der ist für uns! Erinnern wir uns! Nach 1956 hieß die Losung: Wer nicht für uns ist, der ist gegen uns! Die Umkehrung der Losung – Wer nicht gegen uns ist, der ist für uns! – erschien in den sechziger Jahren als nahezu revolutionär. Sie eröffnete den Weg für einen gesellschaftlichen Konsens. Das hieß und heißt im Klartext, solange sich der Andersdenkende, auch der ehemalige politische Häftling, loyal verhält, bleibt er unbehelligt, ja er kann sogar beruflich Karriere machen. Dieser Status quo gerät durch die Folgeerscheinungen der Wirtschaftsreformen in Gefahr. Der lautstarke Ruf nach einer gesellschaftlichen Pluralisierung klingt wie der Ruf nach einem Mehrparteiensystem.

Der ehemalige Ministerpräsident und heutige Oppositionelle András Hegedüs strebt als Apologet des Einparteiensystems eine Dichotomie der Macht an. Er erläutert, wie das zu verstehen ist: »Wenn ich von Pluralismus rede, dann spreche ich eigentlich von einer Dichotomie, von einer Dichotomie, die darin besteht, daß es eine Macht gibt, die von der einen Partei integriert wird. In Konfrontation dazu gibt es eine zivile Gesellschaft mit ihren autonomen Institutionen, mit autonomen Gewerkschaften, mit einem autonomen Schriftstellerverband, autonomen Zeitungen, Zeitschriften und mit einem autonomen Jugendverband. Also eine zivile Gesellschaft ist ein Machtkompromiß. Das ist die pluralistische Gesellschaft, die ich meine. Das ist meiner Meinung nach ein gangbarer Weg, eine gewisse Möglichkeit für die osteuropäischen Gesellschaften, die aus den monolithischen Gesellschaften resultierenden politischen Krisen zu vermeiden. Gleichzeitig läßt sich dadurch auch die Bürgerkriegsgefahr vermeiden, die eine Einführung des Mehrparteiensystems nach sich ziehen würde. Im gesellschaftlichen Pluralismus, nicht aber im Mehrparteiensystem, erblicke ich für Osteuropa eine Möglichkeit, die Machtverhältnisse der monolithischen Gesellschaft zu überwinden, ohne daß die Machtstruktur in Osteuropa zusammenbricht. Denn der Einsatz des enormen Waffenarsenals würde nicht nur für Europa, sondern für die ganze Welt eine Katastrophe bedeuten.«

In der politischen Klasse Ungarns findet seit einigen Jahren ein allmählicher Generationswechsel statt. Es gibt keine Anzeichen dafür, daß nach Kádárs Abtreten von der politischen Bühne ein Kurswechsel stattfinden wird. Es sei denn, die Sowjets wünschten einen solchen. Aber auch das ist unwahrscheinlich. Die Kommunisten Osteuropas sind nicht an politischen Krisen interessiert. Die Ungarn könnten für Moskau so etwas wie ein Versuchsballon sein, wie weit man sich auf dem Weg der gesellschaftlichen Pluralisierung vorwagen kann, ohne daß die Strukturen des realen Sozialismus in Gefahr geraten.«

Der Dichter György Petri kleidet in Verse, wie er die stalinistische Vergangenheit sieht und empfiehlt, das eigene Versagen nicht zu vergessen.

Gedicht eines unbekannten osteuropäischen Dichters aus dem Jahr 1955

Sie bleicht aus,
wie die zwei Fahnen, die wir,
Jahr für Jahr, zu den Festtagen heraushängten,
in die über der Haustür eingegipste Eisentülle,
sie verbleicht, verliert ihre Farbe, die Welt.

Wo sind die Festtage geblieben?

Auf den warmen Dachboden gekommen,
im Gesumm der Fliegen
schweigt unter dickem Staub benommen
eine auseinandergenommene Welt.

Vorbei der Vorbeimarsch.

Umgewandelt in Geschrei
und zerstreut in alle Winde.
Statt Festtagspoeten
wird der Wind in Versen reden,

er redet närrischen Staub, vibrierende Hitze
über der Betonplatzspitze.

Frauen liebten wir hier: unglaublich.

Über der Zeit
von glühend gewordenen
Hochöfen, sich straffenden Stricken
schwebt – niedersinkender Staub –
zögernde Gegenwart.

Neubauruinen
über des Reiches Schwindelbühnen.

Woran ich glaubte,
glaube ich nicht mehr.
Doch daß ich glaubte,
daran
lasse ich mich tagtäglich erinnern.

Und verzeihe niemandem.

Unsere scheußliche Einsamkeit
blättert ab
wie rostige Schienen in der Sonne.

1. Der Parteisoldat tanzt aus der Reihe

ZSILLE Am 21. August 1968 setzte die Sowjetunion mit Hilfe ihrer osteuropäischen Verbündeten der Prager Reformbewegung mit Waffengewalt ein Ende. Die militärische Einmischung geschah im Sinne der Breschnjewschen Weiterentwicklung und Anwendung des Warschauer Vertrags. Von zwei Grundorganisationen der Ungarischen Sozialistischen Arbeiterpartei (USAP) war die Intervention damals verurteilt worden – von den Organisationen des Soziologischen Instituts und der Fabrik für Polstereibedarf in Budapest. Zur Parteiversammlung des Soziologischen Instituts, dessen Direktor du warst, während ich dort als Praktikant arbeitete, erschien als Vertreter des Zentralkomitees Gyula Vonsik, der damals Abteilungsleiter des Zentralkomitees war, und erklärte, daß Mária Márkus, die Parteisekretärin des Instituts, mit der schwersten Disziplinarstrafe zu bestrafen sei – mit dem Parteiausschluß. Mária Márkus hatte gemeinsam mit ihrem Mann, dem Philosophen György Márkus, den Lukács-Schülern Ferenc Fehér und Agnes Heller auf der Konferenz des jugoslawischen Praxis-Kreises in Korčula die Okkupation der Tschechoslowakei verurteilt. Du verurteiltest in einer sehr kurzen Rede die Niederwerfung des »Prager Frühlings«. Du hältst die Ereignisse für tragisch und bist dir in diesem Zusammenhang auch der eigenen Verantwortung bewußt. Für die größten Fehler deines Lebens hältst du heute deine Rolle beim Zustandekommen des Warschauer Vertrags, 1955, und deinen 1956 während der ungarischen Revolution an die Russen gerichteten Hilferuf. 1968 hatte ich den Eindruck, daß du endgültig mit dem Stalinisten András Hegedüs gebrochen hattest. Stimmt das?

HEGEDÜS Im August 1968 haben wir es tatsächlich mit einem ganz anderen András Hegedüs zu tun als im Mai 1955 bei der Unterzeichnung des Warschauer Vertrags. In meinem Leben vollzog sich eine Saulus-Paulus-Bekehrung. Diese Wandlung begann im November 1956 und erreichte 1968 den Wendepunkt. Im Zusammenhang mit den Ereignissen in der Tschechoslowakei war für mich eine Sitzung im Zentralen Parteiaktiv besonders wichtig. Damals war ich Mitglied der Ideologiekommission. In dieser Eigenschaft sowie als Universitätsprofessor und Institutsdirektor habe ich wohl die Einladung zu jener Informationssitzung erhalten. Nachdem wir mit den Gründen für den Einmarsch der Truppen des Warschauer Pakts (mit Ausnahme der rumänischen Armee) in die Tschechoslowakei bekannt gemacht worden waren, bat ich um das Wort und verurteilte diesen Schritt ausdrücklich. Ich analysierte kurz die zu erwartenden negativen Folgen und erklärte, daß ich in dieser Angelegenheit dem Zentralkomitee schreiben würde.

ZSILLE Was hast du nach dem Parteiaktiv empfunden? Erleichterung oder Angst?

HEGEDÜS Eindeutig Erleichterung! Ein Teil meines Freundeskreises hatte in dieser Zeit an der Sommeruniversität in Korčula in Jugoslawien teilgenommen. Sie verurteilten die Invasion in einem Interview für eine französische Zeitung. Die Parteiführung unterschied zwischen meinem Auftritt und dem Vorgehen der Korčula-Gruppe. Man erklärte mein Verhalten als parteigemäß, da ich meine Meinung auf einem Parteiforum vorgetragen hätte, während die anderen in einer bürgerlichen Zeitung protestiert hätten. Daher wurde gegen mich von der Partei kein Disziplinarverfahren eingeleitet. Als man mich einige Monate danach von meinem Posten als Direktor der Soziologischen Forschungsgruppe ablöste, spielte mein Protest in der Begründung keine Rolle.

ZSILLE Deine kritische Haltung zur Okkupation der Tschechoslowakei führte nicht unmittelbar zum Ausschluß aus der Partei. Dennoch ist dein Parteiausschluß im Jahre 1973 vermutlich hauptsächlich auf die 68er-Ereignisse zurückzuführen.

HEGEDÜS Ich glaube nicht, daß der Parteiausschluß direkt mit meinem Auftreten von 1968 in Verbindung zu bringen ist. In diesen fünf Jahren lehrte ich an der Universität und hielt viele Vorträge an den in Mode gekommenen Manager-Kursen. Es trifft zwar zu, daß diese Kurse immer wieder gestoppt wurden, wenn meine Vorträge besonders gut gelungen waren, aber das kann man nicht einem Berufsverbot gleichsetzen. Zur selben Zeit erschienen nämlich zwei Bücher von mir und zahlreiche Essays. Meine Aktivitäten wurden also letztlich nicht verhindert. Für meinen Parteiausschluß sind die Ereignisse vom November 1972 verantwortlich. Damals hatte der reformfeindliche Flügel, die sogenannte Arbeiteropposition, im Zentralkomitee der Partei die Oberhand gewonnen. Diese Gruppe griff nicht nur die Wirtschaftsreform scharf an, sondern auch die sogenannte liberale Kulturpolitik. Als der reformfeindliche Flügel siegte, mußten die Führer der Kulturpolitik ihre Härte beweisen. So lag ein Vorgehen gegen die sogenannte Budapester Schule auf der Hand. Hierzu gehören eigentlich zwei Richtungen: die Lukács-Schule und die kritische soziologische Schule, die sich vor allem mit meinem Namen verband. Die Lukács-Schule und die kritische soziologische Schule repräsentierten niemals eine einheitliche Richtung. József Szigeti, der Anfang der fünfziger Jahre noch Lukács-Schüler war, sich nach 1956 jedoch gegen Lucács wandte und so stellvertretender Kultusminister wurde, spielte eine wichtige Rolle dabei, daß die Budapester Schule zum Sündenbock abgestempelt wurde. Anfang der siebziger Jahre schrieb Szigeti eine Eingabe ans Zentralkomitee, die zugleich auch an die Adresse Moskaus gerichtet war. Laut Szigeti habe sich Ende der sechziger Jahre in Ungarn ein revisionistischer Flügel herausgebildet, deren Führer Georg Lukács und András Hegedüs seien. Dieser revisionistische Flügel terrorisiere das ungarische Geistesleben, die echten Sozialisten, die dem Marxismus treu ergebenen Kommunisten. All das sei möglich geworden, weil diese Richtung von György Aczél unterstützt werde. Aczél reagierte auf diesen Vorwurf, indem er auf der Ideologiekonferenz im Januar 1973 scharf gegen die Lukács-Schule und die kritische soziologische Richtung auftrat. Er wollte zeigen, daß er die Revisionisten keineswegs unterstütze, sondern sogar bereit sei, bei der Abrechnung mit ihnen eine führende Rolle zu übernehmen.

ZSILLE Für die Säuberung des Jahres 1973 wäre also Aczél persönlich verantwortlich. Aus Angst?

HEGEDÜS Er führte die Säuberung durch, aber ich weiß nicht, ob man von Angst sprechen kann. Ich glaube, die Motive eines Funktionärs sind vielschichtiger. Ich könnte auch sagen, er hat die Säuberung zum Schutz seiner Politik durchgeführt. Aczél unterstützte früher weder den Revisionismus von Lukács noch den von Hegedüs. Er hat in Ungarn einen sehr eigenartigen und ziemlich widersprüchlichen, dennoch aber liberalen Kurs in der Kulturpolitik eingeführt. Man muß schon sagen, daß diese Kulturpolitik trotz aller negativen Erscheinungen größere Freiräume bietet als in allen anderen osteuropäischen Nachbarstaaten.

ZSILLE Vorbehalte gegen András Hegedüs, gegen den Stalinisten von einst und den Apologeten des Kádárismus, haben heute sowohl das Regime als auch die demokratische Opposition Ungarns und ein Teil der westlichen Öffentlichkeit. Wie siehst du in dieser Situation deine Rolle?

HEGEDÜS Ich glaube, die Vorbehalte beider Seiten haben ihre objektiven Gründe. Ich fürchte immer um meine schwer erkämpfte Autonomie, die ich auch auf der Internationalen Friedenskonferenz in Perugia nicht aufgab, wo ich zusammen mit der offiziellen ungarischen Delegation eine Pressekonferenz gab. In meinem Wortbeitrag habe ich mein Bedauern darüber zum Ausdruck gebracht, daß die Vertreter der demokratischen Opposition Ungarns nicht anwesend sein durften, obwohl sie die interessantesten Repräsentanten der Friedensbewegung im heutigen Ungarn sind. Zugleich war ich gern zu einem Gespräch mit György Aczél bereit, als er mich 1983 dazu aufforderte. Mit großer Freude, wenn auch vermutlich ohne allzu große Ergebnisse, setzte ich ihm meinen Standpunkt auseinander. Es ist nur allzu natürlich, daß man im offiziellen Ungarn nicht davon begeistert ist, daß ich mich öffentlich und auf meine autonome Weise zu internationalen und ungarischen Fragen äußere. Meine Haltung gibt somit für beide Seiten Anlaß zum Argwohn.

ZSILLE Warum erlaubt man dir, in den Westen zu reisen?

HEGEDÜS Zwischen 1972 und 1976 durfte ich nicht reisen. Seither darf ich. Anfangs jedes Jahr einmal, dann jährlich zweimal und jetzt, 1984, brachte ich es auf vier Westreisen. Meine zweite Reise plante ich in diesem Jahr in die Bundesrepublik Deutschland. Ich hatte von neun Universitäten Einladungen zu Vorträgen erhalten. Anfang März beantragte ich die Ausreisegenehmigung. Offiziell muß man die Genehmigung innerhalb eines Monats erhalten. Ich erhielt sie jedoch erst am 5. Juni, nachdem ich auch den letzten Vortrag telegrafisch abgesagt hatte. In Ungarn beginnen die Semesterferien Anfang Juni. Vermutlich glaubte man, daß dies auch in Westdeutschland so sei. So erteilte man mir die Genehmigung in der Meinung, daß ich davon ohnehin keinen Gebrauch mehr machen könnte. Die Behörden wußten nicht, daß das Sommersemester in der Bundesrepublik bis zum Juli dauert. So konnte ich immerhin noch acht Vorträge halten. Auf dieser Reise passierte mir etwas, was die Schwierigkeiten solcher Reisen widerspiegelt. Beim Grenzübertritt in die Tschechoslowakei hatte ich zunächst keinerlei Probleme, was in den vergangenen zehn Jahren nicht vorgekommen war. Nachdem der Zug die Grenze passiert hatte, kamen ein Grenzposten und ein Major im Laufschritt angerannt. Völlig außer Atem fragten sie mich, ob ich András Hegedüs sei. Sie baten mich nochmals um den Reisepaß und verschwanden damit. Etwa eine Stunde später erhielt ich den Paß zurück. Solange mußte der Zug warten. Sie entschuldigten sich, sie hätten Budapest anrufen müssen, weil bei der Ausfüllung der Genehmigung etwas nicht in Ordnung gewesen sei. Ähnliche Fälle wiederholten sich mit mir immer wieder. Offensichtlich steht mein Name auf einer Liste, und so ist es erforderlich, in Budapest eine Genehmigung einzuholen, auch wenn ich im Besitz eines gültigen Reisepasses bin. Ähnlich ist meine Lage auch in Ungarn selbst. Wenn ich in Budapest einen Vortrag halte, so wird dazu die Genehmigung auf höchster Ebene erteilt, nämlich im Sekretariat des Zentralkomitees. Im vergangenen Dezember beispielsweise wurde ich von der Wirtschaftswissenschaftlichen Universität zu zwei Vorträgen als Referent eingeladen. Im Sekretariat des Zentralkomitees entschied man aber, daß zwei Vorträge in einem Monat zu viel für das ungarische Kulturleben seien. Einen Vortrag jedoch dürfe ich halten, was auch geschah. Den anderen mußte ich auf Februar verschieben.

ZSILLE Gegenwärtig ist dir also in Ungarn nur im begrenzten Umfang gestattet, vor die Öffentlichkeit zu treten. Gegen dein Auftreten in der westlichen Öffentlichkeit aber scheinen die Vorbehalte gering zu sein. Durch deine Reisen und Vorträge trägst du dazu bei, das liberale Aushängeschild des ungarischen Regimes, auf das man wegen der westlichen Kredite angewiesen ist, zu bestätigen.

HEGEDÜS Das widerspricht nicht meinen Absichten. Ich bemühe mich um ein besseres Leben für unser Land. Und dazu gehören auch die Vermeidung eines wirtschaftlichen Bankrotts, die Verwirklichung von Reformen, nicht aber eine repressive Politik. Bezeichnend für meine umstrittene Person und Lage ist eine Geschichte, die sich 1978 nach einem Vortrag in Paris zugetragen hat, als mich ein emigrierter tschechoslowakischer Schriftsteller fragte: "Who are you Mr. Hegedüs? Are you..." Und dann fing er an aufzuzählen: Marxist, Antimarxist, Prophet, Gläubiger, Neuer Linker usw. Ich antwortete ihm, daß ich mich nicht in diese Kategorien einordnen lasse. Ich sei ein denkender und reagierender Mensch. Selbstverständlich hätten andere das Recht, mich und meine Artikel und Bücher einzuordnen. Ich selbst wolle dies aber nicht tun. Was ich, wann auch immer, gesagt oder geschrieben habe, das sei von mir durchdacht und für richtig befunden worden.

ZSILLE Heißt das mit anderen Worten, daß du 1955 die Unterzeichnung des Warschauer Vertrags für richtig befunden hast? Daß du 1956 den Einmarsch der sowjetischen Truppen in Ungarn gutgeheißen und daß du 1968 gegen die Besetzung der Tschechoslowakei protestiert hast, weil du damals diese Haltung für richtig hieltest?

HEGEDÜS Bis 1956, bis zum Ende meiner politischen Laufbahn, besaß ich keine wirkliche Autonomie. Daß ein Gesellschaftswissenschaftler autonom denken muß, ist mir erst Mitte der sechziger Jahre klar geworden. Damals gelangte ich zu der Überzeugung, daß in Osteuropa keine marxistische Gesellschaftswissenschaft entstehen könne, solange sich die Wissenschaftler tagespolitischen Interessen unterwerfen müßten.

ZSILLE Als Politiker warst du also nie ein autonomer Denker, als Wissenschaftler und Soziologe, also ab Mitte der sechziger Jahre, dagegen ja?

HEGEDÜS Im Sinne Max Webers war ich eigentlich niemals wirklich Politiker. Ihm zufolge muß ein Politiker über eine beachtliche Autonomie und persönliche Verantwortung verfügen, um sich zu seinen Aktivitäten und Entscheidungen bekennen zu können. Ich blieb in den verschiedensten politischen Positionen Parteifunktionär. So trug ich in die verschiedensten Fragebögen als Beruf immer Parteifunktionär ein, selbst als ich schon Ministerpräsident war.

ZSILLE Kann man überhaupt jemanden in den Staaten des Warschauer Pakts im Sinne von Max Weber als Politiker betrachten?

HEGEDÜS Im gewissen Sinne ist Mátyás Rákosi als solch ein Politiker anzusehen. Auch viele andere Führer haben diesen Sprung zum Politiker geschafft, so beispielsweise Gheorghiu-Dej in Rumänien oder Imre Nagy 1956.

ZSILLE Wie konntest du 1968 glauben, daß ein autonomes Denken in der Partei möglich sei?

HEGEDÜS In meinem Brief im August 1968 an das Zentralkomitee warf ich vollkommen naiv die Frage auf, ob ich nun überhaupt noch Parteimitglied sein könne.

ZSILLE Und die Antwort?

HEGEDÜS Die Antwort war nein! Dennoch banden mich die Traditionen des Saulus. Und offensichtlich bin ich auch heute nicht frei davon. Ich hoffe, daß diese Bindungen durch unser Gespräch deutlich werden. Ich trat also nicht aus der Partei aus, obwohl ein solcher Schritt angemessen gewesen wäre. Als ich aber 1973 ausgeschlossen wurde und als ich das Parteibuch abgeben mußte, kamen mir nicht die Tränen. Und als man mir sagte, ich könne beim Politbüro, beim Zentralkomitee und beim Parteitag Berufung einlegen, teilte ich ohne zu zögern mit, daß ich darauf verzichten würde. Eigentlich war für mich der Parteiausschluß eine Erleichterung. Meine Lage hatte sich geklärt. Georg Lukács beantragte noch 1956 seine Wiederaufnahme in die Partei. Auch Agnes Heller legte in den sechziger Jahren wegen ihres Parteiausschlusses beim Parteitag Berufung ein.

ZSILLE Was würdest du sagen, wenn man dich aufgrund politischer Veränderungen wieder in die Partei aufnehmen wollte?

HEGEDÜS Ich würde ein solches Angebot dankend ablehnen.

2. Der Unterzeichner des Warschauer Vertrags

ZSILLE Am 14. Mai 1955 hast du als Ministerpräsident der Volksrepublik Ungarn den Warschauer Vertrag unterzeichnet. Dieses vor dreißig Jahren geschaffene Militärbündnis der Staaten Osteuropas beeinflußt auch heute noch unter der Führung der Sowjetunion das weltpolitische Geschehen. Von den acht Unterzeichnern des Warschauer Vertrags bist du der einzige, der aufgrund persönlicher Erfahrungen über die Entstehung des Vertrags Rechenschaft geben kann. Außer dir lebt nur noch Jozef Cyrankiewicz, der damalige polnische Ministerpräsident. Er verschwand jedoch ebenso in der Versenkung der kommunistischen Partei wie nach ihm alle polnischen Ministerpräsidenten. Liest man die Unterzeichnerliste, so muß es einen nachdenklich stimmen, wie die kommunistische Bewegung auch heute noch mit ihren ehemaligen Führern umgeht. Von den acht Unterzeichnern des Warschauer Vertrags wurden nur zwei von der kommunistischen Partei nicht verleugnet: der Ostdeutsche Grotewohl und der Rumäne Gheorghiu-Dej. Man könnte allerdings auch sagen, sie seien rechtzeitig gestorben, so daß sie um die Säuberung herumgekommen sind. Mit welchen Empfindungen liest du diese Namensliste und nimmst die einzelnen Schicksale zur Kenntnis?

HEGEDÜS Eher mit Beruhigung als mit negativen Gefühlen. Das Schicksal der Unterzeichner – mit Ausnahme des Albaniers Mehmet Shehu – zeigt, daß wir es heute nicht mehr mit dem klassischen Stalinismus zu tun haben. Es ist kein Zufall, daß ausgerechnet der Albanier Mehmet Shehu nicht im Bett gestorben ist. Sein Tod ist der Tod eines kommunistischen Führers im Stalinismus. Mich überrascht unser Schicksal keineswegs. Ich hielte es für weniger natürlich, wenn wir mit unserer stalinistischen Vergangenheit, die uns allen ohne Ausnahme anhaftet, auch heute noch führende Positionen bekleiden würden.

ZSILLE Man muß allerdings feststellen, daß sich auch heute noch viele Stalinisten in Amt und Würden befinden. Andererseits wurde der Warschauer Vertrag, das Werk der abgeschobenen Stalinisten, nicht aufgelöst. Auch dreißig Jahre nach seiner Unterzeichnung ist er ein wichtiges Instrument für die Politik des Kreml geblieben.

HEGEDÜS Darauf kann man kaum etwas anderes entgegnen, als daß die völlige Beseitigung des stalinistischen Erbes in Osteuropa weder auf ideologischem, noch auf politischem, noch auf militärischem Gebiet erfolgt ist. Der Grund hierfür ist aber in der Konfrontation des geteilten Europa zu sehen.

ZSILLE Heißt das mit anderen Worten, daß die militärische Kooperation der unter sowjetischer Führung stehenden Länder durch die Gefahr des deutschen Revanchismus legalisiert wurde? Hast du damals den deutschen Revanchismus für eine reale Gefahr gehalten?

HEGEDÜS Ich hielt diese Gefahr für völlig real. Freilich waren meine Informationen ziemlich einseitig. Ich war damals noch nie im Westen gewesen. Meine erste Reise unternahm ich erst 1962. Ich besaß also keinerlei direkte Informationen über die westliche Welt. Im Gegensatz zu Rákosi, der jeden Tag englische und vor allem amerikanische Blätter las, nahm ich damals keine westlichen Zeitungen in die Hand.

ZSILLE Wie kam es zum Warschauer Vertrag?

HEGEDÜS Ohne die Wiederbewaffnung Westdeutschlands wäre es nicht zum Warschauer Vertrag gekommen. Die Europäische Sicherheitskonferenz vom 19. November bis 2. Dezember 1954 in Moskau war zwar bereits eine Vorbereitung auf den Warschauer Vertrag, aber die Sowjetunion hatte sich noch bewußt Möglichkeiten offengehalten. Wir erkannten damals bereits, daß die Wiederbewaffnung Westdeutschlands und die Einbeziehung in die NATO endgültig waren. Allerdings taten wir so, als ob diese Entwicklung noch nicht endgültig sei. Deshalb konnte in Moskau noch nicht über konkrete Formen des späteren Warschauer Vertrags gesprochen werden. Um so mehr sprachen wir von der Gefahr des Revanchismus. Die Rundfunkrede, die ich nach meiner Rückkehr aus Moskau hielt, war vollkommen ehrlich.

ZSILLE Du hast die Rede selbst geschrieben?

HEGEDÜS Ich schrieb meine Reden immer selbst. Die wichtigeren sah Gerö sich an. Aber er las auch Rákosis Reden. Wie gesagt, ich glaubte an die Gefahr des deutschen Revanchismus. Der Zweite Weltkrieg lag noch nicht lange zurück.

ZSILLE Alle Anzeichen sprechen dafür, daß die osteuropäischen Führer von den sowjetischen Führern nicht ins Vertrauen gezogen wurden, als es um die Pläne zur Schaffung eines Militärblocks ging.

HEGEDÜS Die Streitkräfte der Länder des späteren Warschauer Vertrags befanden sich auch damals schon unter gemeinsamer Leitung. Es ging lediglich um die Legalisierung dieser Gemeinsamkeit. Auf der Moskauer Konferenz war niemand von uns so naiv zu glauben, unsere nationale Armee stünde unter unserer Führung. Jeder von uns wußte, daß sein Militär Bestandteil einer integrierten Armee unter sowjetischer Führung ist.

ZSILLE Wozu bedurfte es dann der legalen Form?

HEGEDÜS Die Sowjetunion mußte demonstrieren, daß sie der NATO ein legitimes Militärpotential entgegenzusetzen hat. Wenn wir uns den Text des Warschauer Vertrags ansehen, so spiegelt sich darin eindeutig ein defensiver Charakter wider.

ZSILLE Ferenc Fejtö ist in seinem Buch *Die Geschichte der Volksdemokratien* zum Teil anderer Meinung. Er schreibt, daß die sowjetische Führung einerseits neben der politischen Macht der osteuropäischen Länder eine militärische Basis schaffen und andererseits die Armeen der Volksdemokratien der eigenen Führung unterstellen wollte.

HEGEDÜS Ich sage ja, daß es nur um die Legalisierung ging, denn praktisch waren bereits beide Aspekte realisiert.

ZSILLE Fejtö fügt hinzu: »Mit dem Warschauer Vertrag wollte sich die Sowjetunion eine Rechtsgrundlage schaffen, um nach der Unterzeichnung des Österreichischen Staatsvertrags nicht aus Ungarn und Rumänien abziehen zu müssen, wie es im Friedensvertrag von 1947 vorgeschrieben war.« Und schließlich führt Fejtö auch einen psychologischen Gesichtspunkt an: »Die Sowjetunion wollte den osteuropäischen Ländern formal das Selbstbestimmungsrecht zurückgeben. Sie wollte den Eindruck erwecken, daß diese Länder selbständig seien. Zugleich kettete sie die Staaten des Warschauer Vertrags durch die Pflicht zur gegenseitigen brüderlichen Hilfe militärisch an sich.«

HEGEDÜS Diese Punkte gehören alle zum Stichwort Legalisierung der damals schon bestehenden Machtverhältnisse. Militärpolitisch schuf der Warschauer Vertrag natürlich eine klare Situation. Unter dem militärischen Oberbefehl der Sowjetunion erscheinen die Streitkräfte der Mitgliedstaaten als gesonderte militärische Einheiten. Vor Vertragsabschluß fand zwischen den nationalen Armeen und der sowjetischen Armee eine bilaterale Zusammenarbeit statt.

ZSILLE Auf der Moskauer Vorbereitungskonferenz warst du noch stellvertretender Ministerpräsident. Die ungarische Delegation stand unter deiner Führung. Ein halbes Jahr später hast du den Warschauer Vertrag bereits als Ministerpräsident unterzeichnet.

HEGEDÜS Das ist ein kompliziertes Thema, darüber müssen wir noch getrennt sprechen. Im März 1955 trat Gerö erstmals an mich heran, ich solle den Posten des Ministerpräsidenten annehmen. Das sei auch mit den sowjetischen Genossen abgesprochen. Ich konnte mich dem nicht verschließen, obwohl ich den Posten nicht ohne Sorge annahm. Als Mikojan ein Jahr später im Namen des sowjetischen Präsidiums vorschlug, ich solle Rákosis Nachfolger werden, sagte ich eindeutig nein. Im März 1955 wurde ich also zur Führung des Ministerrats aufgefordert. Imre Nagy wurde aber erst Mitte April durch das Parlament seines Postens enthoben; erst dann wurde ich an seiner Stelle zum Ministerpräsidenten gewählt.

ZSILLE Als Ministerpräsident der Ungarischen Volksrepublik hast du am 14. Mai 1955 den Warschauer Vertrag unterschrieben. In Warschau wurden damals die zu solchen Anlässen üblichen Reden gehalten. Jeder billigte von vornherein, was er ohnehin unterschreiben mußte. Interessant wäre zu wissen, ob die Verbündeten von der Sowjetunion bei der Vertragskonzipierung konsultiert worden sind und ob sie bei der Vertragsentstehung ein Mitspracherecht hatten.

HEGEDÜS Ehrlich gesagt, die Unterzeichnung des Warschauer Vertrags gehört nicht zu den interessantesten Momenten meines Lebens. Auf Außenministerebene gab es wahrscheinlich ein Mitspracherecht. Über die vertraglichen Vorbereitungen war ich natürlich informiert, allerdings nicht über die einzelnen Vorschläge. Zumindest kann ich mich nicht daran erinnern. Ich bekam nur die fertigen Dokumente nach der Vorbereitung durch den Außenminister in die Hand.

ZSILLE Im Dokument zur Organisation des Vereinigten Oberkommandos der bewaffneten Streitkräfte des Warschauer Pakts gibt es aus ungarischer Sicht einen entscheidenden Satz, wonach die Stationierung der vereinten bewaffneten Streitkräfte auf dem Territorium der Teilnehmerstaaten des Vertrags entsprechend den Notwendigkeiten der gegenseitigen Verteidigung zu erfolgen habe.

HEGEDÜS Das hieß im wesentlichen, daß die sowjetischen Truppen nach der Neutralisierung Österreichs beziehungsweise auch nach der Unterzeichnung des österreichischen Staatsvertrags in Ungarn bleiben könnten, sofern dies von der ungarischen und der sowjetischen Regierung gewünscht werden würde.

ZSILLE Gab es in der ungarischen Führung gegen diesen Passus keine Bedenken?

HEGEDÜS Nein. Innenpolitische Aspekte waren in jener Zeit – Anfang 1955 – ohne Bedeutung. Der Schrecken über den Ostberliner Aufstand war überwunden, das System schien – zumindest an der Oberfläche – stabil zu sein. So gelangten militärpolitische Überlegungen in den Vordergrund. Gegen den deutschen Revanchismus mußte man sich auch militärisch schützen. Der Warschauer Pakt ist zwar defensiv, während seiner Vorbereitung freilich wurde die Gefahr des Revanchismus übertrieben und die von Westdeutschland ausgehende Bedrohung unglaublich aufgebauscht. Damit wurde begründet, daß sowjetische Truppen auch weiterhin in Ungarn stationiert bleiben müßten.

ZSILLE Nagte es nicht an euerm Nationalstolz, daß in der Tschechoslowakei und in Polen keine sowjetischen Truppen stationiert waren?

HEGEDÜS Eine solche Forderung war nie konkret formuliert worden, auch wenn sie manchem ein echtes Anliegen gewesen sein mag. Und das gilt sicher auch heute noch. Selbst Rákosi und Gerö mögen manchmal gedacht haben, wie schön es wäre, wenn sie an der Spitze eines souveränen Staats stehen könnten. Allerdings hat dieser Traum wenig mit Nationalstolz zu tun, denn bei internationalistischen Kommunisten wie Gerö und Rákosi kann man nicht unbedingt von nationalen Gefühlen sprechen. Es ging vielmehr darum, sich der Kontrolle Moskaus weitestgehend entziehen zu können. 1953 wurde Rákosi der Vorwurf gemacht, gegenüber den Vereinigten Staaten von Amerika eine selbständige Außenpolitik betreiben zu wollen.

ZSILLE Empfandest du nach den Schrecken der deutschen Besetzung die Unterzeichnung des Warschauer Vertrags nicht als eine durch nichts zu rechtfertigende Billigung der kolonialen Lage Ungarns? Die Soldaten der sowjetischen Truppen dürfen in Ungarn Eigentumswohnungen kaufen; wir sind ein besetztes Land geblieben.

HEGEDÜS Die Vertragsdauer belief sich auf dreißig Jahre. Eigentlich glaubten wir an gravierende Veränderungen in unseren Ländern. Nach Stalins Tod hatte sich bereits vieles gebessert. Die Angst vor Verhaftungen, vor dem Zuchthaus und den Hinrichtungen war geschwunden. Ich meinte, ein starkes Osteuropa könne die Abrüstung in Europa einleiten und auch die deutsche Frage lösen. Ich hegte den Wunschtraum von einem neutralen Deutschland in der Mitte Europas.

ZSILLE Nach verschiedenen Quellen soll es in der sowjetischen Führung Überlegungen gegeben haben, auf Ostdeutschland zu verzichten.

HEGEDÜS Meines Wissens stützen sich diese Gerüchte auf eine einzige Tatsache: In Berijas Notizbuch soll sich der Satz gefunden haben: »DDR aufgeben.« Vielleicht hatte er dahinter ein Fragezeichen oder ein Ausrufungszeichen gesetzt. Doch selbst wenn es ein Ausrufungszeichen war, so heißt das keineswegs, daß Berija die Sache zu Ende gedacht hatte. Ihm mag einfach der Gedanke gekommen sein, aber in Gedanken hatte er möglicherweise gleich ein Njet hinzugefügt. Die Sowjetunion hielt auch in jener Zeit an ihrer nach dem Zweiten Weltkrieg geschaffenen Einflußsphäre fest.

ZSILLE Im Frühjahr 1955 pfiffen es in Budapest bereits die Spatzen von den Dächern, daß László Rajk aufgrund falscher Anschuldigungen und auf sowjetische Anordnung hin verurteilt worden war. Wie konntest du vor diesem Hintergrund einen Vertrag unterzeichnen, der die Stationierung der sowjetischen Truppen in Ungarn festschrieb?

HEGEDÜS Aus heutiger Sicht erscheint dieser Vorwurf vollkommen logisch. 1955 aber war ich ein gläubiger Parteifunktionär.

ZSILLE Das Dokument von Warschau ist ein ziemlich kurzer internationaler Vertrag. Er besteht aus elf Artikeln. Hältst du ihn nach wie vor für einen defensiven Vertrag?

HEGEDÜS Ja. In den vergangenen dreißig Jahren ist der Warschauer Vertrag noch nie angewendet worden. Die Mitgliedstaaten sind von keiner ausländischen Streitmacht angegriffen worden.

ZSILLE Viele haben aber den Eindruck, daß die Niederschlagung der ungarischen Revolution von 1956 und auch die gewaltsame Beendigung des »Prager Frühlings« 1968 auf das Konto des Warschauer Vertrags gehen. Beide Male sprach man in der internationalen Öffentlichkeit davon, daß die Einmischung in die inneren Angelegenheiten der Bruderländer im Namen des Warschauer Pakts geschehen sei. Im Vertragstext findet sich allerdings kein Paragraph, der zur Einmischung in die inneren Angelegenheiten eines der Unterzeichner berechtigte. Oder habt ihr etwa noch ein Geheimabkommen unterzeichnet, das zu einem derartig brüderlichen Vorgehen auffordert?

HEGEDÜS Nein! In Warschau wurde keine geheime Vereinbarung getroffen. Liest man die Erklärungen zu 1956 oder 1968 aufmerksam, so geht daraus deutlich hervor, daß sich offiziell niemand auf den Warschauer Vertrag beruft.

ZSILLE Das ist tatsächlich richtig. Am 24. Oktober 1956 war am frühen Nachmittag im Freien Sender Kossuth zu hören, die Regierung habe aufgrund des Warschauer Vertrags die in Ungarn stationierten sowjetischen Truppen gebeten, dem Unwesen der konterrevolutionären Banden ein Ende zu setzen. Die Einmischung erfolgte also auf besonderes Bitten der Regierung. In der Tschechoslowakei verhielt es sich 1968 ebenso. Dennoch stellt sich die Frage, ob in Warschau nicht davon gesprochen wurde, daß bei innenpolitischen Schwierigkeiten der Mitgliedstaaten eine Einmischung der Truppen des Warschauer Pakts notwendig werden könne.

HEGEDÜS Diese Frage stellte sich in Warschau nicht.

ZSILLE Gibt es irgendein Erlebnis im Zusammenhang mit der Unterzeichnung des Vertrags, das dich besonders beeindruckt hat?

HEGEDÜS Eine Geschichte läßt mir auch heute noch Gänsehaut über den Rücken laufen. Wir unterhielten uns in einem kleinen Kreis. Anwesend waren auch der sowjetische Ministerpräsident Bulganin und als Beobachter der chinesische Verteidigungsminister Peng Te-huai. Bulganin fragte Peng Te-huai halb aus Spaß und halb aus Ernst, wie viele chinesische Soldaten sie auf den europäischen Kriegsschauplatz werfen könnten, wenn das im Kampf gegen den deutschen Revanchismus erforderlich werde. Ohne mit den Wimpern zu zucken, antwortete Peng Te-huai: »Ohne weiteres zehn Millionen.« Dieser Gedanke, daß ein neuer Mongolensturm über Europa hereinbrechen könnte, war für mich schrecklich.

3. Die Wurzeln

ZSILLE Wenn jemand aufmerksam die Artikel liest, die in der ungarischen Presse nach der Unterzeichnung des Warschauer Vertrags erschienen sind, dann muß ihm auffallen, daß im »Szabad Nép« (Freies Volk) von der Rückkehr Bulganins in die Sowjetunion berichtet wird und auch von der Ankunft Grotewohls in Ostberlin, die Heimkehr des ungarischen Ministerpräsidenten András Hegedüs jedoch unerwähnt bleibt. Was hat das zu bedeuten? War deine Position als junger Ministerpräsident umstritten? Hattest du Gegner, die zu verhindern wußten, daß man im »Szabad Nép« über dich schrieb?

HEGEDÜS Ich glaube, das war ein Zufall. Dabei mag eine Rolle gespielt haben, daß ich mich nie um meine Presse kümmerte. Ich hätte über das Pressebüro daraus einen Skandal machen können, aber das interessierte mich nicht. Was nun meine Lage angeht, so war ich zwar Ministerpräsident, aber in der Parteihierarchie stand ich erst an vierter Stelle.

ZSILLE Du warst 32 Jahre alt, als du ungarischer Ministerpräsident geworden bist. Blicken wir auf deine Vergangenheit zurück. Wie kam es zu dieser steilen Karriere? Wie kamst du mit der kommunistischen Bewegung in Berührung?

HEGEDÜS Meine Vorfahren sind Bauern evangelischer Konfession. Väterlicherseits verarmte Bauern, Tagelöhner; mütterlicherseits dagegen wohlhabende Bauern. Die Familie Hegedüs kam aus einer Nachbargemeinde nach Szilsárkány. Mein Vater heiratete als Knecht meine Mutter, die eine wohlhabende Bauerstochter war. Für mich ergaben sich daraus ziemlich komplizierte familiäre Beziehungen. Die Volksschule absolvierte ich mit sehr gutem Ergebnis. Mein Vater starb, als ich sieben Jahre alt war. So hatte meine Mutter die Erziehung für meine jüngere Schwester und mich allein zu tragen. Die materiellen Bedingungen waren ziemlich schlecht. Dennoch konnte der evangelische Pfarrer meine Mutter überreden, mich auf die Bürgerschule zu schicken. Anschließend besuchte ich das Gymnasium. Meine Mutter hätte es gern gesehen, wenn ich Pfarrer geworden wäre. Ich war zwar religiös, zweifelte aber immer an der einen oder anderen Glaubensthese, so daß ich gegen die Pfarrlaufbahn war.

ZSILLE Wann und wo hast du die Reifeprüfung abgelegt?

HEGEDÜS 1941 in Sopron, am Evangelischen Lyzeum. Ich erinnere mich, an einem friedlichen Vormittag in jenem Frühjahr bereitete ich mich auf den Wiener Hügeln auf das Abitur vor. Plötzlich sah ich eine endlose Militärkolonne über die Grenze kommen: endlos viele Panzer und Lastwagen. Ich rannte in die Stadt hinunter. Niemand begriff, was da geschah. Deutsche Soldaten zogen durch Sopron: Die deutsche Armee hatte mit dem Aufmarsch gegen Jugoslawien begonnen. Die Empfindungen waren geteilt; einige weinten, andere wiederum freuten sich. Sopron war zur Hälfte deutsch.

ZSILLE Nach dem Abitur gingst du gleich nach Budapest.

HEGEDÜS Ich bewarb mich an der Technischen Universität und wurde auch sofort aufgenommen. Ich wußte allerdings nicht, wo ich wohnen sollte. Unsere finanzielle Lage hatte sich zwar in der Zwischenzeit geringfügig verbessert, da die ungarische Landwirtschaft die Wirtschaftskrise allmählich überwand und auch die Ernten verhältnismäßig gut waren, dennoch mußte ich für meinen Lebensunterhalt teils selbst sorgen. Ich wußte also nicht, wo ich in Budapest wohnen sollte. Eines Abends besuchte uns Probst Mikulás mit einem Zeitungsinserat in der Hand, worin das Bólyai-Kollegium des Turul-Bunds Studenten bäuerlicher Herkunft in Budapest Internatsplätze anbot. Meinem Aufnahmeantrag mußte ich Geburtsurkunden der Großeltern väterlicher- und mütterlicherseits beifügen. Dadurch sollte nicht nur geklärt werden, ob man Jude ist, sondern auch, ob man zum Ungartum gehört. Ich schickte die vier Geburtsurkunden weg und wurde ohne jede Schwierigkeit ins Kollegium aufgenommen.

ZSILLE Welcher politischen Richtung war der Turul-Bund zuzurechnen?

HEGEDÜS Im Grunde genommen war der Bund ein rechter, nationalistischer und zugleich deutschfeindlicher Verband. Allerdings gab es in ihm auch linke Strömungen. Das Bólyai-Kollegium ging aus dem Turul-Bund hervor. So kam ich also im September 1941 nach Budapest. Ich wohnte im Bólyai-Kollegium und besuchte die Technische Universität. Hier schlitterte ich sozusagen ohne Übergang ins politische Leben hinein.

4. Begegnung mit den Kommunisten

ZSILLE In welche Zeit fallen deine ersten Kontakte mit der kommunistischen Bewegung?

HEGEDÜS Im Herbst 1941, nachdem Hitlers Armee Jugoslawien bereits erobert und die Kriegsmaschinerie sich gegen die Sowjetunion in Bewegung gesetzt hatte, begannen in Budapest die ersten Demonstrationen gegen den Krieg. Eine Demonstration fand auf dem Kerepeser Friedhof am Kossuth-Denkmal statt, an der wir gemeinsam mit Sozialdemokraten und illegalen Kommunisten teilnahmen. Das wirbelte in der Presse ziemlichen Staub auf. Im Turul-Bund nahm man diese Nachricht sehr ungnädig auf. Man fand überhaupt keinen Gefallen daran, daß Studenten aus dem Kollegium eine gemeinsame Friedensdemonstration mit Juden und Kommunisten organisiert hatten. Das war meine erste Begegnung mit Kommunisten. Ich wurde plötzlich mit einer Unmenge von neuen Informationen überflutet: Was ist Sozialismus, was Marxismus, was Kommunismus? Bisher hatte ich von all dem kaum eine Ahnung. Jedenfalls trennten sich wegen dieser Demonstration die Wege des Turul-Bunds und des Bólyai-Kollegiums. Das Ergebnis dieser Trennung war die Organisation des vom Turul-Bund unabhängigen István-Györffy-Kollegiums. Trotz entgegengesetzter Absichten des Patronatsgremiums bildete sich im Györffy-Kollegium Anfang 1942 ein aktiver kommunistischer Kern heraus, dem auch ich mich anschloß. Kommunistisch hieß in jener Zeit noch nicht unbedingt auch sozialistisch, darunter war vielmehr eine radikale linke Einstellung zu verstehen und daß die Gruppe zur illegalen Partei Beziehungen hatte und deren Weisungen akzeptierte. Die Beziehungen der kommunistischen Mitglieder des Kollegiums zur Partei waren durch zwei Verbindungsmänner garantiert. Der eine war Ferenc Donáth, der von Debrecen nach Budapest gekommen war und mit dem ich später auf dem Landwirtschaftssektor zusammenarbeitete. Der andere war Lajos Fehér, der in der Konsolidierungsphase nach 1956 als Landwirtschaftssekretär eine wichtige Rolle spielte. Er war übrigens für die Massenkollektivierung 1960 verantwortlich.

ZSILLE Wohnten Donáth und Fehér ebenfalls im Kollegium?

HEGEDÜS Nein, sie lebten unter falschem Namen in der Illegalität. Interessant ist übrigens, daß ich als Bauernjunge mich zwar nicht im Gymnasium einordnen konnte, in Budapest aber ziemlich schnell zurechtkam – in einem Kollegium, in dem es einen linken radikalen Kern gab, der sich den kommunistischen Ideen verpflichtet fühlte und der unmittelbar mit der illegalen kommunistischen Partei verbunden war, die von Moskau aus gelenkt wurde. In der ersten Zeit konnte ich die kommunistischen Prinzipien nur mit Vorbehalt akzeptieren. Ich studierte erst einmal den Marxismus. Der erste Band des *Kapitals* übte auf mich einen großen Einfluß aus. Außerdem las ich viele marxistische Broschüren, die den Marxismus jedoch meist stark vereinfachten. In dieser Hinsicht waren Schönsteins Arbeiten in Ungarn sehr bedeutend. 1942 bekannte ich mich bereits zum Marxismus. Zugleich glaubte ich jedoch auch an Gott, wenn auch nicht im kirchlichen, so doch im pantheistischen Sinne. Marxistische Gesinnung *und* Gottgläubigkeit waren im Györffy-Kollegium ein ziemlich verbreitetes Phänomen. Wenn man heute Arbeiten über das Györffy-Kollegium liest, gewinnt man den Eindruck, daß es ein homogenes, demokratisches, ja kommunistisches Kollegium war. Dem war aber keineswegs so. Es gab einen ziemlich militanten und aggressiven kommunistischen Kern, der die Andersdenkenden im Kollegium terrorisierte.

ZSILLE Wie viele gehörten zu diesem kommunistischen Kern?

HEGEDÜS Etwa sechs bis acht.

ZSILLE Und wie viele Insassen hatte das Kollegium?

HEGEDÜS Sechzig bis siebzig.

ZSILLE Gab es eine formale Aufnahme in die kommunistische Partei?

HEGEDÜS Nein, damals gab es nichts dergleichen. Wir gehörten zur ländlichen Gruppe der Partei, denn auch unsere Verbindungsmänner, Donáth und Fehér, arbeiteten damals auf dieser Ebene. Unsere Aufgabe war, in dem damals entstehenden Bauernverband, im Landarbeiterverband und vor allem im Akademischen Jugendverband eine aktive Rolle zu übernehmen. Eine unserer Aktivitäten bestand beispielsweise darin, Briefe an Adressen auf dem Land zu verschicken, in denen wir dazu aufforderten, die Zwangsablieferung zu verweigern. Damals dachte ich noch nicht daran, daß ich nicht viel später der Wortführer eines viel härteren Abgabesystems werden würde.

ZSILLE Wer gehörte alles zu dem kommunistischen Kern?

HEGEDÜS Antal Gyenes, Gyula Sipos, László Kardos, der

nach 1956 zu lebenslänglichem Zuchthaus verurteilt wurde, weil er Imre Nagys Manuskripte in den Westen geschickt hatte. Kardos wurde erst zum Tode verurteilt, dann aber bekam er lebenslänglich. 1963 wurde er amnestiert. Zur Gruppe gehörte weiter Ottó Tökés, Rajks späterer Sekretär. Auch er wurde wegen der Rajk-Affäre verhaftet. Fünf Jahre mußte er in einer Einzelzelle zubringen, weil man ihm verübelte, daß er in dem Schauprozeß gegen Rajk die ihm zugedachte Rolle nicht übernommen hatte. Ferenc Szücs gehörte ebenfalls zu unserer Gruppe. Zu ihm unterhielt ich die engsten freundschaftlichen Beziehungen. Er ist heute Mitglied des Zentralkomitees, Generalleutnant und stellvertretender Generalstabschef der Volksarmee.

ZSILLE Was verband euch miteinander? Ähnliche soziologische und psychologische Gegebenheiten?

HEGEDÜS Ferenc Szücs war ein Bauernjunge aus Makó, den Ferenc Erdei unter seine Fittiche genommen hatte. Szücs war Mitglied der kommunistischen Bewegung und unterhielt zugleich gute Beziehungen zu den Volksschriftstellern. Nach 1945 trat er nicht in die kommunistische Partei ein, sondern in die Nationale Bauernpartei. Diese Entscheidung war keine Frage der Weltanschauung.

ZSILLE Trat er auf Weisung der Partei nicht in die KP ein?

HEGEDÜS So könnte man es auch sagen.

ZSILLE Es gehörte zur Praxis der kommunistischen Partei, ihre Kader in verschiedenen anderen Parteien unterzubringen.

HEGEDÜS Ich verrate kein Geheimnis, wenn ich sage, daß es in den bürgerlichen Parteien sogenannte Kryptokommunisten gab, die für Rákosi und die anderen kommunistischen Führer eine große Hilfe bedeuteten, um die bürgerlichen Parteien zu spalten.

ZSILLE Aber bleiben wir noch beim Jahr 1943. Hattet ihr Probleme mit der Polizei?

HEGEDÜS Zuerst wurde Antal Gyenes verhaftet. Eines Abends wurde er aus dem Kollegium abgeführt. Wir hatten gerade einen großen Packen Flugblätter bei uns. Glücklicherweise wurden die Flugblätter nicht gefunden. Das war meine erste Bekanntschaft mit der Politischen Polizei. Ich besuchte Gyenes auf dem Polizeipräsidium in der Zrinyi utca und brachte ihm Lebensmittelpakete. Nach der Besetzung Ungarns durch deutsche Truppen im März 1944 wurde das Kollegium aufgelöst. Die deutsche Besetzung und die Auflösung des Kollegiums veränderten meine Lage grundlegend. Bisher hatte ich organisatorisch keine Verbindung zur kommunistischen Partei, zur sogenannten Friedenspartei. Nach dem deutschen Einmarsch erhielt ich durch Gyula Sipos von der illegalen Friedenspartei die Weisung, auf dem Sektor der akademischen Jugend zu arbeiten und zur Parteijugend Beziehungen zu unterhalten.

ZSILLE Was für eine Entwicklung machtest du in jener Zeit durch? Wie kann ein selbständig denkender und begabter junger Mann in eine Situation geraten, daß er von einer geheimnisvollen und ihm unbekannten Obrigkeit Weisungen akzeptiert?

HEGEDÜS Dieses geheimnisvolle und hierarchisch ausgerichtete Beziehungssystem sprach mich damals gefühlsmäßig schon an. Aber die Bindung war nicht nur emotional geprägt, vielmehr hatte mich auch die ideologische Literatur gefangengenommen. Nach der deutschen Besetzung war ich weiteren Einflüssen ausgesetzt, die meine Einstellung einengten und radikalisierten. Wir bekamen beispielsweise Stalins Buch *Fragen des Leninismus* in die Hand. Eine sehr thesenhafte Vereinfachung des Marxismus-Leninismus. Wir vervielfältigten das Buch, das in unserem Kreis eine Art Bibel wurde. Damit war mein ideologischer Anschluß an den Marxismus abgeschlossen. Es fehlte nur noch der organisatorische. Und der fand statt, als mich das Zentralkomitee der Friedenspartei mit dem Aufbau einer illegalen Studentenorganisation beauftragte.

ZSILLE Warst du in der Lage, die Bedeutung deiner Tätigkeit einzuschätzen?

HEGEDÜS Natürlich war ich mir über die möglichen Konsequenzen im klaren.

ZSILLE Hieltest du deine Aktivität für bedeutend?

HEGEDÜS Ja. Ich meine, wenn man sich in einem Land, das von den Deutschen besetzt ist, in dem die Juden deportiert werden, zu einer deutschfeindlichen Rolle bekennt, dann ist das von Bedeutung. Und ich bekannte mich in vollem Umfang zu dieser Arbeit.

ZSILLE Das scheint mir als Erklärung nicht auszureichen, denn 1944 gab es in Ungarn noch ganz andere deutschfeindliche Gruppierungen, die demokratisch, ja links orientiert waren. Beispielsweise existierte die Märzfront. Warum hast du dich ausgerechnet den Stalinisten angeschlossen?

HEGEDÜS Auch die Märzfront war eine Organisation der Kommunisten. Ich kannte meine Möglichkeiten. Gemeinsam mit Ferenc Szücs bildete ich beispielsweise an der Technischen Universität die Gruppe der Sozialdemokratischen Partei. In dieser Zeit lernte ich auch Marosán kennen. Die Sozialdemokraten machten auf uns keinen guten Eindruck. Aber deine Frage ist völlig berechtigt. Wir müßten vielleicht davon sprechen, daß die ganze kommunistische Bewegung einen Krebsschaden hat, der zugleich auch ihre Triebfeder ist. Wenn sich jemand den Marxismus aneignet und sich ideologisch einer so radikalen Richtung anschließt, wie es der Stalinismus ist (von Stalinismus spreche ich deshalb, weil ich den Leninismus in der Form des Stalinismus kennengelernt habe), dann verinnerlicht er drei Charakterzüge, die er nur sehr schwer wieder ablegen kann. Der erste Charakterzug ist das Missionarische, das Sendungsbewußtsein, durch die Vereinigung der Proletarier aller Länder die ganze Gesellschaft zu befreien. Dieses Sendungsbewußtsein ist auch heute im Denken der Parteifunktionäre und der militanten Kommunisten von großer Bedeutung. Der zweite Charakterzug des Parteifunktionärs ist der Glaube, mit der Aneignung des Marxismus-Leninismus im Besitz einer wissenschaftlichen Weltanschauung zu sein, mit deren Hilfe er jede Frage wahrhafter und wissenschaftlicher beantworten kann als alle anderen Menschen. Der dritte Charakterzug ist der Glaube an die Allmacht der Partei, die Mystifizierung der Partei. Die von der Partei erhaltene Weisung ist also eine von oben, von einem mystifizierten Ort erhaltene Weisung, die bedingungslos zu erfüllen ist. Dieses höhere Organ ist unfaßbar. An die Allmacht der Partei kann man nur glauben.

ZSILLE Neigst du zur Unterstützung von diktatorischen Richtungen? Wäre es vorstellbar, daß du dich unter bestimmten Bedingungen einer rechtsradikalen Bewegung angeschlossen hättest?

HEGEDÜS Wäre ich auf einem kulturell akzeptablen Niveau von radikalen Pfeilkreuzlern beeinflußt worden, so wäre ich möglicherweise Anhänger eines rechten Radikalismus geworden.

ZSILLE Stalin kann nicht unbedingt als niveauvoll bezeichnet werden.

HEGEDÜS Stalin nicht, der Marxismus schon. Man darf nicht vergessen, daß ich über das *Kapital* zu Stalin gekommen bin. Und das *Kapital* ist mit Sicherheit kein vereinfachtes und schematisiertes Geschichts- oder Gesellschaftsbild.

ZSILLE Aber wie kann man nach dem *Kapital* von Karl Marx auf das Niveau einer stalinistischen Broschüre herabsinken?

HEGEDÜS Dieses Herabsinken kann man auch heute in den verschiedenen linken militanten Bewegungen beobachten. Die vereinfachte stalinistische Ideologie wird als Instrument betrachtet, um die Massen zu gewinnen. Man darf zum Beispiel nicht die Wirkung von Mao Tse-tungs ebenfalls primitiver Mao-Bibel in den sechziger Jahren vergessen.

ZSILLE Demnach wäre es eigentlich Glücksache, ob man einer linken oder rechten radikalen Partei angehört. Hitlers Propaganda war ebenso primitiv wie Stalins Propaganda und faszinierte die Massen.

HEGEDÜS Aber der Nazismus hatte nicht den theoretischen Hintergrund wie der Marxismus. Ich erinnere mich an eine Rede des Faschisten Szálasi im Jahre 1942. Ich hielt ihn für schrecklich primitiv. Stalins *Fragen des Leninismus* sind nicht im Sinne von Dummheit primitiv. Sie sind sogar eine außerordentlich intelligente Vereinfachung.

ZSILLE Ich verstehe noch nicht ganz, wie es zu deiner Aktivität in der illegalen kommunistischen Bewegung kam.

HEGEDÜS Als Parteifunktionär in der illegalen Bewegung 1944 war ich in einer anderen Lage als sagen wir 1950. Ich glaube, meine Lage 1944 ähnelte der eines jungen Palästinensers heute. Ich bekam 1944 zwar noch keine Waffe in die Hand, dafür aber eine Funktion.

ZSILLE Was hätte passieren müssen, um dich vor dem Einfluß der »Gewaltreligion« zu bewahren?

HEGEDÜS Hätte es eine aktive sozialdemokratische Bewegung gegeben oder eine aktive sozialistische Bewegung, sagen wir, wäre die Nationale Bauernpartei in der Illegalität organisiert worden, vielleicht...

ZSILLE Eigentlich ist sie organisiert worden...

HEGEDÜS Nein, sie kam erst nach der Illegalität zustande, zu einem großen Teil sogar mit kommunistischer Hilfe. Ich erinnere mich, als ich in Zemplén Ministerialkommissar der Bodenreform war, fungierte ein Schneidergeselle als Bezirkssekretär der Nationalen Bauernpartei. In der ersten Zeit wußte man mit ihm nichts anzufangen, so klebte er für die kommunistische Partei Plakate. Die kommunistische Partei war zwar auch sehr schwach, aber sie war diejenige Partei, die noch am ehesten Weisungen gab.

ZSILLE Auch die Märzfront war bereits eine Partei geworden. Zumindest war das Imre Kovács' Vorstellung, ganz im Gegensatz zu Gyula Illyés oder Péter Veres. Die Märzfront war viel eher eine politische Bewegung, eine Partei als die illegale kommunistische Partei, von der du kaum etwas wußtest, lediglich, daß sie durch ihre Boten Weisungen erteilte.

HEGEDÜS Hätte es eine linke sozialistische Bauernbewegung gegeben mit dem Mut zur Weisung und mit einem Zentralkomitee, so wäre die Lage eine andere gewesen.

ZSILLE Sprechen wir von jener kommunistischen Partei, die deinen Worten zufolge sich wenigstens auf Weisungen verstand.

HEGEDÜS 1942 wurde die Kommunistische Partei Ungarns von der Polizei zerschlagen. Diejenigen, die auf freiem Fuß geblieben waren, interpretierten die Auflösung der Komintern falsch und meinten, daß sie die kommunistische Partei nicht wieder organisieren dürften. Meiner Meinung nach hatten sie damit recht. Damals entschloß man sich zur Gründung der Friedenspartei. Nach Ansicht des sogenannten Auslandskomitees in Moskau war hierin ein Fehler zu sehen. Im Moskauer Auslandskomitee war man der Meinung, daß mit diesem Schritt die eigentliche Partei aufgelöst und eine bürgerliche Partei gegründet worden sei. Mit Gerö diskutierte ich später viel über diese Frage. Die Moskowiter schätzten die Situation vollkommen falsch ein. Die Friedenspartei war nämlich genauso sektiererisch und hierarchisch aufgebaut wie ihre Vorgängerin, die Kommunistische Partei Ungarns. Auch hinsichtlich der komplizierten Aufnahmebedingungen unterschieden sich die beiden Parteien in nichts voneinander. Die von mir geschaffene Jugendorganisation beispielsweise unterstand der Friedenspartei. Dennoch war ich kein Mitglied der Friedenspartei. Erst nach meiner Flucht aus dem Gefängnis teilte mir László Orbán im November 1944 mit, daß die Zentrale Leitung beschlossen habe, mich in die Partei aufzunehmen. Diese Friedenspartei war also sehr streng organisiert. Man hatte Angst vor neuen Leuten. Dennoch gelang es der Politischen Polizei, Spitzel einzuschleusen. Ständig flog jemand von uns auf.

ZSILLE Wie viele Mitglieder hatte die Partei ungefähr?

HEGEDÜS Es gab etwa 1000 Kommunisten, die zu verschiedenen Zeitpunkten Parteimitglieder waren, die jedoch von der Partei nicht aktiviert wurden, weil sie durch eine frühere Verhaftung schwarze Schafe geworden waren. Mitglieder aber, die ständigen Kontakt zur Zentralen Leitung unterhielten, gab es nur etwa 200.

ZSILLE Was habt ihr außer eurem geistigen Widerstand konkret dem deutschen Faschismus entgegensetzen können?

HEGEDÜS Ich will die illegale kommunistische Bewegung keineswegs heroisieren, dennoch behaupte ich, daß diese wenigen Kommunisten einiges getan haben. Wir gaben beispielsweise an der Universität eine illegale Zeitung heraus. Das war eine Tat! Das Blatt wurde von vielen gelesen und erzielte eine große Wirkung.

ZSILLE Woran kann diese Wirkung gemessen werden?

HEGEDÜS Seither habe ich mit vielen Menschen darüber gesprochen. Sie dachten, in jener Welt könne man über keine politischen Fragen sprechen. Und dann bekamen sie unser illegales Blatt in die Hand, in dem mutig Dinge angesprochen wurden, über die man sich damals nur im ängstlichen Flüsterton unterhielt. Eine ähnliche Wirkung kommt meines Erachtens im heutigen Ungarn der Samisdat-Zeitschrift »Beszélö« zu. Die Wirkung des »Beszélö« läßt sich kaum bestreiten, auch wenn seine Auflage ziemlich niedrig ist und wenige darin schreiben.

ZSILLE Also da war eine kommunistische Partei, die Friedenspartei, auf deren Weisung hin du bereit warst, das Risiko der Herausgabe einer illegalen Zeitung auf dich zu nehmen. Aber wußtest du, wer die Mitglieder des Zentralkomitees dieser Partei waren? Wußtest du, wer der Generalsekretär der Partei war?

HEGEDÜS Nein, ich wußte überhaupt nichts. Ich wußte nur, daß Lajos Fehér, den ich persönlich kannte, Kontakt zum Zentralkomitee hatte. Vielleicht war er Mitglied, vielleicht auch nicht. Das weiß ich bis auf den heutigen Tag nicht.

ZSILLE Welchen Überblick hatten die Führer über die Partei? Wußten beispielsweise Kádár oder Donáth, wieviele Mitglieder die Partei hatte?

HEGEDÜS Im großen und ganzen wohl schon, im einzelnen vermutlich nicht. Ich muß hier anfügen, daß es auch andere kommunistische Bewegungen gab. Die stärkste war die Demény-Fraktion, die nach anderen Prinzipien funktionierte als unsere Partei. Die Demény-Fraktion veranstaltete relativ offene Seminare. Man wußte, wer Demény und seine Unterführer waren. Das war eine andersgeartete Partei. Die Friedenspartei dagegen war eine streng nach konspirativen Regeln arbeitende hierarchische Organisation.

5. Gefängnis

ZSILLE Du erwähntest bereits deine Verhaftung. Wann und warum kamst du ins Gefängnis?

HEGEDÜS Nach der Vervielfältigung der zweiten Nummer unseres Blattes wurde meine Kontaktperson, Maria Bályo, verhaftet, und ein paar Tage später auch ich. Zur Vorgeschichte gehören meine Beziehungen zu einer Gruppe jugoslawischer Studenten an der Technischen Universität. Ich erstattete der Zentralen Leitung Bericht darüber, weil ich die Kommilitonen in die Aktivitäten des Akademischen Jugendverbands einbeziehen wollte. Ich wurde angewiesen, diesen Versuch sofort zu unterlassen, weil die Gefahr der Provokation zu groß sei.

ZSILLE Worin bestanden deine Kontakte zu den Jugoslawen?

HEGEDÜS In jener Zeit wechselten ziemlich viele Leute zu Titos Partisanen über; auch meine spätere Frau, die ich damals freilich noch nicht kannte, ging nach Jugoslawien. Irgendwie war es der Polizei gelungen, Spitzel in die Organisation einzuschleusen. So konnten sie viele Flüchtlinge verhaften, die als Partisanen über die Grenze zu Tito gingen. Auch meine spätere Frau wurde erwischt und zu fünf Jahren Gefängnis verurteilt. Maria Balyó wurde Ende August 1944 von den Deutschen verhaftet, die sie aber der ungarischen Gendarmerie übergaben. Mit meiner Angelegenheit waren bereits Gendarmen befaßt. Ich suchte damals gerade Gyula Rézler, den Direktor des Instituts für Arbeitswissenschaft, wegen einer fälligen Bezahlung in seiner Wohnung auf. Mit mir ging Ferenc Szücs, der aber zurückblieb, weil er noch etwas einkaufen wollte. In Rézlers Villa wurde ich bereits von den Geheimen erwartet. Rézler verhielt sich sehr anständig. Als ich bereits in Handschellen war, fragte er mich, ob ich Geld brauchte. Ich sagte ihm, daß ich damit wohl vorläufig nichts anfangen könne. In der Zwischenzeit klingelte das Telefon. Ferenc Szücs, dem das schwarze Auto vor dem Haus verdächtig vorkam, telefonierte. Rézler sagte etwas, wodurch Szücs begriff, daß etwas geschehen sein mußte, und er tappte nicht in die Falle.

ZSILLE Wie hast du auf deine Verhaftung reagiert?

HEGEDÜS Natürlich bin ich erschrocken. Die erste Woche war sehr hart.

ZSILLE Was heißt hart?

HEGEDÜS Ich wurde gefoltert. Ich bekam Ohrfeigen und wurde auf die Fußsohlen geschlagen.

ZSILLE Was für ein Geständnis wollte man von dir erpressen?

HEGEDÜS Ich sollte verraten, wer zur Organisation gehörte.

ZSILLE Du wurdest also als illegaler Kommunist verhaftet?

HEGEDÜS Lange Zeit versuchte ich, mich mit Deutschfeindlichkeit herauszureden. Doch in meiner Wohnung fand man die *Fragen des Leninismus* und den Vervielfältigungsapparat. Die Geheimen sagten lachend: »Du wolltest uns hinters Licht führen, wir wissen ganz genau, daß du ein alter Bolschewik bist.«

ZSILLE Wie alt warst du?

HEGEDÜS Einundzwanzig. Ich war heilfroh, daß niemand

sonst von unserer Organisation verhaftet wurde, außer eben noch Mária Balyó, die ebenfalls nichts preisgab. Auch unserem Kontakt zur Zentralen Leitung kamen sie nicht auf die Spur.

ZSILLE Hast du zugegeben, daß du Kommunist warst?

HEGEDÜS Am Ende mußte ich zugeben, daß ich Verbindungen zur Friedenspartei hatte. Wir wurden schließlich vom Sondergericht des Generalstabs verurteilt. Wir bekamen einen Pflichtverteidiger gestellt. Als Balyó und ich in Handschellen vor dem Sondergericht des Generalstabs standen und uns unterhielten, tauchte plötzlich ein Rechtsanwalt auf, ein Pfeilkreuzler, der noch kleiner war als ich, und fragte: »Wer ist Hegedüs und wer Balyó?« Auf unsere Antwort fragte er uns, ob wir Christen seien. Wir bejahten. Im übrigen wisse der Herr Rechtsanwalt ja, daß wir Studenten seien und daß nur Christen studieren dürften. »Ja, ich weiß!« sagte er. »Und was habt ihr verbrochen?« Ich fing an zu erklären, daß die Geheimen alles übertreiben würden. Wir hätten eine Studentenzeitung gemacht oder so etwas, aber das sei alles belanglos gewesen. Daraufhin sagte er: »Gut, dann verteidige ich euch.« Wir betraten den Gerichtssaal, und zu meiner größten Überraschung entdeckte ich an der Wand ein Horthy-Bild, obwohl im Land schon seit zwei Wochen der Szálasi-Terror herrschte.

ZSILLE Welche Anklage wurde gegen euch vorgebracht?

HEGEDÜS Die Anklage beschuldigte uns der illegalen Organisation. Mit unserer deutschfeindlichen Tätigkeit, durch die wir die Interessen des Vaterlandes verletzt hätten, sei der Tatbestand des Landesverrats erfüllt. Der Staatsanwalt beantragte für mich fünfzehn Jahre und für Balyó zehn Jahre Zuchthaus. Nach der Rede des Militärstaatsanwalts erhob sich unser Pfeilkreuzler-Anwalt und sagte, nicht diese christlichen Kinder seien schuldig, sondern der jenige, dessen Bild noch immer dort an der Wand hänge. Horthy habe die Menschen in Ungarn verwirrt, er habe diese anständigen Christenkinder verführt. Für mich beantragte er ein Jahr Gefängnis auf Bewährung und für Balyó Freispruch. Ich bekam schließlich zwei Jahre und Balyó anderthalb Jahre Zuchthaus. Doch diese Zuchthausstrafen waren damals angesichts der Tatsache, daß die Deutschen den Krieg so gut wie verloren hatten, lächerlich. Nur vor einem Todesurteil mußte man Angst haben. Wenige Wochen nach unserem Prozeß wurden bereits wegen ähnlicher Vergehen Todesurteile gefällt. Am 20. November 1944 wurden wir vom Budapester Militärgefängnis nach Komárom transportiert. Wir trafen Vorbereitungen zur Flucht, indem wir in die Waggonwand ein Loch schnitten. Zu acht gelang uns die Flucht. In der nächsten Nacht war ich bereits wieder in Budapest.

ZSILLE War eure Flucht von außen organisiert worden?

HEGEDÜS Ja. Drei Mädchen besuchten mich im Gefängnis – natürlich nicht zusammen – und brachten mir in einer Ovomaltine-Schachtel 100 Pengö und, in einer Schuhsohle versteckt, einen sehr guten Ausweis auf den Namen László Tóth, der dem Bataillon der Technischen Universität angehörte. Ich hatte damit alles, was man zur Flucht brauchte. Übrigens bekamen wir auch unsere eigenen Ausweise, weil das Gefängnis aufgelöst wurde und man uns in Zivilsachen transportierte. Ich gab meinen Ausweis einem rumänischen Kommunisten, der damit flüchtete und sich unter dem Namen

András Hegedüs irgendwo in Westungarn versteckte. Bereits einen Tag nach der Flucht war ich wieder aktiv in der Jugendbewegung tätig.

ZSILLE Und dann kam das Kriegsende.

HEGEDÜS Zu Weihnachten 1944 wurde ich krank. Ich wohnte teils in der Damjanich utca bei Ferenc Erdeis Frau und teils im Atelier eines Bildhauers. Hier befand ich mich, als die sowjetischen Truppen, genauer gesagt zuerst die Rumänen die Damjanich utca erreichten. Ferenc Erdei war bereits Innenminister in der Debrecener Regierung. Unter großen Schwierigkeiten erklärte ich das dem ersten russischen Soldaten, der in die Wohnung gekommen war. Szücs blieb zurück, um die Wohnung zu sichern, und ich fuhr mit einem russischen Soldaten zum Bataillon. Vom Bataillon zum Regiment und vom Regiment zum Divisionsstab. Wir waren die ganze Nacht unterwegs. Am Ende landeten wir in einer Fabrik bei der Politabteilung des Armeekorps. Dort war der Name Ferenc Erdei bereits bekannt. Frau Erdei und ich bekamen zu essen. Am nächsten Tag wurde Frau Erdei nach Debrecen gebracht. Ich dagegen wurde in einem Jeep zu einer Kneipe im Zugló chauffiert. Wie sich herausstellte, fand hier die erste Budapester Mitgliederversammlung der Kommunistischen Partei statt. Dort liefen viele Leute mit roten Armbinden geschäftig umher. Später erfuhr ich, daß das Deménys Leute waren.

6. Die Moskowiter organisieren die Partei

ZSILLE Wann fand diese Versammlung statt?

HEGEDÜS Das muß am 21. oder 22. Januar 1945 gewesen sein. Von den Teilnehmern kannte ich niemanden. Sie fragten mich, zu welcher Partei ich gehörte. Ich entgegnete, es gebe doch nur eine kommunistische Partei. Das löste allgemeine Erheiterung aus, und sie klärten mich auf, daß ich falsch informiert sei. Zoltán Vas hielt eine Rede voller Begeisterung. Vom Genossen Rákosi sei er aus Debrecen direkt nach Budapest geschickt worden, um den Wiederaufbau der Stadt in die Wege zu leiten. Dann erklärte er mit Rührung in der Stimme, daß nur diejenigen bleiben sollten, die zur Friedenspartei gehörten. Wir blieben zu dritt zurück. Die anderen verließen niedergeschlagen das Lokal.

ZSILLE Also kam es bereits auf der ersten Parteiversammlung zur Spaltung der kommunistischen Bewegung?

HEGEDÜS Das hieß, daß Demény und den verschiedenen Fraktionen und selbsttätigen Gruppen kein Anrecht auf Mitgliedschaft in der kommunistischen Partei zugestanden wurde.

ZSILLE Dabei hatten sie viel mehr Mitglieder als die Friedenspartei.

HEGEDÜS Viel mehr.

ZSILLE Eigentlich gingen auch die deutschfeindlichen Aktionen auf ihr Konto.

HEGEDÜS Deutschfeindliche Aktionen waren in der Tat auch von ihnen organisiert worden, aber auch von der Friedenspartei und verschiedenen anderen Gruppen.

ZSILLE Erfolgte die Spaltung der kommunistischen Bewegung auf Rákosis Weisung?

HEGEDÜS Rákosi war mit seinem Stab in Debrecen eingetroffen. Die Moskowiter Führung konnte die Lage in Ungarn eigentlich nicht beurteilen, weil sie den Kontakt zum Land schon lange verloren hatte. Die Moskowiter waren der Überzeugung, daß die illegale Partei in Ungarn sehr schwach sei. Sie meinten, die Genossen hätten mit der Auflösung der Kommunistischen Partei Ungarns und mit der Organisation der Friedenspartei einen großen Fehler begangen.

ZSILLE Wie wurde es von den Mitgliedern der Demény-Partei aufgenommen, daß man sie offensichtlich schnitt?

HEGEDÜS Sie wurden in die Partei aufgenommen, denn man brauchte Mitglieder. Es hatte ja nicht allzu viele Kommunisten gegeben, die sich zur Friedenspartei und letztlich zur Moskauer Linie bekannt hatten.

ZSILLE Und Demény?

HEGEDÜS Demény wurde im Februar 1945 nach seiner Zustimmung zur Vereinigung der beiden Parteien von Gábor Péter aufgesucht. Péter sagte seinen üblichen Text: »Komm doch mal mit, Genosse Gerö läßt dich bitten.« Diese Geschichte erzählte mir übrigens unlängst Demény selbst. Er schöpfte Verdacht und fragte, ob er auch Zahnbürste und Nachthemd mitnehmen solle. Péter beruhigte ihn: »Mach keinen Blödsinn, Pali, die Partei braucht dich. Du sollst Vorträge halten.« Gábor Péter war damals schon Chef der Politischen Polizei. Péter begleitete Demény in die Andrássy ut 60. Erst elf Jahre später, am 13. Oktober 1956, kam er wieder auf freien Fuß.

ZSILLE Also Demény, der überzeugter Kommunist war und die gefährliche Arbeit in der Illegalität auf sich genommen hatte, wurde in den ersten Tagen nach der Befreiung von seinen Genossen ins Gefängnis gesteckt.

HEGEDÜS Ja, und wir wußten nicht einmal, wo er sich befand. Die Gefängnisgeschichten, die er heute erzählt, sind einfach phantastisch. Im Oktober 1945 beispielsweise ließ Gábor Péter ihn aus dem Keller in der Andrássy ut 60 zu sich heraufkommen. Er bot ihm und seiner Frau zwei Opernkarten an. Er solle nur einen kleinen Zettel unterschreiben, daß er anerkenne, seit 1926 Spitzel der Horthy-Polizei gewesen zu sein. Péter redete ihm zu, dies sei ein Parteiauftrag, mit seiner Unterschrift leiste er der Partei einen guten Dienst, denn die Kleinen Landwirte und alle möglichen Reaktionäre erkundigten sich im Parlament lautstark danach, wo Demény sei. Demény ging nicht in die Oper, sondern zurück in den Keller.

ZSILLE Als du später zur Führung gehörtest, war da Demény nie ein Thema?

HEGEDÜS Ich wußte nichts von ihm. Hätte ich es mir jedoch in den Kopf gesetzt, ihn aufzuspüren, wäre mir das vermutlich gelungen.

ZSILLE Aber János Kádár, der mit Deménys Partei ein Bündnis geschlossen, der im November 1944 die Friedenspartei mit Deménys Gruppierung vereinigt hatte, hätte eigentlich wissen müssen, wo Demény abgeblieben war.

HEGEDÜS Ich glaube, die Demény-Angelegenheit war Rákosis Werk. Kádár hätte kaum etwas dagegen unternehmen können, zumal auch gegen ihn wegen der Auflösung der Kommunistischen Partei und der Gründung der Friedenspartei Vorwürfe erhoben wurden. Rákosi hatte etwas gegen Demény. Was, das weiß Demény selbst nicht. In Szeged hatten sie zusammen im Csillag-Gefängnis gesessen. In den elf Jahren nach 1945 wurde noch zweimal versucht, von Demény irgendwelche Unterschriften zu bekommen. In der Zeit des Rajk-Prozesses sollte er zugeben, daß er als Spitzel im Horthy-System wußte, daß Rajk Polizeiagent gewesen sei. Beim nächsten Mal bat ihn Mihály Farkas im Namen der Partei um einen Dienst. Demény sollte bestätigen, daß Gábor Péter im Horthy-System Polizeispitzel gewesen sei. Demény hatte bereits Routine und wußte, wie er darauf zu reagieren hatte. Er sagte, was er meinte, sagen zu müssen, und ging zurück ins Gefängnis.

ZSILLE Was wußtet ihr von den Moskauer Prozessen?

HEGEDÜS Ich hatte von diesen Prozessen in westlichen Zeitungen und in der sozialdemokratischen Presse gelesen. Allerdings hatte ich keine klare Vorstellung von den tatsächlichen Ausmaßen.

ZSILLE Erschienen dir die in den Anklagen erhobenen Vorwürfe als glaubwürdig?

HEGEDÜS Während des Krieges ja! Später hatte ich meine Zweifel. Als wir Ende der vierziger und Anfang der fünfziger Jahre Kenntnis davon erhielten, wer alles Opfer der Moskauer Prozesse geworden war, waren wir uns darüber im klaren, daß wir es mit Opfern von Scheinprozessen zu tun hatten. Viele Kommunisten waren sogar ohne Prozesse und ohne richterliche Urteile hingerichtet worden. Gerö und die anderen aus Moskau zurückgekehrten Führer meinten, daß den Säuberungen tatsächlich auch anständige Genossen zum Opfer gefallen seien, daß der Krieg aber nicht ohne diese Säuberungen hätte gewonnen werden können.

ZSILLE Wie entwickelten sich die Beziehungen in den ersten Nachkriegsjahren zwischen den aus Moskau zurückgekehrten und den während des Krieges in Ungarn gebliebenen Kommunisten?

HEGEDÜS Ich glaube, man muß hier einen Unterschied machen zwischen den Führern und den einfachen Mitgliedern der illegalen Bewegung, wozu auch ich gehörte. Rákosi akzeptierte das Führungsorgan der illegalen Bewegung, das Zentralkomitee, nicht als Körperschaft. Deren Mitglieder wurden entweder in die neue Leitung aufgenommen oder auch nicht. Im allgemeinen wurden Anfang 1945 auch die Führer der illegalen Bewegung in die Parteiführung einbezogen. Aber die Führung konzentrierte sich von Anfang an in der Hand von fünf Männern: Mátyás Rákosi, Ernö Gerö, Mihály Farkas, Zoltán Vas, József Révai. Alle fünf waren aus dem Moskauer Exil nach Ungarn zurückgekehrt.

ZSILLE Und ihr habt das akzeptiert?

HEGEDÜS Meine Generation ja. Einerseits kannten wir die Angehörigen des Zentralkomitees der illegalen Partei ohnehin nicht, andererseits wurden wir in dieser Angelegenheit gar nicht gefragt.

ZSILLE Wie kann man Führer akzeptieren, von denen man durch die Sendungen des Moskauer Radios Kossuth wußte, daß sie von der ungarischen Lage keine Ahnung hatten?

HEGEDÜS Eines wußten wir aber, nämlich daß sie sehr alte Kommunisten waren, und als solche genossen sie großes Ansehen. Um Mátyás Rákosi setzte sofort der

Personenkult ein: »Er hat mit Lenin zusammengearbeitet, er ist Mitorganisator der italienischen Partei, er hat in Ungarn sechzehn Jahre im Zuchthaus verbracht usw.« Dann war da Ernö Gerö, der im Spanischen Bürgerkrieg eine Rolle gespielt hatte – welche Rolle, das wußten wir damals noch nicht –, er war Mitarbeiter der Internationale.

ZSILLE Waren die in der Illegalität arbeitenden Führer viel jünger als die Moskauer?

HEGEDÜS Ja, etwa zehn Jahre. Sie besaßen keinerlei internationale Erfahrung. Rajk war zwar in Spanien, aber seine Aktivität dort schien ziemlich unbedeutend gewesen zu sein. Die Moskauer Gruppe besaß also mehrere Vorteile.

ZSILLE Wie war es dann möglich, daß Gábor Péter, der in Ungarn in der Illegalität gewesen war, einen der wichtigsten Posten, das Amt des Führers der Politischen Polizei, an sich reißen konnte?

HEGEDÜS Ich glaube, das erklärt sich vor allem aus Gábor Péters Persönlichkeit. Er hatte sich den Führungsposten der Politischen Polizei bereits in der illegalen Bewegung auserkoren. Dennoch muß ich betonen, daß er nie zum engeren Führungskreis gehörte. Auch später nicht.

ZSILLE Wußten die Moskowiter, daß er für diesen Posten der geeignete Mann sein würde?

HEGEDÜS Das glaube ich nicht unbedingt. Aber Gábor Péter stellte seine Fähigkeiten und seine Hemmungslosigkeit sofort unter Beweis, und zwar nicht nur im Zusammenhang mit Demény, sondern auch im Hinblick auf viele andere Leute. Für die sowjetischen Militärführer war es sehr wichtig, daß Gábor Péter in der

Lage war, mit Hilfe von illegalen Kommunisten die Politische Polizei zu organisieren. Unter schwierigen Bedingungen schuf er innerhalb kürzester Zeit eine schlagkräftige Politische Polizei. Selbst die Russen stellte er vor vollendete Tatsachen. Später füllte er den Apparat mit aus der Emigration zurückgekehrten Kommunisten und mit Arbeitsdienstlern auf.

7. Einheitliche Jugendorganisation – Mehrparteiensystem

ZSILLE Wann und unter welchen Umständen bist du zum ersten Mal mit einem aus Moskau zurückgekommenen kommunistischen Führer zusammengetroffen?

HEGEDÜS Zuerst traf ich Zoltán Vas auf jener Parteiversammlung, von der ich bereits sprach. Später sah ich ihn öfters in meiner Eigenschaft als einer der Führer der Jugendorganisation. Von ihm bekam ich auch einen Schutzpaß. Dieser Schutzpaß war ein Stück Papier, worauf Zoltán Vas handschriftlich ein paar Zeilen geschrieben hatte – auf russisch natürlich. Wenn ich meinen Ausweis zeigte, wurde ich von den Russen immer zu einer kleinen Arbeit mitgenommen. Zoltán Vas' Schutzbrief half immer. Der einfache Soldat, der mich kontrollierte, kannte Zoltán Vas' Namen natürlich nicht, aber dieses handschriftliche Dokument sah gut aus und machte Eindruck. Und natürlich gab es darauf einen Stempel.

ZSILLE Trug Zoltán Vas eine sowjetische Offiziersuniform?

HEGEDÜS Nein. Er ging immer in Zivil. Einen Fall werde ich nie vergessen, der auch für die spätere Politik der kommunistischen Partei bezeichnend ist. Wir wollten einen kommunistischen Jugendverband gründen. In der Damjanich utca beschlagnahmten wir zu diesem Zweck die deutsche Schule. Wir brachten auch ein Schild an dem Gebäude an. Als Zoltán Vas das erblickte, befahl er uns, dieses Schild sofort abzunehmen.

Wir sollten keinen kommunistischen Jugendverband gründen, sondern den MADISZ, den Demokratischen Jugendverband Ungarns, der bereits in Szeged organisiert worden war, unterwandern. Diese Episode offenbart die unterschiedlichen Strategien. Ich dachte, daß es in Ungarn eine pluralistische Demokratie geben werde – ohne allzu große Aktionsmöglichkeiten für den Jugendverband der kommunistischen Partei. Die Führer dagegen meinten, man brauche eine einheitliche Jugendorganisation, die unter der Führung der kommunistischen Minderheit stehen müsse. So geschah es, daß die einstigen Führer des illegalen kommunistischen Jugendverbands nicht als kommunistische Führer, sondern als Lenkungskräfte des MADISZ tätig wurden.

ZSILLE Im kleinen war das Regime also bereits fertig: Die Volksdemokratie als Diktatur der kommunistischen Minderheit.

HEGEDÜS Das ist richtig, auch wenn es in Wirklichkeit etwas komplizierter ist.

ZSILLE Demnach wußten die aus Moskau kommenden kommunistischen Führer genau, was sie mit welchen Methoden erreichen wollten. Hatten deiner Meinung nach die Führer der anderen Jugendorganisationen ähnliche strategische Vorstellungen?

HEGEDÜS Der Kompromiß, von dem ich spreche, basiert auf dem Gedanken der Volksfront. Die aus Moskau zurückgekehrten kommunistischen Führer, die Mitglieder des Auslandskomitees, hatten die Vorstellung, daß auch in den Nationalkomitees ein starker kommunistischer Einfluß zur Geltung kommen würde. Als nun nach 1945 das politische Leben wieder in Gang kam, zeichneten sich auf den Trümmern des Alten die Konturen einer zivilen Gesellschaft ab. Die Koalitionsparteien emanzipierten sich. Auch die Führer des MADISZ, die verschiedenen Koalitionsparteien angehörten, spürten sehr wohl, daß die einheitliche Organisation nicht aufrechtzuerhalten war. So entstanden die selbständigen Jugendorganisationen der verschiedenen Parteien.

ZSILLE Stand damals dein Entschluß bereits fest, kommunistischer Funktionär zu werden?

HEGEDÜS Ich hatte mir das Leben so vorgestellt, daß ich neben der kommunistischen Jugendarbeit im Buchhandel meinen Lebensunterhalt verdienen würde. Ich war immer ein Büchernarr, und ein Leben zwischen Büchern erschien mir als eine sehr gute Perspektive. An den Abschluß meines technischen Studiums dachte ich nicht mehr. Ich leitete die Organisation des MADISZ an den Budapester Universitäten. Diese Arbeit machte mir Spaß. Alles in allem aber fühlte ich mich in Budapest sehr unwohl. Ich hatte mit den anderen Mitgliedern des Sekretariats verschiedene Diskussionen. Ein Streitpunkt war beispielsweise, ob die Budapester akademische Jugend an der Hinrichtung von zwei Nazis, die in einer Arbeitsdienstkompanie Dienst getan hatten, teilnehmen sollte. Ich zweifelte nicht an der Berechtigung des Todesurteils, dennoch fühlte ich mich bei dem Gedanken unwohl, daß ich bei einer Hinrichtung zusehen sollte.

ZSILLE Meinst du nicht, daß diese Reaktion auch deine spätere Haltung widerspiegelt und natürlich auch die der anderen kommunistischen Führer: »Todesurteile sind notwendig, aber ich will damit nichts zu tun haben. Für die Durchführung sind andere verantwortlich«?

HEGEDÜS Leider ja. Diese Haltung zog sich bis 1953 durch mein Leben. Ich zweifelte die Rechtmäßigkeit vieler Urteile nicht an, doch zugleich war ich bemüht, mich weitestgehend von der schmutzigen Arbeit fernzuhalten, die vom Staatssicherheitsdienst oder zuvor von der Politischen Polizei durchgeführt wurde.

ZSILLE Nahm die Entwicklung nicht einen Verlauf, der dich zum Aussteigen aus der kommunistischen Bewegung hätte veranlassen müssen?

HEGEDÜS In der Zeit um den Februar 1945 unternahm ich mehrfach den Versuch, auszusteigen. Unter glücklichen Umständen hätte mir das damals gelingen können, und ich hätte meinem Leben eine ganz andere Richtung geben können. Ich hätte aussteigen können, hätte man mich Anfang März nicht vom Parteisekretariat angerufen, daß ich in der Zentrale vom Genossen Ernö Gerö erwartet werde.

8. Ministerialkommissar für Bodenaufteilung

HEGEDÜS Gerö, den ich damals zum ersten Mal sah, teilte mir mit, daß ich bei der Bodenreform eine Lenkungsfunktion erhalten werde. Er fragte mich, wieviel Zeit ich zur Vorbereitung brauchte, um nach Debrecen zu gehen. Ich sagte, ich könne sofort aufbrechen, denn außer dem, was ich auf dem Leibe trug, besaß ich nichts, außer vielleicht zwei Unterhosen. An einem kalten Märzmorgen also setzte ich mich in einen sowjetischen Militärjeep, und auf ging es in Richtung Debrecen.

ZSILLE Was wußtest du von Ernö Gerö?

HEGEDÜS Daß er der zweite Mann der größtenteils aus Moskowitern bestehenden Debrecener Parteiführung war. Meine Begegnung mit Gerö erschien mir auch damals schon als wichtig, obwohl ich nicht ahnen konnte, welch große Rolle er in meinem Leben spielen sollte.

ZSILLE Was für einen Eindruck hattest du von Gerö?

HEGEDÜS Er empfing mich in seinem Büro in der Parteizentrale. Sein Zimmer war sehr einfach und bescheiden. Auch später hatten seine Untergebenen immer größere Zimmer als er. Nahezu militärisch teilte er mir mit, daß meine Delegierung nach Debrecen ein Parteibeschluß sei. Die Atmosphäre in Debrecen war sehr angenehm. Die Ministerien der provisorischen Regierung waren in einem einzigen Haus zusammengedrängt. Ich wurde von Innenminister Ferenc Erdei empfangen. Erneut begegnete ich seiner Frau, mit der ich in den letzten Kriegstagen zusammengewohnt hatte. In dem Regierungsgebäude herrschten ideale Zustände. In einem Zimmer war das Innenministerium untergebracht, im anderen das Landwirtschaftsministerium. Die Minister schliefen auch gewöhnlich dort. Es war alles recht freundlich, noch nichts war bürokratisiert und institutionalisiert. Rákosi und Révai empfingen mich im Gebäude der Parteileitung. Ich kannte sie noch nicht persönlich, hatte aber bereits viel von ihnen gehört. Die Parteizentrale, in der sie mich empfingen, war eine große Villa. Das Gespräch mit ihnen war sehr einseitig. Sie fragten, und ich antwortete. Sie interessierten sich einfach für alles, was es von den ungarischen Geschehnissen zu berichten gab. Ganz offensichtlich wollten sie sich informieren. Sie fragten mich über die Friedenspartei und über die Studentenbewegung aus. Natürlich ging es ihnen nicht um meine Person; durch mich wollten sie sich über das Land informieren, zu dessen Regierung sie von Moskau aus nach Ungarn geschickt worden waren.

ZSILLE Was für einen Eindruck machte Rákosi auf dich?

HEGEDÜS Er schien mir sehr interessiert und intelligent zu sein. Zugleich hatte ich den Eindruck, daß er wenig von dem Land wußte und viele falsche Vorstellungen hatte.

ZSILLE Fandest du Rákosi und Révai sympathisch?

HEGEDÜS Ja, wenn jemand interessiert war und zuhören konnte, so fand ich ihn immer sympathisch. Diese Einstellung verleitete mich auch später oft zu Fehleinschätzungen.

ZSILLE Erhieltest du Anweisungen von ihnen?

HEGEDÜS Nein, von Rákosi und Révai nicht. Die Einweisung erfolgte im Landwirtschaftsministerium. Imre Nagy und Ferenc Donáth überreichten mir einen großen Stapel Papiere und die Ermächtigung. Beide traf ich damals zum ersten Mal. Laut Ermächtigung wurde ich zum Ministerialkommissar für Bodenaufteilung im Komitat Zemplén ernannt. Alle Behörden wurden aufgefordert, mir zur Verfügung zu stehen. Unter den Papieren fand ich Durchführungsverordnungen und das Bodenreformgesetz. Imre Nagy und Ferenc Donáth waren ziemlich wortkarg, sie gaben keinerlei Anweisungen. Sie sagten nur: »Hier ist die Verordnung, und lesen kannst du ja. Vor dem Haus wartet ein Auto, das dich zum Flugplatz bringt. Du wirst nach Sátoraljaújhely fliegen.« Sie versprachen, mir Kreiskommissare zu schicken.

ZSILLE Warum wurdest ausgerechnet du von Gerö für diese Arbeit ausgewählt?

HEGEDÜS Nicht nur ich wurde damals nach Debrecen geschickt. Daß ich über Gerö dorthin gekommen war, ist darauf zurückzuführen, daß ich damals als Mitglied des Sekretariats des Kommunistischen Jugendverbands in der Nomenklatura bereits geführt wurde.

ZSILLE Deine unmittelbaren Vorgesetzten waren also Imre Nagy und Ferenc Donáth. Welchen Eindruck hattest du von ihnen?

HEGEDÜS Donáth schien mir direkter zu sein. Wir hatten offensichtlich viele gemeinsame Züge, was später nicht immer zur Geltung kam. Mit Imre Nagy sprach ich wenig. Die Bodenaufteilung wurde in erster Linie von Donáth organisiert. Als Bodenaufteilungsminister hatte Imre Nagy vor allem eine politische Funktion.

Mein Chef während der gesamten Bodenaufteilung war Donáth. In einem Personenwagen wurde ich schließlich zum Flugplatz gebracht und in eine zweisitzige Maschine gesetzt. Noch nie zuvor war ich geflogen. Selbst in einem Personenwagen hatte ich nur einmal gesessen, nämlich als ich von den Geheimpolizisten der Gendarmerie verhaftet worden war. Ich hatte Angst, aber der junge russische Pilot lachte nur. Trotz meiner Angst hatte ich – symbolisch gesprochen – das Gefühl, jetzt »oben« zu sein. Ich war in eine Machtstruktur hineingeraten. Ich, der Bauernjunge, den man früher immer nur getreten hatte, hatte den früheren Führern des Komitats zu befehlen. Als wir auf dem Flugplatz von Sátoraljaújhely – einer Schafweide – landeten, wurde ich bereits von einem sowjetischen Jeep erwartet, der mich zum Komitatshaus brachte. Ich suchte den Vizegespan. Der Pförtner musterte mich mißtrauisch, ließ mich aber hinauf. Auch der Vizegespan konnte sein Mißtrauen nur schlecht verhehlen. Er war ein vornehmer Herr der alten Schule. Der Bürgermeister der Stadt, ebenfalls ein Adliger, war gerade bei ihm. Die Stadt Sátoraljaújhely bot ein außerordentlich friedliches Bild nach dem zerbombten Budapest. In der Stadt war abends überall Zigeunermusik zu hören; Essen und Trinken gab es in Hülle und Fülle.

ZSILLE Nur zur Erinnerung: Das war Mitte März 1945. Im Westen war noch Krieg.

HEGEDÜS Und dort herrschte tiefer Frieden. Der Vizegespan und der Bürgermeister prüften mein Beglaubigungsschreiben sehr argwöhnisch. Sie wußten nichts damit anzufangen. Allmählich gewann ich meine Fassung zurück und stellte meine Forderungen. Daraufhin wurde mir ein Büro zugewiesen, das Bodenamt. Vom Vizegespan erwartete ich bei der Bodenaufteilung nicht viel Hilfe. In Debrecen hatte man mir gesagt, wenn ich Schwierigkeiten hätte, sollte ich den Komitatschef des Alliierten Kontrollrats anrufen, der in Zemplén ein sowjetischer Offizier war. Ein kultivierter Oberst, im bürgerlichen Beruf Lehrer. Er war außerordentlich hilfsbereit. Offensichtlich hatte er von Woroschilow, der damals schon in Ungarn war, die Anweisung erhalten, uns behilflich zu sein. Der Oberst schickte mir fast jeden Tag ein Faß Tokajer, damit ich den Delegierten der Bodenaufteilungskomitees etwas anbieten konnte. Die Bodenaufteilung ging übrigens ziemlich schnell vonstatten. Zu entscheiden hatte ich eigentlich nur in zwei Grundfragen. Das eine Problem war die Diskussion um den Begriff des herrschaftlichen Gutsbesitzes und des bäuerlichen Gutsbesitzes. Dabei kam mein Herrenhaß voll zum Ausbruch. Ich glaube, daß ich dadurch oft zu schlechten Entscheidungen verleitet wurde. In der Bodenaufteilungsverordnung war zwischen bäuerlichen und herrschaftlichen Gutsbesitzern unterschieden worden. Der bäuerliche Gutsbesitzer durfte höchstens 100 Hektar Land besitzen, der herrschaftliche Gutsbesitzer dagegen nur 50 Hektar. Die Grenzziehung zwischen diesen beiden Kategorien war oft schwierig. Sie hing vollkommen von der subjektiven Beurteilung ab. Das zweite Problem trat auf, wenn jemand den Boden nicht annehmen wollte. Das war eine politische Frage.

ZSILLE Wer wollte den Boden nicht annehmen?

HEGEDÜS Knechte, Tagelöhner, besitzlose Bauern. Für sie war damit ein moralisches Problem verbunden. Wenn solche Probleme auftauchten, ging ich aufs Land, um zu agitieren. Ich überredete die Menschen, das Land nicht abzulehnen. Als ich später im Komitat Sopron Bodenaufteilungskommissar war, hatte ich mit den gleichen Problemen zu tun. In den meisten Fällen jedoch nahmen die Menschen den Boden an. Der Landhunger war größer als ihre Skepsis.

ZSILLE Wie lange warst du in Sátoraljaújhely?

HEGEDÜS Ungefähr einen Monat lang. Ich war ziemlich schnell fertig mit meiner Aufgabe. Damals bereits kam bei mir eine Eigenschaft zum Vorschein, ich weiß nicht, ob eine gute oder schlechte, die mir vor allem später nützlich war, nämlich daß ich ein logisch denkender und zu schnellen Entscheidungen neigender Mensch bin.

ZSILLE Wie schätzt du die Bodenaufteilung in Zemplén heute ein?

HEGEDÜS Sie war eine schlechte Sache. Die Weinberge beispielsweise hätte man nicht aufteilen dürfen. Das war ein großer Fehler. Man hätte gleich eine Art Genossenschaftsverband organisieren müssen, aber auf gar keinen Fall Staatsgüter. Die Forderung nach Genossenschaften wurde zwar laut, aber der von Debrecen kommende politische Druck war zu groß. Die kommunistische Partei hatte aus den Erfahrungen von 1919 den Schluß gezogen, daß die Bodenaufteilung auf gar keinen Fall verzögert werden darf.

ZSILLE Aber in Debrecen war man sich darüber vollkommen im klaren, daß die Bodenaufteilung ein paar Jahre später ohnehin rückgängig gemacht werden sollte.

HEGEDÜS Imre Nagy dachte auf gar keinen Fall an eine schnelle Kollektivierung. Auch Rákosi hatte von den

Terminen keine Ahnung. Damals glaubten sie noch, vor einer langen Demokratisierungsperiode zu stehen. Auch Révai und Gerö waren davon überzeugt. Sie glaubten keineswegs, daß in Ungarn in absehbarer Zeit ein monolithisches System sowjetischen Typs errichtet werden würde. Sie hatten Angst vor der Rolle des Scharfrichters und natürlich auch vor der Rolle des Opfers.

ZSILLE Die kommunistische Partei gestand niemandem ein Mitspracherecht bei der Bodenreform zu, nicht einmal der Kleinen Landwirtepartei, obwohl diese bereits in den dreißiger Jahren im Parlament die Aufteilung von etwa einer drei Viertel Million Hektar Land vorgeschlagen hatte.

HEGEDÜS Die kommunistische Partei riß die Bodenreform bewußt an sich.

ZSILLE Ferenc Nagy schreibt, in seiner Funktion als Fachberater in Debrecen habe er geglaubt, daß man seine Vorschläge berücksichtigen werde. Er hatte vorgeschlagen, die Bodenaufteilung nicht auf dem Verordnungswege durchzuführen, sondern eine Parlamentsdebatte zu führen und dann ein entsprechendes Gesetz zu verabschieden. Des weiteren hielt er die Entschädigung für wichtig. Im Fall der Kirche wäre das von besonderer Wichtigkeit gewesen, um die gemeinnützigen Einrichtungen erhalten zu können. Nach Ferenc Nagy wäre es auch erforderlich gewesen, in die Bodenaufteilungskommissionen Fachberater einzubeziehen.

HEGEDÜS Die Bodenreform war eine einseitige Angelegenheit. Die Kommunisten waren bemüht, die Bodenreform für ihre eigenen Ziele zu nutzen. Sie beauftragten diejenigen Leute damit, von denen sie glaubten, sie seien mit den Belangen des Dorfes vertraut. In den Reihen der kommunistischen Partei waren es vor allem die Györffy-Studenten, die das Dorf kannten. So kam es, daß die Abwicklung der Bodenreform auf Komitats- und teilweise auch auf Kreisebene in die Hand einer Gesellschaft geriet, deren Mitglieder zwischen zwanzig und vierundzwanzig Jahre alt waren. Man muß natürlich die Absichten der kommunistischen Partei im Auge behalten. Sie wollte auch auf dem Land Fuß fassen.

ZSILLE Das andere Gebiet, auf dem die kommunistische Partei die Initiative an sich gerissen hatte, war die Einberufung der Provisorischen Nationalversammlung.

HEGEDÜS Die Provisorische Nationalversammlung konstituierte sich in Debrecen. In großen Teilen Ungarns war noch Krieg! Aus den Landesteilen, aus denen die sowjetischen Truppen die deutschen und ungarischen Verbände bereits verdrängt hatten, wurden die im großen und ganzen bekannten linken Politiker aktiviert.

ZSILLE Dennoch achtete man darauf, daß auch in der Provisorischen Nationalversammlung die Kommunisten über eine Mehrheit verfügten.

HEGEDÜS Nicht über eine absolute, nur über eine relative Mehrheit. Die stärkste Partei war die kommunistische Partei, was allerdings nicht der Realität des Landes entsprach. Das zeigten die späteren Wahlen. Wir waren schon nach Budapest umgezogen, als auch ich Mitglied der Provisorischen Nationalversammlung wurde. Kaum zweiundzwanzig Jahre alt geworden, war ich der jüngste Abgeordnete.

ZSILLE Was geschah, nachdem du die Bodenaufteilung in Sátoraljaújhely beendet hattest?

HEGEDÜS Ferenc Donáth brachte mich mit dem Auto nach Budapest. Sogleich erteilte er mir einen neuen Auftrag. Ich sollte als Ministerialkommissar das Komitat Sopron übernehmen. Darüber freute ich mich sehr, weil ich dort zu Hause war. Diesmal reiste ich nicht mit einem Jeep, sondern mit einem sowjetischen Militärlastwagen. Meine Mutter glaubte nicht mehr, daß ich noch am Leben sei. Die Freude über meine Rückkehr war groß. Sie waren allerdings überrascht, daß ich mit einem russischen Lastwagen und mit einem russischen Militärchauffeur auftauchte.

ZSILLE Wußten deine Angehörigen, daß du Kommunist warst?

HEGEDÜS Sie wußten, daß ich verhaftet worden war und daß ich geflohen war. Sie wußten auch, daß ich zu zwei Jahren Gefängnis verurteilt worden war. Allerdings wußten sie nicht genau, warum. Daß ich Kommunist war, hatte in der Anklageschrift überhaupt keine Rolle gespielt. Meine Mutter schmerzte die ganze Angelegenheit sehr, zumal von der ganzen Familie noch nie jemand im Gefängnis gewesen war. Sie dachte, die Großstadt habe mich verdorben.

ZSILLE Wie nahmen nun deine Angehörigen die Tatsache auf, daß du Kommunist warst?

HEGEDÜS Meine Mutter akzeptierte das und erhoffte sich im gewissen Sinn auch Schutz von mir. Auch in der Verwandtschaft wurde bekannt, daß ich ein kommunistischer Funktionär geworden war. Unter meinen Verwandten gab es einige Neubauern, die Land bekamen und sich darüber freuten, sogar vielleicht stolz darauf waren, daß ich der Komitatskommissar war. Aber es gab auch einige, wie beispielsweise ein naher Verwandter von mir, der folgendes sagte: »Du, Bandi, du bist ein sehr anständiger Junge, oder warst es wenigstens. Es würde mir sehr leid tun, wenn man dich aufhängte.« Er konnte damals noch nicht ahnen, daß mir die Gefahr, aufgehängt zu werden, viel eher von den eigenen Genossen drohte als von den Gegnern des Kommunismus.

ZSILLE Haben die sowjetischen Truppen in deinem Dorf keine Gewalttätigkeiten verübt?

HEGEDÜS Nein, nicht sonderlich. Verschiedene Truppen zogen durch das Dorf, und ihr Verhalten war recht unterschiedlich. Unannehmlichkeiten hatte ich in Sopron mit russischen Soldaten. Wir wohnten im Schloß des Grafen Széchenyi zusammen mit einem ungarischen Komponisten, der eine sowjetische Hauptmannsuniform trug. Sowjetische Soldaten wollten bei uns einbrechen, und er verhinderte einen Tumult durch sein bestimmtes Auftreten als sowjetischer Offizier. Doch ich erlebte die russischen Soldaten auch anders, so beispielsweise in Szigetszentmiklós, wo ich drei Tage mit ihnen gemeinsam trank. Diese Soldaten in Szigetszentmiklós begannen den Tag jeden Morgen mit einem Gebet. Danach kam der Wodka.

ZSILLE Wie lange warst du als Bodenaufteilungskommissar in Sopron?

HEGEDÜS Die Arbeit dauerte etwa einen Monat. In Sopron konnte ich mich besser zurechtfinden als in Zemplén; ich wußte, wer Herr und wer Bauer war. Ich kannte mich in den Verhältnissen besser aus. Allerdings gab es auch hier Konflikte mit den Bodenaufteilungskommissionen. Vor allem die religiösen Gegensätze traten dort in den Vordergrund. Im Komitat Sopron gab es eine beachtliche evangelische Diaspora, und wo die Angehörigen dieser Kirche in die Bodenaufteilungskommissionen gelangten, erhielten die Protestanten mehr Land als die Katholiken und umgekehrt. In meinem Dorf besteht dieses Problem bis zum heutigen Tage. Nach abgeschlossener Arbeit in Sopron ging ich ins Komitat Vas, wo ich Antal Gyenes zur Hand ging. Er arbeitete etwas langsamer. Danach gingen wir gemeinsam ins Komitat Zala. Dort passierte etwas, was meine gerade beginnende Karriere als Parteifunktionär leicht hätte beenden können. Wir besuchten den Stadtkommandanten von Vasvár, und ich beklagte mich, daß wir keine Pistole hätten, obwohl das Leben unbewaffnet ziemlich gefährlich sei. In diesen westlichen Komitaten war der Alltag nicht so friedlich wie in Zemplén. Der sowjetische Stadtkommandant ließ daraufhin durch seinen Adjunkten auf einem Tablett eine Menge beschlagnahmter Pistolen hereinbringen. Wir wählten ganz nach Gefallen jeder eine Pistole aus. Nachdem wir in unser Hotel zurückgekehrt waren, putzte ich meine Pistole, als plötzlich, ich weiß bis heute nicht wie, ein Schuß losging. Die Kugel schlug vielleicht 5 cm neben Gyenes' Kopf in der Wand ein. Ich war zu Tode erschrocken. Es war ein reiner Zufall, daß ich Toni nicht getroffen hatte. Mit dieser Episode, die mir leicht zum Verhängnis hätte werden können, ging die Bodenaufteilung zu Ende, und wir kehrten nach Budapest zurück.

9. Beginn der Parteikarriere

HEGEDÜS Ich wurde zum Landesorganisationssekretär des MADISZ ernannt. Ich hatte somit ständig mit der Provinz zu tun. Mir stand ein altes Auto zur Verfügung, das unterwegs des öfteren seinen Geist aufgab, so daß ich zu Fuß nach Budapest zurück mußte.

ZSILLE Hattest du damals schon Kontakt zur obersten Parteiführung?

HEGEDÜS Die Arbeit des MADISZ wurde vom Kommunistischen Jugendsekretariat koordiniert. An der Spitze dieses Sekretariats stand Ervin Hollós, dessen Chef wiederum Mihály Farkas war. Hollós hielt mich von Mihály Farkas fern, weshalb ich ihm keineswegs böse war. Ich kann mich nicht daran erinnern, innerhalb von zweieinhalb Jahren jemals mit Farkas persönlich gesprochen zu haben. Noch weniger war natürlich ein persönliches Gespräch mit Rákosi oder Gerö möglich.

ZSILLE Warum betonst du, daß du mit Mihály Farkas nicht gesprochen hast?

HEGEDÜS Weil ich damit andeuten will, welche Distanz zwischen der Parteiführung und mir bestand. Obwohl ich Abgeordneter der Nationalversammlung und Ministerialkommissar für Bodenaufteilung war, wurde ich auf die Jugendarbeit zurückgedrängt. Das ging in erster Linie auf meine Diskussionen mit Hollós zurück. In der Zeit des Prozesses gegen die Ungarische Gemeinschaft zum Beispiel gab ich zu bedenken, daß es dabei nicht gerecht zugehe. Hollós räumte damals ein, daß es in diesem Prozeß viele Ungereimtheiten gebe, das

Machtinteresse der Arbeiterklasse aber Härte erfordere. Die Macht der Arbeiterklasse sei ein Ziel, das alle Mittel heilige. Zu jener Zeit bekannte ich mich noch offen dazu (später nicht mehr), daß es sehr schlecht für eine Partei sei, mit solchen Mitteln siegen zu wollen. Ende 1947 ließ Ernö Gerö mich erneut rufen. Das war das zweite Mal, daß er mich zu sich bat. Gerö war wieder trocken und reserviert. Er teilte mir mit, er wolle mich in der Parteizentrale als Landwirtschaftsexperten haben. Das überraschte mich außerordentlich, weil ich Fachexperte nur insofern war, als ich noch in meinem Heimatdorf einen sechsmonatigen Kurs absolviert hatte. Das hieß nicht viel, aber ich konnte den Roggen vom Weizen und die Zuckerrübe vom Mais unterscheiden.

ZSILLE Welchen Posten bekleidete Gerö damals?

HEGEDÜS Gerö war hinter Rákosi eindeutig der zweite Mann in der Partei. Er leitete den Wirtschaftssektor, außer der Landwirtschaft, die Imre Nagy kontrollierte. 1947, im September, zeichneten sich wichtige internationale Veränderungen ab, wovon selbst Rákosi und Gerö überrascht wurden. Stalin teilte mit, daß die monolithische Machtübernahme durch die Partei beschleunigt werden müsse. Zugleich sollte die Massenkollektivierung der Landwirtschaft eingeleitet werden. Stalin behauptete, es drohe ein dritter Weltkrieg, und ohne die Kollektivierung der Landwirtschaft sei dieser Krieg nicht zu gewinnen.

ZSILLE Rákosi und Gerö waren 1945 mit der Anweisung nach Ungarn zurückgekehrt, sich auf eine lange volksdemokratische Periode einzurichten.

HEGEDÜS Sie richteten sich auf eine lange volksdemokratische Periode ein. Darüber sprach ich oft mit Révai, der sagte, ihn habe diese Wende 1947 sehr überraschte.

ZSILLE Bist du überzeugt davon, daß Révai dir die ganze Wahrheit gesagt hatte?

HEGEDÜS Dessen bin ich mir sicher. Révai hat sogar Selbstkritik geübt, wie übrigens jeder Selbstkritik übte. Daran waren wir gewöhnt. Die Vorstellung vom volksdemokratischen System war ziemlich widersprüchlich. István Bibó beschreibt das hervorragend in seinem Essay *Die Volksdemokratie in der Krise*. Einerseits verfügte die kommunistische Partei ohne politische und gesellschaftliche Kontrolle über die bewaffnete Gewalt. Andererseits hatten diejenigen Parteien, über die die kommunistische Partei keine Kontrolle hatte, im Parlament die Mehrheit.

ZSILLE Im Rückblick kann ich mir nicht vorstellen, daß Stalin die Aufrechterhaltung der volksdemokratischen Richtung ernsthaft wollte. Für ihn war es von Anfang an ein Spiel. Und deshalb hatte die demokratische Entwicklung in Ungarn nach 1945 keine echte Chance. Daß Stalin sich schon damals gegen eine demokratische Entwicklung entschieden hatte, beweisen die politischen Prozesse, die Verschleppung von Abgeordneten und so weiter. Allerdings gab es für Stalin 1945 noch ernsthafte Gründe, dieses Spiel fortzusetzen. Der Krieg dauerte bis Mai 1945, und dazu benötigte er von den Amerikanern Geld. Vor den Verbündeten mußte er den Eindruck erwecken, als wolle auch er in den besetzten Gebieten ein demokratisches System installieren. Um dich herum verschwanden politische Führer, die in einem demokratischen Ungarn die Macht hätten übernehmen können. So Imre Kovács, Ferenc Nagy und

Béla Kovács, der bereits vor dem Krieg in der Unabhängigen Kleinen Landwirtepartei eine Führungsrolle innehatte. 1947 wurde Kovács von der sowjetischen Geheimpolizei gekidnappt und in die Sowjetunion verschleppt, von wo er erst 1956 zurückkehrte. In der Koalitionsregierung von Imre Nagy bekleidete er das Amt eines Staatsministers. Machte dich das Verschwinden führender Politiker nicht stutzig?

HEGEDÜS Diese Ereignisse fallen in die Zeit von Stalins politischem Kurswechsel.

ZSILLE Davor aber fand schon ein Kesseltreiben gegen die Kirchen statt, wofür László Rajk verantwortlich war. Die Priesterseminaristen wurden brutal zusammengeschlagen, und auch der Szaléz-Kis-Prozeß war bereits abgeschlossen, in dessen Verlauf der Versuch unternommen worden war, die katholische Kirche für die politischen Morde verantwortlich zu machen. Die Angeklagten wurden von einem sowjetischen Gericht verurteilt und im Oktober 1946 hingerichtet. Auch den sogenannten Ringstraßenmord, dem ein sowjetischer Soldat zum Opfer gefallen war, versuchte man der Kirche in die Schuhe zu schieben.

HEGEDÜS Zwischen den einzelnen Affären muß man Unterschiede machen. In den Jahren von 1945 bis 1947 gab es tatsächlich sehr starke sowjetfeindliche Organisationen. Die ungarische Militärpolitik oder die Politische Polizei verhielten sich in diesen Angelegenheiten oft passiv. Stattdessen griffen die sowjetische Aufklärung und die sowjetische Politische Polizei ein. Die Szaléz-Kis-Angelegenheit beispielsweise wurde von den Sowjets aufgeklärt. Sie fällten die Todesurteile und nahmen auch die Hinrichtungen vor. Richtig ist auch, daß Béla Kovács von den Russen verschleppt worden ist.

ZSILLE Was wußtest du damals von diesen Ereignissen, und welches war deine Reaktion darauf?

HEGEDÜS Ich war vor allem in der Jugendbewegung tätig, aber natürlich wußte ich von diesen Ereignissen. Ich meine, es ging um das Ausschalten einer radikalen Reaktion. Ich kann hierin keine Unrechtmäßigkeit entdecken. Der erste Fall, der mir zu denken gab, war 1947 der Prozeß gegen die Ungarische Gemeinschaft. Mein Denken bewegte sich in einem sehr engen Rahmen. Ich dachte nicht in den Kategorien Demokratie oder Diktatur, für mich gab es nur Reaktion und Progression. Progression bedeutete für mich automatisch die Tätigkeit der kommunistischen Partei und der mit ihr verbündeten linken Gruppen.

ZSILLE Aber fiel dir nicht auf, daß diese linken Gruppen eine nach der anderen von der kommunistischen Partei ausgeschaltet wurden?

HEGEDÜS Damals noch nicht. Das kam später.

10. Wahlen mit blauen Zetteln

ZSILLE 1947 fanden die sogenannten Wahlen mit blauen Zetteln statt. Welche Bedeutung kam diesen Wahlen zu? Und was hat man unter einem blauen Zettel zu verstehen?

HEGEDÜS Diese Wahlen erwiesen sich auch später nicht als entscheidend. Die politische Wende hatte bereits eingesetzt. Die rechten Flügel der Kleinen Landwirtepartei, der Bauernpartei und der Sozialdemokratischen Partei waren zerschlagen worden.

ZSILLE Zerschlagen! Das bedeutet doch wohl eine Zerschlagung durch die Polizei, die sich in kommunistischer Hand befand? Die Parteiführer wurden verhaftet oder in die Emigration gezwungen...

HEGEDÜS ... beziehungsweise zum Schweigen gezwungen. – Die kommunistischen Parteifunktionäre, aber auch die aktiven und vertrauenswürdigen Parteimitglieder bekamen die blauen Zettel in mehreren Exemplaren. Jeder blaue Zettel war eine Bescheinigung, daß man sich am Wahltag nicht zu Hause aufhielt und somit berechtigt war, seine Stimme anderswo abzugeben. In der Praxis hieß das, daß ein kommunistischer Aktivist seine Stimme so oft abgeben konnte, wie er blaue Zettel und Zeit hatte, zwischen den verschiedenen Wahllokalen mit dem Auto oder dem Fahrrad hin und her zu fahren. Ich selbst bekam ungefähr zwanzig Zettel. Den zweiten wollte ich in einer Nachbargemeinde abgeben, doch ich stieß auf einen älteren Bauern, der mir nur sagte: »András, das hätte ich nicht von dir gedacht!« Ich schämte mich sehr und warf die restlichen blauen Zettel weg.

ZSILLE War der Wahlbetrug der kommunistischen Partei so schnell bekanntgeworden?

HEGEDÜS Ja, denn die Sache hatte einen ziemlichen Umfang angenommen. Es war aufgefallen, daß Lastwagen eintrafen mit zwanzig bis fünfundzwanzig Leuten, die ihre blauen Zettel abgaben. Beim erstenmal konnte es noch ein Zufall gewesen sein, aber nachdem der zweite und dritte Lastwagen eingetroffen war, wurde deutlich, daß von Zufall keine Rede mehr sein konnte.

ZSILLE Angeblich soll auch die sozialdemokratische Partei von den kommunistischen Führern blaue Zettel erhalten haben, da sich die beiden Parteien im linken Block ja gemeinsam zur Wahl stellten. Allerdings sollen die Sozialdemokraten die Zettel im Panzerschrank verschlossen und deren Nutzung verweigert haben.

HEGEDÜS Davon wußte ich natürlich nichts. Aber ich halte das für wahrscheinlich, da es ja im Interesse der kommunistischen Partei lag, daß die Parteien des linken Blocks möglichst viele Abgeordnete ins Parlament brachten. Es ist sehr gut vorstellbar, daß Anna Kéthly zum Beispiel die Benutzung der blauen Zettel ablehnte.

11. Gerös Landwirtschaftsexperte

ZSILLE Im Dezember 1947 ließ Gerö dich erneut zu sich kommen…

HEGEDÜS … und bot mir eine Tätigkeit als Landwirtschaftsexperte in der Parteizentrale an. Er sagte mir, daß in der Landwirtschaftspolitik jetzt wichtige Veränderungen stattfinden würden. Das hieß, daß die Partei jetzt verhältnismäßig schnell die Kollektivierung der Landwirtschaft durchführen wollte. In einigen Publikationen ist zu lesen, ich sei Gerös Sekretär gewesen. In Mérays und Aczéls Buch komme ich sogar als Rákosis Sekretär vor. All das entspricht nicht der Wahrheit. Gerö hatte mich als Leiter der Landwirtschaftsabteilung in der Parteizentrale auserkoren. Aus verschiedenen persönlichen Gründen allerdings konnte er mich nicht zum Abteilungsleiter machen, weil auf diesem Posten Mihály Erdei saß, ein alter Kommunist, zwanzig bis dreißig Jahre älter als ich.

ZSILLE Welche Ahnung hattest du von der Lage der Landwirtschaft?

HEGEDÜS Ziemlich viel, denn als Organisationssekretär des MADISZ hatte ich viel auf dem Land zu tun. Die Landwirtschaft kam allmählich in Schwung. In den meisten Landesteilen waren die Neubauern ausgesprochen fleißig. Hilfsbedürftiger waren die Regionen, in denen die Neusiedler den Platz der ausgesiedelten Deutschen einnahmen. Die deutsche Aussiedlung war ein sehr großer Fehler. Heute verurteile ich die Aussiedlung der Deutschen eindeutig. Ein beträchtlicher

Teil der Deutschstämmigen in Ungarn war dem Volksbund beigetreten, doch zugleich waren die Deutschungarn sehr fleißig, gewissenhaft und besaßen eine sehr hohe Landwirtschaftskultur.

ZSILLE Welche Meinung vertrat die kommunistische Partei in der Frage der Aussiedlung?

HEGEDÜS Man kann wohl sagen, daß niemand, auch niemand in den anderen Parteien, etwas gegen die Aussiedlungen einzuwenden hatte. Die Aussiedlung der Deutschen war – ähnlich wie die Bodenaufteilung – eine Art politischer Trick. Man schürte Haß gegen die Deutschen und gaukelte den Menschen vor, daß sie den Besitz der Deutschen übernehmen könnten. Ein Wahlmanöver also.

ZSILLE Auch innerhalb der Bauernpartei wurde die Aussiedlung der Deutschen offen unterstützt. Andere allerdings, wie beispielsweise István Bibó, waren entschieden dagegen.

HEGEDÜS István Bibó konnte deshalb über diese Frage wie auch über andere Probleme offen schreiben, weil er nicht wirklich ein Mann der Partei war. Er war viel eher ein selbständiger und unabhängiger Denker als ein Werber der Nationalen Bauernpartei. Auf die Wahlinteressen der Partei nahm er keine Rücksicht.

ZSILLE Doch kehren wir zurück zum Problem der Aussiedlung.

HEGEDÜS Dort, wo in den deutschen Dörfern ungarische Bauern angesiedelt wurden, deren landwirtschaftliche Kultur sich auf einem niedrigen Niveau bewegte, ging es mit der Landwirtschaft eindeutig bergab. Größere Probleme zeigten sich auch in Gegenden, wo der Großgrundbesitz dominierte.

ZSILLE Wie verlief deine zweite Unterhaltung mit Gerö?

HEGEDÜS Auch die zweite Unterhaltung war nur kurz. Aber danach, als ich ihm regelmäßig berichten mußte, dauerten die Unterhaltungen länger. Gerö war sehr anspruchsvoll. Etwa ein halbes Jahr arbeitete ich an seiner Seite, dann wurde ich zum stellvertretenden Leiter der Agrarpolitischen Produktionsgenossenschaftlichen Abteilung ernannt.

ZSILLE Kanntest du Gerös Vergangenheit?

HEGEDÜS Damals nicht. Und auch später erfuhr ich Gerös Vergangenheit nicht von ihm selbst. Erst Anfang der sechziger Jahre hörte ich davon. Gerö sprach sehr wenig von seiner Vergangenheit. Ich wußte, daß er im Auftrag der Internationale in Barcelona war. Von seiner Säuberungsaktion gegen die anarchistische Bewegung wußte ich jedoch absolut nichts.

ZSILLE Jene Gnadenlosigkeit und Hemmungslosigkeit, die Gerö während seiner spanischen Aktivitäten bewiesen hatte, zeigten die sich in irgendeiner Form auch in eurer gemeinsamen Arbeit?

HEGEDÜS Unbedingt. Vor allem äußerten sich die in einer sehr starken Bauernfeindlichkeit. Zu seinem Aufgabenbereich gehörte die Kollektivierung der Landwirtschaft. Und dabei wurde deutlich, daß er keinerlei Hemmungen hatte. Sein Auftrag bestand nicht darin, die Landwirtschaft oder die bäuerliche Gesellschaft zur Blüte zu bringen. Als Vorbild hatte Gerö die sowjetische Massenkollektivierung vor Augen.

ZSILLE Wußtet ihr nicht, daß die Kollektivierung der Landwirtschaft in der Sowjetunion eine Hungersnot nach sich gezogen hatte?

HEGEDÜS Nein, im Gegenteil. Ich erinnere mich an ein

Buch Anfang der dreißiger Jahre, in dem wir zur Wachsamkeit aufgerufen wurden, daß uns der sowjetische Weizen bald vom westeuropäischen Markt verdrängen würde. Die Kolchosen würden nämlich, so meinte der Autor, Weizen billig und in großen Mengen produzieren. Wir glaubten daran auch noch Ende der vierziger Jahre. Wir waren auch davon überzeugt, daß die militärischen Erfolge der sowjetischen Armee auf die Kollektivierung zurückzuführen waren. Heute bin ich natürlich anderer Meinung: nämlich daß die Sowjetunion durch die Kollektivierung geschwächt worden ist.

12. Die aus Moskau kommenden Führer

ZSILLE Welchen Einfluß hatte Ernö Gerö auf die ungarische Politik?

HEGEDÜS Unlängst las ich in der »New York Times« einen Artikel über die Vorläufer des Eurokommunismus. In der Zeitung fand sich auch ein Foto von Gerö als einem der ersten Repräsentanten des Eurokommunismus. In Moskau hatte man den ungarischen Führern vor ihrer Rückkehr in die Heimat eingeschärft, daß sie keine Diktatur des Proletariats, sondern eine Volksdemokratie zu machen hätten.

ZSILLE Was bedeutet in diesem Zusammenhang Volksdemokratie?

HEGEDÜS Ein Mehrparteiensystem und kein monolithisches System, partnerschaftliche Zusammenarbeit zwischen den Parteien. Darauf könnte man entgegnen, das sei ja eine parlamentarische Demokratie. Das ist richtig, bloß Volksdemokratie bedeutet, daß die kommunistische Partei eine Art Primus inter pares ist oder aber die Kontrolle über die bewaffneten Kräfte ausübt. Gerö und Genossen lebten bis September 1947, bis zu Stalins politischem Kurswechsel, in dieser Welt.

ZSILLE Wie war es möglich, zu glauben, daß eine Partei, die von der ersten Stunde an alles tat, um die anderen Parteien zu vernichten, die ehrliche Absicht hatte, eine Demokratie zu schaffen?

HEGEDÜS Du hast in vielerlei Hinsicht recht. Ein stalinistischer Politiker kann nur schwerlich demokratisch denken, selbst im Sinne der Volksdemokratie nicht. Die politischen Perspektiven der aus der Sowjetunion zurückgekehrten ungarischen Führer hatten sich in einer Diktatur des Proletariats sowjetischen Typs entwickelt. Die Stalinsche Forderung zur Schaffung der Volksdemokratie war in ihrem Leben eine Taktik, ein Zwischenspiel. Als Parteisoldaten indes fügten sie sich. Aus Stalins Sicht war das jedoch eine durchaus ernste Anweisung, denn auch die Wahlen wurden in diesem Sinne organisiert. Wie wir aus den inzwischen erschienenen Memoiren wissen, glaubten viele bürgerliche Denker nicht an Wahlen. Monolithische kommunistische Herrschaft und Parlamentswahlen widersprechen einander.

ZSILLE Wahlen müßten stattfinden, hatte Woroschilow zur Absicherung gesagt, doch unabhängig vom Wahlausgang könne nur eine Koalition mit einer bestimmten Zusammensetzung an die Regierung gelangen.

HEGEDÜS Ich verstehe deinen Einwand. Die Ereignisse geben dir recht. Dennoch meine ich, daß die Ausschreibung und Abwicklung der Wahlen sowie die Parteiengründungen beweisen, daß die ungarischen Führer Stalins Anweisung, ein volksdemokratisches System zu schaffen, ernst nahmen. Wären sie mit dem Befehl aus Moskau zurückgekommen, sofort alle Parteien zu verbieten und die Diktatur des Proletariats zu proklamieren, so hätten sie das mit der sowjetischen Armee im Rücken tun können. Auch Stalin hielt diese Entwicklung nur für ein Übergangsstadium. In dieser Zeit machte das Volk Erfahrungen mit der Demokratie. Hätte man gleich die Diktatur eingeführt, wäre es später nicht so schwer gewesen, die Demokratie zu beseitigen.

ZSILLE Wie standen die beiden wichtigsten politischen Führer, Rákosi und Gerö, zueinander?

HEGEDÜS Gerö hatte lange Zeit geglaubt, daß er in Ungarn Generalsekretär werden würde. Und er durfte sich auch berechtigte Hoffnungen machen, da er in der Internationale ranghöchster ungarischer Kommunist war. Auch im Kreis der sowjetischen Parteifunktionäre besaß er große Autorität.

ZSILLE Kann man sagen, daß Gerö im Gegensatz zu Rákosi Leistungen aufzuweisen hatte?

HEGEDÜS Nun ja, auch Rákosi hatte vor 1924 Leistungen vorzuzeigen. Allerdings war er durch den ungarischen Prozeß belastet. Man wußte, daß er bei seiner ersten Verhaftung vieles ausgeplaudert hatte, was nicht nötig gewesen wäre. Er hatte Informationen über die Internationale preisgegeben, über deren Organisationsform. Deshalb hatte er Ende der zwanziger Jahre in Moskau ein Parteidisziplinarverfahren. Die Angelegenheit ist aber sehr nebulös. Das ganze Problem wurde bei Rákosis zweitem Prozeß, als er zum Tode verurteilt werden sollte und weltweit eine große Bewegung zu seiner Rettung organisiert wurde, unter den Teppich gekehrt.

ZSILLE Und wie sah nun das Verhältnis zwischen Rákosi und Gerö aus?

HEGEDÜS Gut. Gerö hatte seine Enttäuschung, nicht Generalsekretär geworden zu sein, überwunden. Er war ein Parteiarbeiter. Wenn man ihm gesagt hätte, er solle Straßenkehrer werden, so wäre er es geworden. Als er beispielsweise nach 1956 als gescheiterter Politiker aus Moskau zurückkam, akzeptierte er auf Weisung der Partei eine vollkommen isolierte Lebensweise.

ZSILLE War Gerö ein Intellektuellentyp?

HEGEDÜS Gerö war ein typischer Parteifunktionär. Er war ein sehr starker Propagandist einer bestimmten Ideologie. Innerhalb dieser Ideologie erwies er sich allerdings als ein sehr logischer Kopf. Er war ein asketischer Typ. Die Menschen interessierten ihn nicht. Im Gegensatz zu Rákosi, der jede Woche irgendwohin ging, tauchte Gerö kaum irgendwo auf.

ZSILLE Also entfremdete er sich gewissermaßen auch physisch von den Massen?

HEGEDÜS Ja. Das heißt allerdings nicht, daß Rákosi sich nicht entfremdet hätte. Rákosi besaß einen Mechanismus, wie er worauf zu reagieren hatte. Was er auch sah, nichts konnte ihn erschüttern. Die verschiedenen gesellschaftlichen Gruppen und Schichten waren für Rákosi wie auch für Gerö nur als politische Faktoren interessant. Sie dachten in »Menschenmaterial«, in der Kategorie: was ist für den Sozialismus und für die Macht gefährlich bzw. gut.

ZSILLE Womit erklärst du es, daß viele vor Gerö noch mehr Angst hatten als vor Rákosi?

HEGEDÜS Gerö war sehr spröde. Er konnte nie jemandem wirklich nahe kommen. Ich kann mich nicht daran erinnern, je ein privates Wort mit ihm gesprochen zu haben. Wir siezten uns. Rákosi, Zoltán Vas und Gerö duzten sich, doch wurde beispielsweise Révai von Gerö ebenfalls gesiezt. Es ist bezeichnend, daß Gerö Schach spielen konnte und ihn Schach auch interessierte, er jedoch nie spielte. Wahrscheinlich hatte er Angst vor der Niederlage. Ganz im Gegensatz zu Kádár, der keine Angst hatte, sich schlagen zu lassen. Ich erinnere mich an zwei Ereignisse, die Gerö offensichtlich aus dem Gleichgewicht brachten. Im Februar 1948 las ich ein

Buch von Djilas. Ich ging zu Gerö und sagte ihm: »Ich habe eine Kritik darüber geschrieben.« Gerö sprang vom Stuhl auf und schrie mich an: »Wie können Sie eine Kritik über Djilas schreiben, der einer der hervorragendsten Ideologen in Europa ist?« Das war im Februar. Im März saß ich wieder bei Gerö, als das Telefon klingelte, Rákosis Sondertelefon. Rákosi las ihm Stalins Brief an Tito vor, jenen Brief, mit dem im Grunde der Konflikt zwischen Jugoslawien und der Sowjetunion seinen Anfang nahm. Gerö war verblüfft, rang nach Luft, verstand nichts von all dem. Es war ihm anzusehen, daß er Angst hatte. Ich glaube, in jenen Monaten machten die ungarischen Parteiführer eine wirklich unangenehme Zeit durch, weil sie zuvor weitgehende Pläne zur Zusammenarbeit mit Tito geschmiedet hatten. Vermutlich wollten sie die Beziehungen mit Jugoslawien deshalb verstärken, weil sie damit Beziehungen intensiviert hätten, die nicht unmittelbar abhängig waren von Moskau. Doch mochte in diesem Bestreben auch der Umstand eine Rolle gespielt haben, daß die höchsten fünf aus Moskau zurückgekehrten kommunistischen Führer Ungarns Juden waren. Da sie Stalins Antisemitismus kannten, fühlten sie sich in der Führung nicht sicher. Vielleicht war das der Grund, weshalb sie ihre Beziehungen zu Belgrad ausbauen wollten.

ZSILLE Worin siehst du den Unterschied zwischen Rákosi und Gerö?

HEGEDÜS Gerö war ein gebildeter marxistischer Propagandist. In dieses ziemlich schematische Weltbild mußte alles hineinpassen. Was nicht hineinpaßte, wurde verworfen. Im übrigen besitzt der Marxismus hierfür seine ideologischen Methoden. Wenn wir etwas verwerfen wollen, brauchen wir bloß zu sagen: »Das ist nur die Oberfläche, nicht das Wesentliche.« Auch Georg Lukács sagte oft, sofern die Oberfläche des gesellschaftlichen Lebens nicht das gleiche sei wie das Wesen der gesellschaftlichen Verhältnisse, so bedürfe es keiner Wissenschaft. Nach Lukács ist die Wissenschaft eben dazu da, um hinter der Oberfläche das Wesen zu entdecken. Mit dieser Logik läßt sich alles beweisen. Und Gerö war darin ein Meister. Rákosi dagegen war mehr ein Politiker als ein marxistischer Propagandist. Für ihn war die Macht außerordentlich wichtig. Rákosi dachte in politischen Kategorien. Seine marxistische Bildung war nicht besonders groß. Ich verstand nie, womit er die sechzehn Jahre im Zuchthaus verbracht hat. Seine Kenntnisse im Marxismus waren auf jeden Fall sehr oberflächlich.

ZSILLE War der Asket Gerö nicht am Personenkult interessiert?

HEGEDÜS Doch, durchaus. Gerö war in der Sowjetunion sehr wohl eine Figur des Personenkults, auch in Ungarn. Nachdem die Moskauer Führung sich jedoch für Rákosi entschieden hatte, zog der Parteiarbeiter Gerö daraus die Konsequenz. Gerö unterschied sich auch in anderen Dingen von den übrigen Führern. Zum Beispiel war er der einzige in der Führung, der nicht auf die Jagd ging. Übrigens mochte ich die Jagd mit ihren feudalen Ritualen ebenfalls nicht. Aber als ich Leiter der Landwirtschaftsabteilung in der Partei war und später Landwirtschaftsminister, hatte ich das Empfinden, auch auf die Jagd gehen zu müssen.

ZSILLE Ging auch Rákosi auf die Jagd?

HEGEDÜS Rákosi jagte sehr viel, vor allem im Wildgehege, wo er nicht viel gehen mußte, wo der Hirschbock auf einen Pfiff zur Stelle war. Rákosi schätzte auch die Treibjagd. Das war für mich immer ein schreckliches Erlebnis. Rákosi schoß auf alles, was sich bewegte. Er kümmerte sich nicht darum, ob er es mit einem Hasen oder mit einem Menschen zu tun hatte, er schoß einfach. Es war nicht ungefährlich, in seiner Nähe zu jagen.

ZSILLE Womit läßt sich der furchtbare Personenkult erklären, der sich um ihn herausgebildet hatte?

HEGEDÜS Der Personenkult ist für die monolithischen Systeme charakteristisch. In den meisten sozialistischen Ländern ist er auch heute anzutreffen.

ZSILLE Doch kehren wir zurück zu der Behauptung, daß Rákosi nur in »Menschenmaterial« gedacht hat. Ich frage dich jetzt als Soziologe: Wie entsteht ein Menschentyp, der so denkt?

HEGEDÜS Dieser Typ existiert nicht nur unter Funktionären, man begegnet ihm auch sehr oft in der Literatur. Der Marxismus bietet für diese Haltung eine hervorragende Ideologie. Rákosi und Gerö waren gleichermaßen machtzentrierte Persönlichkeiten. Während Gerö die Dinge der Welt nach marxistischen Begriffen ordnete, entwickelte Rákosi, da er das marxistische Begriffssystem nicht beherrschte, eine individuelle machtkonzentrierte Denkweise. Rákosi entsprach dem Politikertyp, wie ihn Machiavelli beschrieb: er steckte voller Intrigen.

ZSILLE Die dritte Figur der ungarischen kommunistischen Führungselite nach dem Krieg ist Mihály Farkas.

HEGEDÜS Ich würde József Révai an dritter Stelle nennen,

doch zweifellos spielte Mihály Farkas in bestimmten Situationen eine wichtigere Rolle, vor allem eine negative Rolle. Ihn würde ich eigentlich mit Rákosi vergleichen wollen. Auch er war ein intriganter Politiker, der genau seinen Platz in der Machtstruktur kannte.

ZSILLE Und József Révai, den ich deiner Meinung nach an dritter Stelle hätte nennen müssen?

HEGEDÜS Révai ist der intellektuelle Typ des Parteifunktionärs. Er kann sich und seine Gedankenwelt nicht in jene engen Parteifunktionärskategorien einzwängen, in die sich Gerö begeben hatte. Révai unternahm Ausbruchversuche. Ich glaube, wirklich wohl fühlte er sich, wenn er ausbrechen konnte. Doch auch in ihm funktionierte der starke Mechanismus des marxistischen Zensors, der ihn daran hinderte, zu einem autonomen Denken zu gelangen. Im Geiste dieses Zensors wurde Révai zum Kulturdiktator. Er führte schließlich die Gleichschaltung des ungarischen Geisteslebens durch. Also auch Révai war im schöpferischen Wortsinn kein Intellektueller. Ich würde eher sagen, er war der Typ der Parteifunktionärsintelligenz.

ZSILLE Diese kommunistischen Führer, von denen du sprachst, waren alle ziemlich unbarmherzig. War die Unbarmherzigkeit eine Voraussetzung dafür, daß jemand kommunistischer Führer werden konnte?

HEGEDÜS Er mußte hart sein. Der kommunistische Führer muß das Stichwort Humanismus aus seinem Wörterbuch streichen.

13. Die ersten Scheinprozesse

ZSILLE Die kommunistischen Führer, die nach dem Krieg von Moskau nach Ungarn zurückgekehrt waren, kannten die Schrecken der Säuberungen aus eigenen Erfahrungen. Womit erklärst du dir die Tatsache, daß Rákosi und Genossen dennoch die gleichen Fehler begingen?

HEGEDÜS Stalin entwickelte nach dem Zweiten Weltkrieg die Vorstellung, daß wir an der Schwelle zum dritten Weltkrieg stünden. Als ich 1948 in die Parteizentrale gelangte, herrschte dort bereits eine Stimmung wie vor einem dritten Weltkrieg, was nach dem Bruch mit Tito noch spürbarer wurde. Diese Kriegsstimmung konnte freilich nur dann aufrechterhalten werden, wenn man beweisen konnte, daß tatsächlich ein Krieg drohte und daß unter uns feindliche Elemente waren, die man unschädlich machen mußte. Ich glaube, daß die aus Moskau zurückgekehrten Führer lieber in einer Welt gelebt hätten, in der die Kommunisten von jeglicher Vergeltung ausgenommen gewesen wären. In der Anfangszeit war man vor allem gegen die vermeintlichen oder tatsächlichen Feinde des Systems grausam. In dieser Zeit fanden verschiedene Prozesse statt, die ich in drei Gruppen einteilen möchte. Zur ersten Gruppe gehören die echten sowjetfeindlichen Verschwörungen. Zur zweiten Gruppe gehören die eigentlich unbedeutenden Spionageprozesse, die vor allem von westlichen Nachrichtendiensten provoziert wurden. Junge Leute wurden ins Land geschickt, um beispielsweise einen Bahnhof zu fotografieren. Es handelte sich also um vollkommen unbedeutende Aufträge, die allerdings meist mit einem Todesurteil geahndet wurden. Diese Spionagegeschichten aus dem 19. Jahrhundert kamen sehr gelegen, weil dadurch bewiesen werden konnte, wie notwendig die Wachsamkeit war. Zur dritten Gruppe rechne ich die Scheinprozesse gegen Nichtkommunisten. Diese Prozesse bedeuteten für mich das größte moralische Problem. Ich schämte mich, daß mein Name mit einem System in Verbindung gebracht wurde, das solche Mittel anwendete. Wegen dieser Prozesse schämte ich mich mehr als später wegen der kommunistischen Schauprozesse. Ich denke dabei vor allem an den Prozeß gegen die Ungarische Gemeinschaft, an den Mindszenty-Prozeß, an den Grösz-Prozeß usw. Also an jene Schauprozesse, deren einziger Zweck im Mundtotmachen und in der Liquidierung Andersdenkender bestand.

ZSILLE Hast du in diesen Prozessen eine Rolle gespielt?

HEGEDÜS Nein, ich spielte keinerlei Rolle, denn bis zum Januar 1948 war ich ein junger Jugendfunktionär. Auch in die Parteizentrale war ich nur als mittlerer Kader gelangt.

ZSILLE Warst du dir schon damals darüber im klaren, daß diese Prozesse Scheinprozesse waren?

HEGEDÜS Da war ich mir vollkommen sicher.

ZSILLE Und trotzdem hast du eine Karriere als Parteifunktionär angestrebt. Als du in die Parteizentrale gelangt bist, war der Prozeß gegen die Ungarische Gemeinschaft bereits vorüber und die Kampagne gegen Mindszenty, die schließlich im Dezember 1948 zu seiner Verhaftung geführt hatte, im Gang. Wie hast du damals diese Ereignisse eingeschätzt?

HEGEDÜS Ich sah, daß die Justiz benutzt wurde, um Menschen zum Verstummen zu bringen, die den Mut hatten, abweichende Meinungen zu vertreten.

14. Es gibt keinen Weg zurück

HEGEDÜS Mit meiner Stelle in der Parteizentrale ging meine Entwicklung endgültig in Richtung Politik. Früher hätte ich immer noch beispielsweise Theaterintendant werden können. Der Parteifunktionär ist zu vielem geeignet. Die Partei hätte mich auch auf einen anderen Posten schicken können, doch ich konnte mich von der Partei nicht mehr lösen. Ich war ein Parteifunktionär und hatte meine Selbständigkeit verloren. Letztendlich hätte ich der Partei natürlich den Rücken kehren können, aber dazu hatte ich keine Kraft mehr. Einen Universitätsabschluß hatte ich nicht, und ich verspürte auch keine Lust dazu. Nachdem ich in zwei Komitaten als Regierungskommissar Boden aufgeteilt hatte und Abgeordneter der Provisorischen Nationalversammlung war, hätte es einer großen moralischen Kraft bedurft, um zu sagen: »Und jetzt werde ich Hilfsarbeiter!«

ZSILLE Gehört es nicht gerade zum Ziel der Kaderpolitik der Partei, die Menschen von der Partei abhängig zu machen?

HEGEDÜS Du hast vollkommen recht. Das ganze System basierte darauf, den Kadern keinen existentiellen Ausweg zu lassen. Die Partei wollte erreichen, daß man nur als Parteifunktionär leben oder sich das Leben nur so vorstellen konnte.

ZSILLE Doch in der Zwischenzeit spitzten sich die politischen Verhältnisse zu. 1949 mußte Imre Nagy erstmals Selbstkritik üben.

HEGEDÜS Rákosi, Gerö und Révai diskutierten mit ihm über die Umstrukturierung der Landwirtschaft. Imre Nagy, der auch in der Sowjetunion auf landwirtschaftlichem Gebiet gearbeitet hatte und wußte, welchen Schaden die Massenkollektivierung dort angerichtet hatte, warnte, diesen Fehler in Ungarn zu wiederholen. Imre Nagy sprach sich für den Gedanken der landwirtschaftlichen Produktionsgenossenschaften aus, gegen die Massenkollektivierung. Doch damals hatte Stalin bereits diesbezügliche Weisungen erteilt, und damit festigte sich Rákosis Position gegenüber Imre Nagy. Imre Nagy übte Selbstkritik. Danach wurde er mehr und mehr an den Rand gedrängt.

ZSILLE Wer übernahm Imre Nagys Aufgaben?

HEGEDÜS Eigentlich wurden Imre Nagys Aufgaben von Gerö übernommen. Dieser Personalwechsel zeigt genau den Grad der Verschärfung an. Einen Teil dieser Funktionen übernahm ich ein Jahr später, doch Chef blieb auch weiterhin Gerö.

ZSILLE Mit anderen Worten, auch die Wahl deiner Person bedeutete für Imre Nagy eine Herausforderung.

HEGEDÜS Ich bedeutete gegenüber Imre Nagy eine neue Politik, eine neue politische Linie.

ZSILLE 1948, im Jahr der Wende, änderte sich sicher auch in der Parteizentrale die Stimmung.

HEGEDÜS Dieses Jahr galt als ein gutes Jahr. Die Funktionäre der Parteizentrale wurden immer machthungriger. Die Tatsache, daß sie auf die Koalitionspartner Rücksicht nehmen mußten, störte sie. Es störte sie, daß es auch andere Parteien gab. Diese mißliebigen Faktoren wurden 1948 beseitigt. Nur die kommunistische Parteizentrale war in der Manege zurückgeblieben.

Deshalb nahm die Macht der Parteizentrale 1948 sprunghaft zu. Die Mitarbeiter freuten sich, waren glücklich, daß es mit dem Taktieren endlich vorbei war. Die Sozialdemokraten gingen auf dem Vereinigungsparteitag im Juni 1948 praktisch in der kommunistischen Partei auf.

ZSILLE Welche Manöver wendete Rákosi bei der Vereinigung beider Parteien an?

HEGEDÜS Ebenso wie im Fall der anderen Parteien operierte er mit Kryptokommunisten. Wie sich das im einzelnen abspielte, darüber besitze ich keine direkten Kenntnisse.

ZSILLE Könntest du nicht einige Namen von Kryptokommunisten nennen?

HEGEDÜS Sei nicht böse, aber das ist eine Frage, die sich nicht beantworten läßt. Mir verriet man die Namen der Kryptokommunisten nicht. Natürlich gab es einige, die sich durch ihre Tätigkeit verraten haben. Aber mit letzter Sicherheit kann man auch von ihnen nicht sagen, ob sie Kryptokommunisten waren.

ZSILLE Marosán schreibt in seinen Memoiren, daß er als Sozialdemokrat immer im Geist der kommunistischen Parteibeschlüsse gehandelt habe.

HEGEDÜS Nun ja. Ich denke, zumindest seit 1945 ist nicht mehr sehr zweifelhaft, was er gewesen ist.

ZSILLE Doch Kryptokommunisten gab es nicht nur in der Sozialdemokratischen Partei und in der Bauernpartei, sondern vermutlich auch in der Volkspartei und in der Kleinen Landwirtepartei.

HEGEDÜS In der Volkspartei sicher weniger als in der Kleinen Landwirtepartei. Und ganz gewiß gab es in der Bauernpartei Kryptokommunisten.

ZSILLE Nach der Vereinigung der kommunistischen und der sozialdemokratischen Partei bekam jeder Abteilungsleiter in der Parteizentrale der kommunistischen Partei, die nunmehr Partei der Ungarischen Werktätigen hieß, einen sozialdemokratischen Stellvertreter. Waren die ehemaligen Sozialdemokraten für euch nicht Verräter?

HEGEDÜS Nein, wir betrachteten sie nicht als Verräter. Ich dachte damals, der Kampf der Partei um die Macht sei berechtigt. So hielt ich die Sozialdemokraten für Verbündete. Heute vertrete ich dazu eine andere Meinung.

ZSILLE Doch die Führer der kommunistischen Partei hatten zu den Sozialdemokraten, die Mitte 1948 in die Partei der Ungarischen Werktätigen übernommen wurden, kein allzu großes Vertrauen. Dein sozialdemokratischer Stellvertreter war Rezsö Nyers, der 1968 als Vater der ungarischen Wirtschaftsreform bekannt wurde.

HEGEDÜS In den folgenden Jahren stellte sich tatsächlich heraus, daß man diese Sozialdemokraten nicht für vertrauenswürdig halten konnte oder wollte. Wenn ich mich recht erinnere, so ist Nyers der einzige unter ihnen, der nicht ins Gefängnis gekommen ist. Alle anderen wurden in den fünfziger Jahren eingesperrt.

ZSILLE Bereits 1948 begann die Überprüfung der Parteimitglieder.

HEGEDÜS Formal richtete sich diese Überprüfung der Mitglieder nicht gegen die Sozialdemokraten. Rákosi betonte sogar, daß vom Ausschluß der Sozialdemokraten keine Rede sein könne. Der Zweck der Überprüfung der Parteimitglieder war jedoch zweifelsohne die Säuberung. Eines muß man dabei wissen: Die Mitgliederüberprüfung betraf damals noch nicht die oberste Funktionärsschicht. Die Überprüfung wurde von den höchsten Funktionären vorgenommen, von uns, denn in dieser Zeit gehörte ich bereits zu dieser Schicht. Im zweiten Budapester Bezirk leitete ich sogar die Kommission zur Mitgliederüberprüfung. Wenn man auch auf jeden Fall von einer Säuberung sprechen muß, so doch nicht in dem Sinne, daß der Parteiausschluß mit einer Inhaftierung einhergegangen wäre. Dennoch sah es in der Praxis so aus, daß die ausgeschlossenen Parteimitglieder auf eine schwarze Liste gesetzt wurden.

ZSILLE Wie ging die Säuberung in deinem Bezirk vor sich?

HEGEDÜS Ich hatte etwa dreißig Parteimitglieder zu überprüfen. In den Kaderakten forschte ich nach ungeklärten Punkten. Westliche Verwandte waren beispielsweise verdächtig. Oder wenn jemand seine Herkunft, reiche Eltern oder eine Verwandtschaft, in der es einen ehemaligen Offizier gab, verschwiegen hatte. Die Atmosphäre war sehr gespannt. Angst hatte eigentlich jeder, auch derjenige, der absolut keine Angst zu haben brauchte. Die Angst, die später im Leben der Parteimitglieder eine ungeheuer wichtige Rolle spielte, wurde erstmals ein Massenphänomen. Von der Angst waren nur die hohen Funktionäre ausgenommen, da sie noch nicht überprüft wurden.

ZSILLE Wie wirkte sich die Überprüfung auf die Gesamtstärke der Mitgliederzahl aus?

HEGEDÜS Das weiß ich nicht genau. Ich glaube, der Rückgang der Mitglieder betrug zehn bis zwanzig Prozent. So war es auch etwa geplant gewesen.

ZSILLE Damals kristallisierte sich die Struktur der Partei

heraus, wie sie im Grunde bis heute besteht. Unter anderem wurde die Justiz um ihre Unabhängigkeit gebracht, so daß den politischen Prozessen nichts mehr im Wege stand.

HEGEDÜS Vor allem zwei Prozesse machten mich besonders betroffen: der Pócspetri-Prozeß und der sogenannte FM-Prozeß, der Landwirtschaftsministeriumsprozeß. Wegen der Affäre von Pócspetri war ich sehr erregt. In Pócspetri verhängte die Partei erstmals über ein ganzes Dorf die Kollektivschuld und ging äußerst schonungslos gegen die Bevölkerung vor. Folgendes war passiert: Wegen der Verstaatlichung der Schule hatte es im Gemeindehaus von Pócspetri einen Aufruhr gegeben. Zwei Polizisten schritten ein. Im Verlauf des Tumults ging das Gewehr des einen Polizisten los, und die Kugel traf ihn selbst, er war sofort tot. Es wurde nie geklärt, ob es sich um Fremdverschulden oder aber um einen Unfall gehandelt hatte. Damals aber sah man es als erwiesen an, daß ein Mord geschehen war, und im Zuge des standrechtlichen Verfahrens wurde ein junger Mann, an dessen Namen ich mich auch heute noch erinnere – Miklós Királyfalvi –, zum Tode verurteilt und hingerichtet. Gábor Péters Staatssicherheitsdienstler hatten die Gemeinde besetzt und einen furchtbaren Terror veranstaltet. Vor einem Jahr erlebte ich die schrecklichen Leiden dieser Gemeinde nochmals auf der Leinwand. Judit Ember stellte ihren – noch ungeschnittenen – zweiteiligen Film über den Prozeß von Pócspetri vor.

ZSILLE Meines Wissens wurde der Film bis heute für die Öffentlichkeit nicht freigegeben.

HEGEDÜS Obwohl es sehr gut wäre, wenn dieser Film in

ungarischen Kinos zu sehen wäre. Der Film könnte Bestandteil eines Reinigungsprozesses sein.

ZSILLE Der andere Prozeß, den du erwähntest, ist der Landwirtschaftsministeriumsprozeß. Dieser Prozeß spielte eine wichtige Rolle in einer Entwicklung, auf deren Höhepunkt das Landwirtschaftsministerium vollkommen unter die Kontrolle der kommunistischen Partei geraten war. Im Sommer 1948 mußten diejenigen Landwirtschaftsexperten aus dem Weg geräumt werden, die sich vermutlich der Zwangskollektivierung in den Weg gestellt hätten. 80 Beamte aus dem Landwirtschaftsministerium wurden verhaftet. 60 von ihnen wurden wegen Verschwörung gegen die demokratische Staatsordnung zu mehr als dreihundert Jahren Gefängnis verurteilt. Wie hast du auf diese Prozesse reagiert?

HEGEDÜS Ich tat weder etwas dafür, aber eben auch nichts dagegen. Es grauste mich davor. Ich war von dem Gefühl beherrscht, das mich übrigens erst Mitte der fünfziger Jahre verließ, daß man sich auf keinen Fall in die Angelegenheiten des Staatssicherheitsdienstes einmischen dürfe.

ZSILLE Freilich gab es auch noch weitere Prozesse. Einer der Höhepunkte dieser Prozeßserie war ohne Zweifel die Verhaftung Mindszentys 1948. Das ganze Jahr über lief zudem eine Pressekampagne gegen die katholischen Kirchenführer.

HEGEDÜS Ja, das ganze Jahr stand im Zeichen einer Kampagne für die Verstaatlichung der Schulen, was gleichbedeutend war mit einer Kampagne gegen die katholische Kirche. Mich berührte der Ordas-Prozeß besonders. Aus Ordas wurde keine politische Sache gemacht, sondern ein Wirtschaftsverbrechen. Er wurde wegen eines Vergehens gegen die Devisenbestimmungen zu zwei Jahren verurteilt. Es war allerdings offensichtlich, daß der Widerstand der Evangelischen Kirche gebrochen werden sollte. Bischof Lajos Ordas war das Symbol dieses Widerstands. Vor kurzem äußerte ich in einem Interview, das ich einer deutschen evangelischen Zeitung gegeben habe, die Überzeugung, daß der Konsens zwischen der Evangelischen Kirche und der ungarischen Regierung durch eine Rehabilitierung des Bischofs Ordas sicher begünstigt werden würde.

ZSILLE József Mindszenty wurde bisher auch nicht rehabilitiert.

HEGEDÜS Auch die Opfer anderer Prozesse aus diesen Jahren wurden nicht rehabilitiert. Deshalb bedrücken mich die Scheinprozesse gegen nicht-kommunistische Angeklagte auch heute noch.

15. Der Rajk-Prozeß

ZSILLE Nachdem im Frühjahr 1949 der sogenannte Klassenfeind aufgerieben war, konnte der stalinistischen Logik entsprechend der parteiinterne Feind ins Visier genommen werden. Im Mai 1949 wurden László Rajk und Gefährten verhaftet. Welchen Rang hast du damals in der Parteiführung bekleidet?

HEGEDÜS Im Mai 1949 stand ich noch relativ im Hintergrund. Meinen Platz in der Parteihierarchie verdeutlichen die Wahlen vom 15. Mai 1949, wo ich auf der Liste des Komitats Györ an 12. Stelle erschien. Die Liste wurde übrigens von Rajk angeführt. Ich gelangte gerade noch ins Parlament. Insgesamt waren wir vierzehn aus dem Komitat Györ. In der Hierarchie stand ich also ziemlich weit unten.

ZSILLE Trotzdem hast du in der Zentrale gearbeitet, von wo aus das Land regiert wurde. Hast du etwas von den Vorbereitungen des Rajk-Prozesses gehört? War das ein Thema in der Parteizentrale?

HEGEDÜS So etwas war kein Thema. Wir ahnten nur, daß es mit Rajk Probleme gab. Er war als Innenminister abgelöst und zum Außenminister ernannt worden. Der Außenministerposten war eine unbedeutende Funktion, denn von einer ungarischen Außenpolitik konnte man in jener Zeit nicht sprechen. Bereits die Überprüfung der Parteimitgliedschaft war für alle Parteimitglieder eine Warnung. Das ständige Gerede von Wachsamkeit hatte in bestimmten Parteikreisen eine gespannte Atmosphäre geschaffen, die sich in gewissem

Sinne mit Rajk verband. Wußten wir doch, daß es früher oder später auch in Ungarn Säuberungsprozesse geben würde. Schon geraume Zeit vor Rajks Verhaftung ging es mir durch den Kopf, daß man ihn vielleicht für diese Rolle ausersehen haben könnte.

ZSILLE Du sprichst davon, als hieltest du es für natürlich, daß es in einer Partei zu Säuberungsprozessen kommt.

HEGEDÜS Man konnte damit rechnen. Der Bruch mit den jugoslawischen Kommunisten war vollzogen. Über Tito wurden bereits sämtliche Lügen verbreitet, die man von einem Verräter erfinden konnte. Sein Name wurde mit den verschiedensten Schwierigkeiten in Ungarn in Verbindung gebracht. Damals hatte ich noch Freunde bei der Politischen Polizei. Freunde aus der Jugendbewegung, die entschieden den Standpunkt vertraten, daß es ihr Recht, ja sogar ihre Pflicht sei, auch die Parteimitglieder und die Parteifunktionäre zu kontrollieren. Und schließlich war die Parteisäuberung in Albanien bereits abgeschlossen, und in Bulgarien hatte sie begonnen. Also mußten wir auch in Ungarn darauf gefaßt sein.

ZSILLE Hattest du keine Angst, daß jetzt in ganz Osteuropa das geschehen würde, was 1938 in Moskau abgelaufen war?

HEGEDÜS Doch, davor hatte ich Angst. Als Rákosi Gerö telefonisch Stalins Brief zu Titos Ächtung vorlas, hatten auch Rákosi und Gerö Angst. In der Zwischenzeit allerdings hatten sie sich an den Gedanken gewöhnt, zumal ein Jahr vergangen war. Offensichtlich wollten sie lieber Hammer als Amboß sein, und so begannen sie den Hammer zu schwingen. In der Partei gab es ein nicht legalisiertes Komitee, das sich Verantwortliches Komitee für die Sauberkeit in der Partei nannte. Zu den Mitgliedern gehörten Rákosi, Gerö, Farkas, Révai. Sie bekamen die Weisung, die Parteisäuberung einzuleiten. Ohne Stalins Anordnung wäre es unvorstellbar gewesen, daß die ungarischen Führer eine Kampagne eingeleitet hätten, von der führende Persönlichkeiten und Abgeordnete der Partei betroffen waren. Es mußte eine Anordnung aus Moskau gekommen sein, mit ziemlicher Sicherheit von Stalin selbst, etwa des Wortlauts: man solle in der Partei, in der obersten Führung, nach Leuten Ausschau halten, die einerseits im Kampf gegen den westlichen Imperialismus nicht vertrauenswürdig seien und die andererseits eventuell einen trotzkistischen Umschwung planten. Das war natürlich eine Aufgabe, die vom Verantwortlichen Komitee für die Sauberkeit der Partei gelenkt werden mußte. So begannen die Mitglieder dieses Komitees mit Gábor Péters Hilfe die Kaderakten der obersten Führungsmitglieder zu überprüfen.

ZSILLE Wann hast du überhaupt von der Existenz dieses Komitees erfahren?

HEGEDÜS Nach Kádárs Verhaftung 1951 sprach Rákosi auf der Sitzung des Politbüros und sagte, daß dieses Komitee eigentlich schon seit der Gründung der Provisorischen Regierung von Debrecen tätig sei und auch die Untersuchungen des Rajk-Prozesses geleitet habe. Diese Gruppe hat möglicherweise eine Namenliste von Parteiführern aufgestellt, denen man eines Tages den Prozeß machen wollte. Anfang 1949 gab es allerdings noch keine klare Konzeption, welche Anklagen erhoben werden sollten. Ende September oder Anfang August 1949 (drei, vier Monate nach den Verhaftungen) wurde die Rajk-Affäre dann auf ein titoistisches Gleis geschoben. Alles andere wurde nebensächlich; Trotzki wurde nebensächlich und auch die Spionage. Wichtig blieb nur, Rajk als titoistischen Agenten zu verteufeln.

ZSILLE Am zynischsten an dieser ganzen Geschichte ist vielleicht, daß auf Befehl Stalins ein Angeklagter ausgewählt wurde, ohne daß man gewußt hätte, welches Verbrechen man ihm vorwerfen würde.

HEGEDÜS Im Lebenslauf der Verhafteten mußte es irgendeinen nebulösen Punkt geben – nach diesem Gesichtspunkt wurde die Rajk-Gruppe ausgewählt. Es wurde nach Personen Ausschau gehalten, die irgendwann einmal mit westlichen Spionageorganisationen in Kontakt gekommen sein konnten, weil sie sich im Westen aufgehalten haben, oder die mit dem Trotzkismus Verbindung gehabt haben konnten. Im Denken der Moskauer Führer waren zu jener Zeit der Trotzkismus, Tito und der CIA bereits vollkommen miteinander verwoben, die drei wurden als ein und dasselbe hingestellt.

ZSILLE Wenn du dich zurückerinnerst, hast du den gegen Rajk erhobenen Anschuldigungen Glauben geschenkt?

HEGEDÜS Das wurde ich schon von vielen gefragt. Ähnliche Fragen wurden auch anderen führenden Funktionären gestellt. Die typische Antwort ist: Ja, sie hätten es geglaubt. Was mich angeht, so kann ich das von mir nicht so eindeutig behaupten. Doch damit mein damaliges Denken verständlich wird, muß ich ein wenig vorgreifen. Man mußte die Verhandlung selbst erlebt haben. Ich war dort. Im Sekretariat des Politbüros wurden für jeweils einen Verhandlungstag Karten verteilt. Wenigstens einmal mußte man hingehen, das war eine gewisse Pflicht. Ich war am zweiten oder dritten Verhandlungstag dort. Ich habe das Bild vor Augen: Im ersten Stock des großen Saals der Zentrale der Eisengießergewerkschaft nahm das Gericht uns, den Zuhörern, gegenüber Platz. Über den Richtern in der Loge im ersten Stockwerk saß Gábor Péter allein und beobachtete starr die Angeklagten, die uns den Rücken zuwendeten. Dieses Bild ist mir bis zum heutigen Tag als schreckliche Erinnerung haftengeblieben. Irgendwie war alles sehr eindeutig: daß diese Verhandlung eine einstudierte Sache war und daß diejenigen, die aus der Rolle fielen, scheußlichen Folterungen unterworfen werden würden. Andererseits dachte ich, daß in den Anklagen dennoch ein Fünkchen Wahrheit sein müßte. Jeder Schauprozeß hatte gewisse Fixpunkte, die meistens nicht allzu präzise umrissen waren, wenn man die einzelnen Punkte jedoch miteinander verknüpfte, konnte man auf ihnen einen Prozeß aufbauen. Damals ging mir durch den Kopf – und ich glaube, das ging auch vielen anderen Funktionären so –, daß man auch auf meinem Leben einen Schauprozeß aufbauen, daß man eine Anklageschrift gegen mich konzipieren könnte, ohne daß einzelne Punkte an sich Lügen darstellten.

ZSILLE Wie beurteilst du Gábor Péters Rolle bei der Vorbereitung des Prozesses? Bist du aufgrund deiner späteren Informationen als Ministerpräsident ebenfalls der Meinung, daß der Prozeß zwar nicht vollkommen sein Werk war, daß er jedoch – mit Rákosis Zustimmung – weitgehend nach Péters Vorstellungen abgewickelt wurde?

HEGEDÜS Gábor Péters Unabhängigkeit war auch später

nicht allzu groß, als er Vorsitzender der Staatsschutzbehörde (ÁVO) wurde und ins Politbüro gelangte. Ich wurde mehrmals Zeuge, wie Rákosi mit ihm sprach. Mir gegenüber gebrauchte Rákosi nie solche Ausdrücke wie Péter gegenüber. Oft wurde Péter von Rákosi beschimpft wie ein Rotzjunge: »Sie sind ein ohnmächtiger Schlappschwanz; Sie sind ein dummer Mensch; Sie verstehen nicht, daß man die Angelegenheit schon längst hätte ordnen müssen...« usw. Péter traf ohne Wissen der obersten Führung nie eine wichtige Entscheidung und insbesondere nicht gegen deren Willen. Ein zweifacher Druck lastete auf ihm: Druck von seiten der Parteiführung und Druck von seiten des unbarmherzigen Apparats. Sowohl Rákosi als auch seine Ratgeber drängten ihn zu immer härterem Vorgehen. Eine schädliche Rolle spielte hierbei auch Péters Stellvertreter, Oberst Szücs, der später verhaftet und zu Tode gequält wurde. Péter war ein dummer und weicher, jedoch sehr arroganter Mensch. Schon in der illegalen Bewegung war es sein Ziel, Chef der Politischen Polizei zu werden. Ich glaube, der Sadismus und die Gnadenlosigkeit machten ihn später krank. Jolán Simon, seine Frau und Rákosis Sekretärin, erzählte, sie wüßte nicht, was mit Gábor los sei. Er sitze jeden Sonntag bewegungslos auf der Veranda und beobachte stundenlang nur die Tauben. Das war schon nach Rajks Hinrichtung.

ZSILLE Nachdem auch Péter verhaftet worden war, versuchte man, ihm alles anzulasten, was im Zusammenhang mit den Scheinprozessen passiert war.

HEGEDÜS Das stimmt meiner Ansicht nach nicht. Man muß sich das bestehende institutionelle System vor Augen führen, das unbarmherzig und rachsüchtig war.

Ich erinnere mich an einen Fall Anfang 1951 – ich war schon Mitglied des Sekretariats und des Politbüros –, als mich eine Frau aufsuchte. Sie sagte mir, man habe ihren Mann, der beim Staatssicherheitsdienst als Major gearbeitet habe, verhaftet, weil er Gábor Péter ins Gesicht gesagt habe, was hier geschehe, das sei das Werk des Feinds, und diesen Feind verkörpere Gábor Péter selbst. Gábor Péter ließ den Major sofort verhaften und zwei Wochen lang körperlich mißhandeln. Dann ließ er ihn eine Erklärung unterschreiben, daß er über die Vorkommnisse Stillschweigen bewahre. Ich ging zu Rákosi und schilderte ihm den Vorfall. Er hörte mir ernst zu und rief dann Károly Kiss an, den Vorsitzenden der Zentralen Kontrollkommission, und sagte: »Hier bei mir ist Genosse Hegedüs, und er hat das und das gegen Gábor Péter vorzubringen. Überprüfen Sie das bitte äußerst streng!« Drei Wochen später ließ Rákosi mich zu sich kommen und erklärte: »Károly Kiss hat die Angelegenheit untersucht und festgestellt, daß dieser László Tóth ein psychiatrischer Fall ist. Er lügt ständig. Nichts von dem, was er sagt, ist wahr.«

ZSILLE Für mich stellt sich die Frage, ob deine Verantwortung mit deiner Ministerpräsidentschaft nicht zwangsläufig hätte zunehmen müssen. Obwohl deine Macht auch in der Partei gewachsen war, warst du nicht bereit, Mitglied der Rehabilitierungskommission zu werden. Du ließt Gerö den Vortritt, der als einer der Hauptverantwortlichen für die Scheinprozesse anzusehen ist. Obwohl du die Macht dazu hattest, hast du nichts unternommen, um die stalinistischen Verbrechen an die Öffentlichkeit zu bringen. Hierin erblicke ich deine eigentliche Verantwortung.

HEGEDÜS In dieser Hinsicht kann man mir sicher Vorwürfe machen. Doch es handelt sich um einen Fehler, der in meiner Persönlichkeit begründet ist. Hätte ich an der Arbeit der Rehabilitierungskommission teilgenommen, dann hätte ich konsequenterweise mehrere Dutzend Leute verhaften lassen müssen. Somit hätte ich auch Rákosi, Gerö, Farkas und vielleicht auch Révai verhaften lassen müssen. Im Sommer 1956 – ich war bereits Ministerpräsident – schlug ich Farkas' Verhaftung vor, was vom damaligen Ersten Sekretär, von Gerö, akzeptiert wurde. Aber das war nur eine halbe Lösung. Zu einer richtigen Lösung jedoch fehlte mir der Mut. Vielleicht hätte ich damit auch die Grenzen meiner Möglichkeiten überschritten. Ein wachsender Widerstand wäre in den eigenen Reihen und auch in Moskau zu erwarten gewesen. Deshalb war ich mir im Oktober 1956 darüber vollkommen im klaren, daß meine politische Karriere zu Ende war. Ich besaß nicht die Härte und Schonungslosigkeit, über die ein Politiker in der gegebenen Situation in Ungarn hätte verfügen müssen. Der Vorwurf also, daß ich meine Möglichkeiten während der Zeit der Rehabilitierungen nicht genutzt habe, trifft vollkommen zu.

ZSILLE Angeblich hast du 1956 nicht nur diese Möglichkeiten ungenutzt gelassen, du sollst beispielsweise auch gegen Rajks feierliche Beerdigung gewesen sein.

HEGEDÜS Das ist nicht ganz richtig. Ich war gegen eine demonstrative Beerdigung.

ZSILLE Hattest du um deine eigene Macht Angst?

HEGEDÜS Das war sicher auch im Spiel. Doch es ging vor allem darum, daß ich nicht genau abschätzen konnte, wie weit die Dinge gehen würden. Daß die Angst um die eigene Macht nur gering war, beweist eigentlich die Erleichterung, als ich die Macht verloren hatte. In den sechziger Jahren weigerte ich mich, in den Machtapparat zurückzukehren. Damals hatte ich vor allem das Problem, daß ich einfach nicht den Weg fand, wie ich aussteigen könnte.

ZSILLE Kehren wir zurück zum Problem der Vorwürfe gegen Rajk.

HEGEDÜS Teile der Anklage waren glatt erfunden. Es handelte sich um Lügenkonstruktionen. Eine solche Lügenkonstruktion war die Behauptung, Rajk habe sich mit Rankovics getroffen. Im nachhinein wundere ich mich, wie wir das überhaupt glauben konnten. Denn es glaubten in der Tat viele, daß dieses Treffen wirklich stattgefunden habe. Demgegenüber trifft es wahrscheinlich zu, daß Rajk von dem Trotzkisten István Stolte für die Partei geworben wurde.

ZSILLE Es wäre interessant zu wissen, ob Stolte zum fraglichen Zeitpunkt schon Trotzkist war oder erst später Trotzkist geworden ist.

HEGEDÜS Tragisch ist, man kann das in Béla Szász' Buch *Freiwillige für den Galgen* nachlesen, daß Rajk sich dazu bekannte, englischer, amerikanischer und sogar titoistischer Spion gewesen zu sein, während er selbst nach der Gegenüberstellung mit Szász weiterhin abstritt, von einem Trotzkisten für die Partei geworben worden zu sein. Andererseits läßt sich nicht mit letzter Gewißheit feststellen, ob Rajk tatsächlich von Stolte angeworben wurde, ebensowenig ob Rajks Parteimitgliedschaft im Spanischen Bürgerkrieg wegen Trotzkismus tatsächlich geruht hat, wie das von der Anklage behauptet wurde. Weitaus bedeutsamer war Rajks Verhaftung und sein Prozeß Ende 1944. Rajk war damals gleichzeitig mit den Führern der Ungarischen Unabhängigkeitsfront verhaftet worden, mit Endre Bajcsi-Zsilinszky, Generalleutnant Kiss und den anderen. Während der bürgerliche Politiker und deutschfeindliche Endre Bajcsi-Zsilinszky mit mehreren seiner Gefährten in Sopronköhida hingerichtet wurde, kam Rajk im gleichen Prozeß als Sekretär der illegalen kommunistischen Partei mit einer zweijährigen Internierung davon. Rákosi vertrat daher die Meinung, daß Rajk angesichts einer so milden Strafe ein Spitzel der Pfeilkreuzler gewesen sein mußte. Zum Hintergrund gehört übrigens, daß Rajks Bruder, der in der Pfeilkreuzler-Regierung einen Posten als Staatssekretär oder einen ähnlichen Posten bekleidet hatte, 1944 in einem Brief an das Gericht behauptete, daß sein Bruder László in der kommunistischen Partei eigentlich für sie, für die Pfeilkreuzler gearbeitet habe. Von der damaligen Führung der illegalen kommunistischen Partei Ungarns, insbesondere von Antal Apró, wissen wir allerdings genau, wie dieser Brief zustandegekommen ist. Die illegale Partei drohte Rajks Bruder, daß sie sich an ihm, dem Pfeilkreuzler, rächen werde, falls er die Hinrichtung des Bruders nicht verhindere. Es ist natürlich auch vorstellbar, daß Rajks Bruder diesen Brief ohne jede Bedrohung geschrieben hat, um den Bruder zu retten.

ZSILLE Trug nicht zur Lynchstimmung gegen Rajk der Umstand bei, daß er als Innenminister sehr grausam gewesen ist?

HEGEDÜS Das spielte gewiß auch eine Rolle, allerdings nicht im Kreis der Parteifunktionäre. Im Volk war vermutlich die Meinung weitverbreitet, daß sich die Kommunisten ruhig gegenseitig umbringen sollten. Es herrschte die Auffassung, daß Rajk sein Schicksal verdient habe, nicht nur weil er die Grausamkeit der Pfeilkreuzler mit ähnlichen Methoden vergolten hatte, sondern auch, weil sich sein Name mit politischen Prozessen wie dem Prozeß gegen die Ungarische Gemeinschaft, dem Mindszenty-Prozeß und so weiter verband.

ZSILLE Warst du dir darüber im klaren, daß der Rajk-Prozeß nach einem zuvor verfaßten Drehbuch ablief?

HEGEDÜS Ja. Deshalb hätte ich damals auch lieber die Flucht ergriffen, als daß ich Sehnsucht nach der Macht gehabt hätte. Ich konnte mich aber von der Ideologie des Parteifunktionärs nicht lösen. Die Macht war mir zur Last geworden. Die Angst kam als neues Motiv hinzu. Angst hatte ich nicht nur um mich selbst, sondern auch um meine Frau, um meine Kinder, um meine Mutter. Diese Angst hinderte mich daran, die wahre Natur dieser Macht zu artikulieren. Die Zeit des Rajk-Prozesses war der Beginn der finstersten Periode des Stalinismus. Doch schon beim Mindszenty-Prozeß und beim Prozeß gegen die Ungarische Gemeinschaft spürte ich die Gefahr, daß wir uns allmählich tiefer und tiefer in die Lügen verstrickten. Und in die polizeiliche Willkür. Doch damals war der Zauber der Macht in mir noch stärker als die Angst. Man muß schon die Veränderungen, die zwischen 1949 und 1951 stattfanden, im Auge behalten, um zu verstehen, wie der Zauber der Macht wegen der zunehmenden Angst allmählich zur Last wurde. Wegen einer Angst, gegen die kein Kraut gewachsen ist. Diese Angst trieb beispielsweise Sándor Zöld dazu, seine Familie und sich selbst umzubringen.

ZSILLE Welche Rolle spielte der damalige Innenminister János Kádár im Rajk-Prozeß? Béla Szász behauptet in seinem Buch *Freiwillige für den Galgen* – und er steht mit seiner Meinung nicht allein –, Kádár habe Rajk davon überzeugt, daß er sich im Interesse der Partei zu den Anklagen bekennen müsse, auch wenn jeder wisse, daß sie nicht der Wahrheit entsprächen. Trifft diese Darstellung zu?

HEGEDÜS Meines Wissens nein. Obwohl Kádár Innenminister war, hatte man ihm die Entscheidung über die Rajk-Angelegenheit entzogen. Die Rajk-Angelegenheit wurde von Rákosi und Farkas von der Parteizentrale aus gelenkt. Ich vermute, daß sie jeden wichtigen Schritt auch mit Gerö besprachen. Und eine große Rolle spielte natürlich die Politische Polizei der Sowjets und vermutlich auch Stalin, der sich persönlich mit der Angelegenheit befaßt hatte.

ZSILLE Laut Béla Szász existiert ein Tonband, auf dem das fragliche Gespräch zwischen Rajk und Kádár festgehalten sein soll. Hast du dir als Ministerpräsident das Tonband angehört?

HEGEDÜS Ja, es existierte ein Tonband, das ich mir angehört habe. Allerdings befand sich darauf nichts von dem, wovon du sprichst. Rákosi ließ im Frühjahr 1956 ein Tonband produzieren, um die Zunahme von Kádárs Popularität zu verhindern. Vielleicht wurde damals ein Gespräch gefälscht und Kádár unterschoben. Auf dem Tonband, das ich mir angehört habe, befand sich nur ein sehr eindringliches Gespräch zwischen János Kádár und Gábor Péter mit Rajk. Kádár und Péter hatten Rajk im Gefängnis aufgesucht. Sie teilten ihm mit, daß sie im Auftrag des Zentralkomitees und persönlich im

Auftrag des Genossen Rákosi verhandelten. Sie wollten Rajks Standpunkt zu den Anklagen kennenlernen, die im Verlauf der Untersuchung gegen ihn erhoben worden waren. Die Anklagen übrigens, die Kádár und Péter in dem Gespräch anführten, bezogen sich überhaupt nicht auf die angeblichen Beziehungen zwischen Rajk und Tito. Es ging um Rajks Aktivitäten in Spanien, um seine trotzkistischen Neigungen, um den Prozeß von Sopronköhida im Jahre 1944 und um die Auflösung der Parteiorganisation. Immer wieder verlangten Kádár und Péter in dem Gespräch von Rajk, daß er erklären solle, wie er trotz der angeführten Anklagen ein anständiger Kommunist habe bleiben können, wie er behaupte. Er solle doch einsehen, daß ihm die Partei das nicht glauben könne. Rajk entgegnete darauf, daß es in den angeführten Anklagepunkten Wahres gebe, dennoch bleibe er ein treuer Soldat der Partei. Damit endete das Tonband. Etwas anderes habe ich nicht zu hören bekommen. Vielleicht gab es noch ein anderes Tonband, aber davon weiß ich nichts. Das von mir abgehörte Tonband machte jedenfalls deutlich, daß das Gespräch im Auftrag des Zentralkomitees erfolgte, nachdem der Parteiausschluß von Rajk und Szönyi beschlossen worden war. In der zweiten Periode der Prozeßvorbereitungen, als die Konzeption geändert und Rajk nicht mehr wegen Trotzkismus, sondern wegen Titoismus angeklagt wurde, hat es zweifellos weitere Gespräche zwischen ihm und den politischen Führern gegeben, woran János Kádár aber meiner Meinung nach nicht mehr teilgenommen hat.

ZSILLE Hältst du es für vorstellbar, daß Rajk daran geglaubt haben könnte, was man ihm in Aussicht stellte, daß er nach dem Prozeß unter falschem Namen in der Sowjetunion gemütlich würde leben dürfen?

HEGEDÜS Das halte ich nicht für wahrscheinlich! Er konnte auf gar keinen Fall daran glauben. Andere Angeklagte unter Umständen schon.

ZSILLE Rajk akzeptierte schließlich die ihm zugewiesene Rolle. Wie ist das zu erklären? Mit physischer Schwäche oder mit dem unbedingten Gehorsam des Parteisoldaten?

HEGEDÜS Das kann ich nicht beurteilen. Zu den Leuten, die mit der Durchführung der Rajk-Angelegenheit unmittelbar befaßt waren, hatte ich keinen persönlichen Kontakt. Einer von ihnen war beispielsweise Szücs, der kurze Zeit danach in einem Gefängnis des Staatssicherheitsdienstes zu Tode gequält wurde. Ein anderer war Vladimir Farkas, den ich einfach verabscheute. Ich sprach nicht mit ihm. Ich weiß also nicht, was Rajk unmittelbar dazu veranlaßt hat, sich zu den falschen Anschuldigungen zu bekennen. Wenn man aber die Arbeit der Politischen Polizei kennt und die Haltung des Parteifunktionärs, dann haben vermutlich beide Motive, so meine ich, bei Rajk eine Rolle gespielt. Es erscheint mir irreal, daß er die Rolle aus purer Selbstaufopferung übernommen haben könnte. Aber wenn man Rajk kennt, so kann auch die Angst vor Folterungen allein kein ausreichender Grund gewesen sein.

ZSILLE Welche Rolle spielte János Kádár 1949 im politischen Leben Ungarns?

HEGEDÜS Er war Innenminister, aber nicht lange. Er wurde von Sándor Zöld abgelöst. Kádár übernahm den Posten des stellvertretenden Generalsekretärs. Sein Ansehen nahm also eindeutig zu.

16. Die ungarischen Säuberungen

ZSILLE Kádárs spätere Verhaftung beweist, daß das Vertrauen der Partei in ihn nicht grenzenlos war. Wann wurde Kádár verhaftet?

HEGEDÜS Im April 1951. Ich kann es mir auch heute noch nicht erklären warum, aber ich spürte damals bei Rákosi und seinen Leuten ein gewisses Mißtrauen Kádár gegenüber. Ich erinnere mich genau an die Ereignisse vor seiner Verhaftung. Hierzu gehört anläßlich einer Sitzung des Politbüros eine scharfe Kritik an Innenminister Sándor Zöld. Ich sehe den Sitzungssaal noch vor mir und wie Sándor Zöld, der sich immer verwirrter verteidigte, nacheinander von Gerö, Farkas und Rákosi angegriffen wurde. Sie führten Fälle an, die zu beweisen schienen, daß Zöld sich mit feindlichen Elementen angefreundet hatte. Ein Teil seines Freundeskreises war zu jener Zeit bereits in Haft. Wenn ich mich richtig erinnere, erwähnten sie vor allem die Namen von Gyula Kállay und Géza Losonczi. Zöld wurde also nicht wegen seiner Tätigkeit als Innenminister, sondern wegen seines Freundeskreises angegriffen. Zöld verteidigte weder Losonczi noch Kállay, kritisierte sie aber auch nicht. Er bekannte sich zu seinen Freunden und wiederholte ständig, daß er ein anständiger Mensch sei und sich nicht schuldig fühle.

ZSILLE In welcher Eigenschaft nahmst du an der Sitzung des Politbüros teil, denn Mitglied warst du ja noch nicht?

HEGEDÜS Im Sommer 1950 wurde ich als Vollmitglied ins

Zentralkomitee gewählt, und gleichzeitig wurde ich auch Mitglied des Sekretariats. Das war eigentlich der Schritt, der mich in die höchsten Führungskreise der Partei gebracht hatte. Damals befand sich die Führung in den Händen des Sekretariats. Das Politbüro akzeptierte dessen Beschlüsse. Sándor Zöld wurde Mitglied des Politbüros, als ich ins Sekretariat aufgenommen wurde. Ein oder zwei Tage später, als Rákosi und seine Leute Sándor Zöld im Politbüro kritisiert hatten, nahm ich als Sekretariatsmitglied und Sekretär des Zentralkomitees beim Landwirtschaftsminister Ferenc Erdei an einer Beratung teil. Plötzlich kommt Erdeis Sekretär herein und bittet ihn dringend ans Telefon. Ein paar Minuten später werde auch ich ans Telefon gerufen. Erdei sprach mit seiner Frau, die ihm sagte, sie habe aus der Nachbarwohnung, wo Zölds wohnten, Schüsse gehört. Daraufhin sei sie zu Zölds Wohnung geeilt, und sie habe den Eindruck gehabt, als flösse Blut aus der Wohnung. Zu dritt berieten wir, was nun zu tun sei. Ich sagte, es bleibe uns nichts anderes übrig, als sofort Rákosi anzurufen. Ich ahnte Schlimmes, weil mir der Angriff auf Zöld im Politbüro noch sehr lebhaft in Erinnerung war. Erdei rief Rákosi an, und der sagte lediglich: »Na schön, wir werden mal nach dem Rechten sehen.« Die für den ganzen Tag geplante Beratung konnten wir nicht fortsetzen, weil sowohl Erdei als auch ich sehr aufgewühlt waren. Ich ging in die Parteizentrale zurück. Gegen Abend hatte ich irgendwie das Gefühl, es wäre gut, die Sache mit Kádár zu besprechen. Ich rief ihn über die direkte Leitung und nicht über das Sekretariat an. Das Telefon klingelte, doch der Hörer wurde nicht abgenommen. Wieder überkam mich ein eigenartiges Gefühl, daß auch Kádár etwas zugestoßen sein könnte. Wir waren in diesen Jahren derart verunsichert, daß schon eine Lappalie, so wenn jemand das Telefon nicht abnahm, uns an das Schlimmste denken ließ. Am nächsten Tag fand eine Sitzung des Politbüros statt. Rákosi und Gerö informierten uns über die Zöld-Affäre und gleichzeitig über die Verhaftung von Kádár und anderen führenden Kommunisten. Rákosi erzählte, Sándor Zöld habe zuerst seine ganze Familie ermordet und dann Selbstmord begangen. Wir wurden also davon in Kenntnis gesetzt, daß aufgrund einer Entscheidung des Verantwortlichen Komitees für die Sauberkeit der Partei mehrere Parteiführer, die über die Märzfront zu Zöld Verbindung hatten, aus Sicherheitsgründen in Gewahrsam genommen worden waren. Gerö erklärte uns, sie hätten Angst gehabt, es könne eine Selbstmordserie einsetzen, oder aber die Betreffenden hätten versuchen können, außer Landes zu fliehen, wovor sie, glaube ich, vor allem Angst hatten, eine Befürchtung, die freilich jeder Grundlage entbehrte. Die zweitwichtigste Person unter den Verhafteten war nach János Kádár Ferenc Donáth, der Leiter des Rákosi-Sekretariats und Mitglied des Zentralkomitees war. Das heißt: Donáth war nicht Rákosis persönlicher Sekretär, aber er leitete dessen Sekretariat. Ich glaube, diese Kombination stammte aus der Sowjetunion, daß der Leiter des Sekretariats des Generalsekretärs zugleich Mitglied des Zentralkomitees sein mußte. Im Zusammenhang mit Donáths Verhaftung fällt mir eine bezeichnende Geschichte ein. Donáth hatte kurz zuvor einen Artikel geschrieben, in dem er sich mit landwirtschaftlichen

Fragen auseinandersetzte. Er hatte ihn auch mir gezeigt, und ich hielt ihn für gut. Noch bevor der Aufsatz erschienen ist, wurde Donáth verhaftet, doch der Artikel ging nicht verloren. Er gelangte – vermutlich sogar über Rákosi – zur »Társadalmi Szemle« (Gesellschaftliche Rundschau) und wurde sogar publiziert, nur nicht unter Ferenc Donáths Namen. Dessen Gedanken konnte man also getrost veröffentlichen. Das hinderte sie keineswegs daran, ihn zu verhaften.

ZSILLE Auf jener Sitzung des Politbüros, als man euch Mitteilung machte von der Tragödie der Familie Zöld, von der Verhaftung führender Genossen, wurden da keine Fragen gestellt?

HEGEDÜS Einem jeden schnürte die nackte Angst die Kehle zu. Jeder dachte nur daran, wann er wohl an die Reihe kommen würde. Kádárs und Donáths Prozeß gehörte nicht mehr zu den sogenannten Schauprozessen. Er fand hinter verschlossenen Türen statt. Später erhielten wir eine Erklärung dafür, weshalb sie vor Gericht gestellt wurden. Als Führer der illegalen kommunistischen Partei Ungarns hätten sie sich gegen die Moskauer Genossen gewendet und deren effektive Arbeit verhindert. Zu den Vorwürfen gehörte auch, daß sie unter sich von den Moskauer Genossen nur von den Moskowitern gesprochen und die bedingungslose Lenkungsbefugnis des Genossen Rákosi, ja sogar des Genossen Stalin nur bedingt akzeptiert hätten. Den Moskauer Überlegungen hätten sie überdem eine eigene Linie entgegenzusetzen versucht.

ZSILLE Ich begreife nicht die Logik der Parteiführer. Warum machten sie János Kádár zum ersten Stellvertreter des Generalsekretärs, wenn sie vermutlich schon wußten, daß sie ihn verhaften würden? Die Affäre hätte viel weniger Aufsehen erregt, wäre er vom Posten des Innenministers entbunden und dann als einfaches Mitglied des Zentralkomitees verhaftet worden. Hatte man keine Angst, daß es dem Ansehen der Partei schaden könnte, wenn man nacheinander deren Führer verhaftete?

HEGEDÜS Ich glaube, das Mißtrauen gegenüber Kádár und Donáth bestand schon früher, aber da wollte man sie noch nicht verhaften. Zölds Selbstmord veränderte die Lage, beschleunigte den Prozeß. Gegen Zöld wurde vom Staatssicherheitsdienst auch früher schon Material gesammelt. Für Gábor Péter mochte es eine unangenehme Überraschung gewesen sein, daß Sándor Zöld Innenminister wurde. Zöld gehörte zu einer ganz anderen Gruppierung der illegalen Partei als Péter. Zöld besaß in der Märzfront viele Freunde. Dieser Freundeskreis beschränkte sich nicht auf kommunistische Funktionäre. Seine kommunistischen Freunde wiederum waren alle Intellektuelle, die etwas andere Menschen waren als die kommunistischen Funktionäre im allgemeinen. Ich denke hierbei vor allem an Donáth, Kállai oder Losonczi, die für eine Art Volkskommunismus eintraten. Das Bild vervollständigt sich, wenn man bedenkt, daß in jenen Jahren die Zeitungen voll waren von Forderungen, daß die Wachsamkeit erhöht werden müßte. Und daß sich der Klassenkampf gesetzmäßig verschärfe. Immer wieder begab man sich auf Feindsuche. In einer solchen Atmosphäre erhielt Rákosi Meldungen, daß Zöld Beziehungen zu einer Gruppe unterhalte, deren Mitglieder untereinander von Rákosi nur als dem Moskowiter sprachen. Rákosi fühlte sich damals tatsächlich schon als der weise Vater und Führer des ungarischen Volkes und als Stalins bester Schüler. Somit empfand er es als wichtiger, diese unzuverlässigen Elemente zu entfernen, als daß er sich überlegt hätte, was die Gesellschaft zu den Verhaftungen sagen würde. Und überhaupt war er davon überzeugt, daß sich die Meinung der Menschen ganz nach seinem Willen formen lasse. In der Zeit des Rajk-Prozesses und schon zuvor während der anderen Schauprozesse hatte er es verstanden, eine solche Massenhysterie zu entfachen, daß man tatsächlich den Eindruck hatte, daß er sich in diesem Land alles erlauben könne. Doch eines dürfen wir nicht vergessen, es gibt ein Bindeglied zwischen der Rajk- und der Kádár-Affäre, nämlich die sozialdemokratischen Prozesse, die Verhaftung der linksorientierten sozialdemokratischen Führer. Die Verhaftung jener Persönlichkeiten, die zur Liquidierung der Sozialdemokratischen Partei beigetragen hatten beziehungsweise zur Vereinigung mit der kommunistischen Partei. Szakasits und Marosán saßen bereits im Gefängnis. Beide hatten hohe Posten bekleidet. Szakasits war Vorsitzender des Präsidialrats, Marosán Stellvertreter des Generalsekretärs. Marosán nahm also den Posten ein, auf den Kádár gesetzt wurde, nachdem er als Innenminister abgelöst worden war. Wir sind also von Rajk über Szakasits und Marosán bis hin zu Kádár, Donáth und Losonczi Zeugen ein und desselben Säuberungsprozesses. Ich erinnere mich, wie Rákosi und Gerö 1956 sagten, sie hätten gegen Rajk ebenso vorgehen wollen wie später gegen Szakasits und Kádár. Das heißt, sie wollten ihn aus der Führung verdrängen, hätten aber nicht seine Hinrichtung geplant. Rákosi und Gerö verteidigten sich damit, daß auch Rajk nicht mehr passiert wäre als Szakasits und Kádár, wenn die Angelegenheit nicht den Charakter eines titoistischen Schauprozesses angenommen hätte. Als die Rajk-Angelegenheit, so sagten sie, einen titoistischen Charakter angenommen habe, sei sie zu einer internationalen Sache geworden. Die ungarische Führung hätte gegenüber den Bulgaren und Albaniern, die ähnliche Prozesse organisierten, ihre Glaubwürdigkeit eingebüßt, wenn sie kein Todesurteil gefällt hätten.

ZSILLE Die Verantwortung für die Prozesse muß also Rákosi beziehungsweise dem Vierergespann zugeschrieben werden?

HEGEDÜS Nicht nur ihnen. Auch wir Mitglieder des Zentralkomitees und des Politbüros müssen uns zu dieser Verantwortung bekennen. Unsere Angst entbindet uns nicht von dieser Verantwortung.

ZSILLE Auch der Staatssicherheitsdienst wurde von den Säuberungen nicht verschont. Ein Außenstehender steht diesem Phänomen fassungslos gegenüber.

HEGEDÜS Beim Studium der Parteigeschichte ist mir das auch aufgefallen. Ich war erstaunt darüber, welch große Säuberungen im GPU, im NKWD und im KGB stattgefunden haben. Als junger naiver Parteifunktionär stand ich diesem Phänomen ebenso verständnislos gegenüber wie du jetzt. Damals entwickelte ich die Theorie, daß diese Säuberungen notwendig gewesen wären, weil es in Stalins Leben schwarze Punkte gegeben haben mochte, als er das Priesterseminar besuchte oder danach...

ZSILLE ... als er Posträuber war...

HEGEDÜS Nein, nein, der Postraub geschah im Parteiauftrag. Nein. Ich möchte auf etwas anderes hinaus. Ich dachte, die GPU- und die NKWD-Führer haben möglicherweise dunkle Punkte in Stalins Leben entdeckt, weshalb Stalin sie zum Verstummen bringen mußte. Aber das war natürlich eine naive Vorstellung. In Wirklichkeit haben wir es hier mit einer inneren Gesetzmäßigkeit des Systems zu tun. Der Apparat sprach fortwährend von Wachsamkeit und spornte die Gesellschaft ständig zur Wachsamkeit an. Unter diesem Vorwand wurden Tausende unschuldige Menschen verhaftet. Die Wachsamkeit wurde zur Psychose, die der Apparat schließlich auch gegen sich selbst kehrte. Das Prinzip hatte sich verselbständigt.

ZSILLE Selbst Gábor Péter wurde verhaftet. Welche Anklage wurde gegen ihn erhoben?

HEGEDÜS Gábor Péter wurde 1953 als CIA-Spion angeklagt. Als Bjelkin in der Sowjetunion verhaftet wurde, schrieb Stalin einen Brief an Rákosi und teilte mit, Bjelkin habe Gábor Péter für den CIA angeworben. Bjelkin hatte einen hohen Rang im NKWD bekleidet und auf sowjetischer Seite die Vorbereitungen des Rajk-Prozesses geleitet. In jener Zeit hatte er mit Gábor Péter zusammengearbeitet. Gemeinsam mit Gábor Péter gerieten auch viele andere ÁVO-Führer ins Gefängnis. Piros leitete die Untersuchungen praktisch mit einem vollkommen neuen ÁVO-Apparat, da die alten Mitglieder ausgetauscht beziehungsweise eingesperrt worden waren. Gegen Gábor Péter wurden härteste Methoden angewandt. Bis zu Stalins Tod war er gefoltert worden. Dann änderten sich nicht nur die Methoden, sondern auch die Anklage. Er mußte nicht mehr gestehen, ein CIA-Agent gewesen zu sein, was natürlich auch nicht zutraf. Dafür begann man, ihn der Vorbereitung der Schauprozesse zu bezichtigen. Präziser wurden die Vernehmungen mit dem Beginn der Rehabilitierungsprozesse, wo sich automatisch die Frage der Verantwortung stellte. Gábor Péter sagte natürlich, daß er nicht schuldig sei. Er habe auf Befehl gehandelt. Er beschuldigte vor allem Rákosi und Farkas. Und das nicht ohne Grund.

ZSILLE Gábor Péter wurde zu langjähriger Zuchthausstrafe verurteilt. Im Zuge der Kádárschen Amnestien gelangte auch er in den sechziger Jahren auf freien Fuß.

HEGEDÜS Er arbeitete dann als Bibliothekar. Heute ist er Rentner. Oftmals hat man in den vergangenen Jahren versucht, ihn zu interviewen. Wie zu hören ist, antwortet er immer äußerst zuvorkommend auf die Fragen, die sich auf die Zeit bis 1945 beziehen. Über den Zeitraum danach hüllt er sich in absolutes Schweigen.

ZSILLE Kannst du einen Fall anführen, daß in der obersten Führung jemand gegen die Säuberungen oder gegen die haltlosen Anklagen aufgetreten wäre?

HEGEDÜS Ein solcher Fall ist mir in Ungarn nicht bekannt.

17. Das Handwerk der Macht

ZSILLE Ich meine, wir sind in unserer Unterhaltung nun an einem Punkt angelangt, an dem du erklären müßtest, wie es zu deiner Blitzkarriere gekommen ist.

HEGEDÜS Als ich in der Parteizentrale Abteilungsleiter wurde, spürte ich wieder den Zauber der Macht, wodurch meine Handlungen stark motiviert wurden. Aber warum wählte Gerö beziehungsweise das Sekretariat mich? Sie hatten einen Bauernjungen gesucht, der intellektuelle Fähigkeiten besaß und in der Lage war, die Dinge zu überblicken! Für Gerö war es vermutlich wichtig, daß sein späterer Mitarbeiter Imre Nagy nicht nahestand. Dies schloß viele mögliche Kandidaten aus, zumal jeder, der wie Imre Nagy auf dem Sektor Landwirtschaftspolitik arbeitete – Imre Nagy hatte bis dahin die Landwirtschaftspolitik der KP gelenkt –, als sein Parteigänger galt.

ZSILLE Gehörte auch Ferenc Donáth dazu?

HEGEDÜS Nein. Donáth gehörte zur Märzfront. Damals mochte es auch Gegensätze zwischen ihm und Imre Nagy gegeben haben. Später mit Sicherheit. Donáth war als Leiter des Rákosi-Sekretariats gemeinsam mit mir der Organisator der Kollektivierung. Sicher hätte man sich für einen anderen entscheiden können, aber viele Eigenschaften und Gesichtspunkte sprachen für mich: intellektuelle Fähigkeiten, Absolvierung der Parteihochschule, makellose kommunistische Vergangenheit und schließlich, daß ich nicht Jude war. Neben Gerö kam 1953 allmählich auch den Sowjetführern in meinem Schicksal eine wichtige Rolle zu, insbesondere Woroschilow. Er stattete Ungarn oft Besuche ab, und ich begleitete ihn aufs Land. Schon seit 1945 war er im Präsidium der sowjetischen Partei vor allem mit den ungarischen Angelegenheiten befaßt. Damals war er zwar am Entscheidungsprozeß nicht mehr maßgeblich beteiligt, aber Stalin mochte ihn sehr. Das konnte man an den Sitzordnungen sehen, er saß immer in Stalins Nähe. Sein Einfluß blieb auch nach Stalins Tod eine Zeitlang erhalten. Nicht lange danach wählte man ihn zum Vorsitzenden des Präsidiums des Obersten Sowjets. Zu ihm konnte ich eine relativ gute Beziehung aufbauen. Die Zeit, da er ein offensichtlich grausamer Befehlshaber der Roten Armee gewesen war, lag schon lange zurück. Ich kannte den alten Woroschilow, den jovialen, der jeden umarmen wollte. Für den Wodka besaß er eine besondere Vorliebe. Die wichtigste Aufgabe seiner Begleiter bestand darin, ihm die Flasche rechtzeitig aus der Hand zu nehmen. Er war ein sehr anständiger Mensch. Vor allem ihm war es zu verdanken, daß ich 1953 zur ungarischen Moskau-Delegation gehörte.

ZSILLE 1950 wurdest du ins Zentralkomitee und ins Sekretariat kooptiert. Zwischen dem 25. Februar und dem 2. März 1951 fand der II. Parteitag der Partei der Ungarischen Werktätigen statt, auf dem die Kooptation bestätigt wurde. Du wurdest somit ins Zentralkomitee und in das aus acht Mitgliedern bestehende Sekretariat gewählt. Außerdem wurdest du auch Mitglied des Politbüros.

HEGEDÜS Die Mitgliedschaft im Sekretariat war dabei am wichtigsten. Praktisch wurde die Partei vom Sekretariat geführt. Mit der Einschränkung, daß es innerhalb des Sekretariats noch zuverlässigere Genossen gab, nämlich die Mitglieder des Verantwortlichen Komitees für die Sauberkeit. In wichtigen Fragen kamen die Entscheidungen von dort.

ZSILLE Wer waren die Mitglieder des Sekretariats?

HEGEDÜS Die wichtigsten waren das Vierergespann: Rákosi, Gerö, Farkas, Révai. Dann Imre Nagy. Nach dem Parteitag von 1951 war auch János Kádár Mitglied des Sekretariats. Doch zwei Monate später wurde er bereits verhaftet. Weiter gehörten István Kristóf und ich dem Sekretariat als Mitglieder an. Kristóf spielte bald nur noch am Rande eine Rolle. Führen wir uns die Namenliste vor Augen, so wird deutlich, daß das Vierergespann keine allzu großen Anstrengungen unternehmen mußte, um seinen Willen durchzusetzen.

ZSILLE War Imre Nagy im Sekretariat isoliert?

HEGEDÜS Zweifellos, aber er war immer präsent. Auch vertrat er seine Meinung, manchmal mit Nachdruck und manchmal mit weniger Nachdruck.

ZSILLE Mit der Wahl ins Politbüro und ins Sekretariat des Zentralkomitees der Partei gehörtest du zu den fünfzehn mächtigsten Männern Ungarns. Damit traten vermutlich auch in deinem Privatleben Veränderungen ein.

HEGEDÜS Die Wirtschaftsabteilung der Partei hatte mir schon vorher eine Wohnung gesucht. Meine Eigentumswohnung stellte ich dem Staat zur Verfügung. Ich erhielt dafür eine sehr schöne Villa, in der wir fünf Jahre lebten. Wenn ich mich recht erinnere, erhielt ich damals zum ersten Mal ÁVH-Begleitung. Die Wohnung wurde von wehrpflichtigen ÁVH-Soldaten bewacht, während zu meinem persönlichen Schutz eine aus ÁVH-Offizieren bestehende Gruppe von zivilen Begleitern gebildet wurde. Der Chef der Gruppe war ein Major. Die Chefs wurden von Zeit zu Zeit abgelöst.

ZSILLE Inwieweit befanden sich die Begleiter in deiner Nähe?

HEGEDÜS Ständig hinter mir. Wenn ich das Auto nahm, fuhren zwei Autos voran und zwei hinterher. Das ganze Sicherheitssystem war in Moskau einheitlich ausgearbeitet worden. Es war zweifellos überzogen. Doch in China war es vielleicht noch schlimmer als bei uns. Als ich einmal in Schanghai war, wurde meinetwegen in der verkehrsreichsten Zeit ein ganzes Kaufhaus für die Kunden gesperrt, weil ich gesagt hatte, ich wolle mir das Kaufhaus ansehen. Die Kunden wurden weggeschickt, und ich ging durch das zehnstöckige Gebäude mit den zu meiner Sicherheit abgestellten vierzig Chinesen. Dafür schämte ich mich damals sehr.

ZSILLE Unter solchen Umständen konntest du dich nicht unbedingt als freier Mensch betrachten.

HEGEDÜS Ich wußte, daß ich kein freier Mensch war. Allerdings gingen die Leute vom Innenministerium in meiner Zeit als Ministerpräsident sehr vorsichtig mit mir um.

ZSILLE Steckten die Begleiter ihre Nase auch in dein Privatleben? Verfaßten sie über dich Berichte?

HEGEDÜS Vermutlich, aber diese Berichte bekam ich auch später nicht in die Hand. Ehrlich gesagt, sie interessierten mich auch nicht allzu sehr. Sicher gab es über jeden eine Akte. Ich weiß beispielsweise, daß über Zoltán Vas Berichte geschrieben wurden. Und nicht nur über ihn.

ZSILLE Was wurde mit diesem Material gemacht? Welche

Schritte wurden beispielsweise unternommen, wenn sie Kenntnis von Affären mit Frauen erhielten?

HEGEDÜS In dieser Zeit gab es sehr wenig Privatangelegenheiten. Im allgemeinen war es charakteristisch für die Zeit, daß man alle Privatkontakte abbaute. Wir hatten Angst vor freundschaftlichen Beziehungen, weil wir andere ganz einfach nicht in Schwierigkeiten bringen wollten. Doch wir hatten auch Angst um uns selbst. Es war eine eigenartige Welt, die vollkommen unmenschlich geworden war. Die menschlichen Beziehungen waren auf ein Minimum beschränkt. In den siebziger Jahren untersuchte ich einmal die Entwicklung der emotionalen Beziehungen aus soziologischer Sicht. Aufgrund dieser Studien kann ich sagen: die emotionale Welt dieser Menschen war verödet. Es gibt einen aus Rumänien stammenden amerikanischen Psychologen namens Moreno, der behauptet, nicht im Marxschen Sinne müsse das Proletariat befreit werden, sondern die Emotionen der Proletarier seien zu befreien. In Morenos Sinne war diese Gesellschaft ein emotionales Proletariat, das auf seine Befreiung wartete.

ZSILLE Wie war eure Versorgung organisiert?

HEGEDÜS Wir hatten ein Parteikaufhaus. Dort riefen wir an, und die Ware wurde uns ins Haus gebracht. Wir erhielten zwar eine Rechnung, doch bezahlen mußten wir nicht. Was wir bestellten, bekamen wir. Unser Gehalt hatte nur symbolische Bedeutung. Als Ministerpräsident verdiente ich 1956 monatlich 4500 Forint.

ZSILLE Der Durchschnittslohn eines Arbeiters betrug damals monatlich 800 Forint.

HEGEDÜS 4500 Forint betrug ungefähr auch das Gehalt des Ersten Sekretärs der Partei. Da ich aber keine Ausgaben hatte, gab ich oft fast das ganze Gehalt am Monatsende zurück. Wir lebten im Zeichen des Konsumkommunismus. Dieses System besitzt eine innere Logik und Funktion. Wenn man nämlich seinen Posten verliert, wird man von einem auf den anderen Augenblick besitzlos, es gehört einem nichts mehr. Der Stuhl, auf dem man sitzt, das Bett, in dem man schläft, alles gehört der Partei. Selbst auf dem unansehnlichsten Schrank befand sich ein kleines Metallschildchen: »Eigentum der Partei der Ungarischen Werktätigen«.

ZSILLE Wie sahen die Beziehungen zwischen den führenden Funktionären aus? Hatten die Familien untereinander Kontakt? Feierten sie zusammen Geburtstage und Jahrestage?

HEGEDÜS Sonntag war der Tag, der dem Gesellschaftlichen vorbehalten war. Alle Mitglieder des Politbüros konnten dann das Wochenend-Erholungsheim der Partei gemeinsam mit ihren Familien aufsuchen.

ZSILLE Wie gab sich Rákosi in dieser Umgebung?

HEGEDÜS Sehr gesellig und unmittelbar. Er mochte die Kinder, er unterhielt sich mit unseren Ehefrauen. Diese Unterhaltungen waren allerdings weitgehend einseitig. Rákosi war kein Mensch, der zuhören konnte.

ZSILLE Während deiner Ministerpräsidentschaft hast du viele Stunden mit Rákosi zusammen im Auto verbracht. Wurde eure Unterhaltung nie ein bißchen vertrauter?

HEGEDÜS Gespräche über die Mitglieder des Politbüros waren tabu. Solange jemand nicht verhaftet worden war, wurde nur Gutes von ihm gesagt. Wenn jemand verhaftet wurde, dann übte auch Rákosi offen Kritik. Einmal beispielsweise führte er langwierig aus, daß ihm die Hageren sehr verdächtig seien. Das deute auf eine Magenkrankheit und auf Unzuverlässigkeit hin. Deshalb sei ihm auch Rajk so verdächtig geworden.

ZSILLE Hattest du kein komisches Gefühl dabei, daß aus diesem Wochenend-Erholungsheim plötzlich Familien verschwanden? Am vergangenen Sonntag spielten deren Kinder noch mit deinen im Sandkasten, und plötzlich war ihr Platz leer, weil der Vater verhaftet worden war? War das kein Thema, daß beispielsweise Gábor und Péter und seine Familie verschwunden waren?

HEGEDÜS Genau diese Zeit – Ende 1952, Anfang 1953 – war die schrecklichste stalinistische Periode. Damals spürte jeder die nackte Angst im Nacken. Jeder hütete sich davor, darüber am Sonntag zu sprechen, was mit Jolán Simon, also mit Gábor Péters Frau, zu der meine Frau noch aus der illegalen Bewegung gute Beziehungen hatte, passiert war. Ich kann mich nicht daran erinnern, daß irgend jemand die Frage gestellt hätte, warum Jolán Simon nicht mehr da sei.

ZSILLE Hattest du niemanden, mit dem du über solche Dinge hättest sprechen können?

HEGEDÜS Nein, auf gar keinen Fall. Als ich der obersten Führung angehörte, hatte ich keine freundschaftlichen Beziehungen, in denen ich ganz ich selbst hätte sein können. Ich sagte ja, die emotionalen Beziehungen waren in diesem Kreis total verarmt. Und da bildete auch ich keine Ausnahme.

ZSILLE Wurde dein Telefon vom Staatssicherheitsdienst abgehört?

HEGEDÜS Wahrscheinlich wurden unsere Telefongespräche zeitweise abgehört. Zwischen 1955 und 1956 war die Liste der abgehörten Personen allerdings schon sehr zusammengestrichen worden. Die Liste mußte Gerö vorgelegt werden, und der siebte stark. Nicht etwa, weil sein Denken liberal gewesen wäre, sondern aus Sparsamkeitsgründen. Außerdem hatte Gerö, der ein intelligenter Mensch war, erkannt, daß die Abhörmanöver meistens ziemlich sinnlos waren. Anfang der fünfziger Jahre allerdings war die Liste noch ziemlich lang.

ZSILLE Du hast von der Angst gesprochen, die von euch Anfang der fünfziger Jahre Besitz ergriffen hatte. Hättest du deine Frau nicht ins Vertrauen ziehen können? Habt ihr euch nicht darüber unterhalten, was beispielsweise zu tun sei, wenn du eines Abends nicht mehr nach Hause gekommen wärst?

HEGEDÜS Nein, auf gar keinen Fall. Zwischen 1949 und 1953 sprach ich nicht einmal mit meiner Frau über das ganze Angstproblem. Man war voller Zweifel, weil man wußte, in was für eine Situation man da hineingeschlittert war. Vermutlich schämte ich mich auch, daß ich Angst hatte. Und meine Frau hätte mir vielleicht nicht einmal geglaubt, daß die Gefahr derart konkret und groß war, so wie ich sie sah. Meine Frau sah nur, daß ich in der Parteihierarchie immer höher kletterte. Und außerdem hatte sie die Kinder, um die sie sich vor allem kümmerte. Also ein solches Thema spielte zwischen uns überhaupt keine Rolle.

ZSILLE Auch nicht, als sich Familientragödien abspielten wie die des Innenministers Sándor Zöld?

HEGEDÜS Doch, darüber sprachen wir. Allerdings bezog ich eine solche Möglichkeit nicht auf mich. Ich unterhielt mich zwar mit meiner Frau über meine Zweifel hinsichtlich der Rajk-Affäre, doch erwähnte ich meiner Frau gegenüber nie, daß ich Angst hätte, auch gegen mich könne man einen solchen Schauprozeß anstrengen. Als ich von der Rajk-Verhandlung nach Hause kam, erzählte ich meiner Frau von der Szene mit Gábor Péter, wie der über dem Gericht gesessen und die Angeklagten starr beobachtet hatte. Wir hatten den Eindruck, daß hier ein sehr stark vorbereiteter Prozeß stattfand, der aber sicher nicht der Grundlage entbehrte.

ZSILLE Wußtest du, was mit Rajks wenige Monate altem Sohn passiert war, daß man ihn verschleppt und unter falschem Namen in ein staatliches Heim gesteckt hatte? Und überhaupt, wußtest du, was mit den Kindern der Hingerichteten und Eingesperrten passierte?

HEGEDÜS Konkret hatte ich davon keine Kenntnis, aber auch deshalb hatte ich Angst, ich hatte Angst um meine Kinder.

ZSILLE Als Repräsentant der stalinistischen Führung Ungarns warst du beim Volk alles andere als beliebt. Hast du etwas von dieser Atmosphäre des Hasses gespürt?

HEGEDÜS Selbstverständlich. Selbst meiner Verwandtschaft wurde ich entfremdet. In diesem Kreis war ich der einzige Funktionär. Die Entfremdung ging allerdings nicht so weit, daß man mir nicht die Meinung gesagt hätte. Eine wichtige Rolle spielte dabei meine Mutter. Sie hatte im Dorf die Funktion eines »Beschwerdebriefkastens« übernommen. Bei kleineren Problemen konnte ich helfen, aber die Lage insgesamt konnte ich natürlich nicht verändern.

ZSILLE Du lebtest isoliert, während deine Mutter mitten unter den Menschen lebte. Ich könnte mir vorstellen, daß sie für die Widersprüche des Systems eine bessere Antenne hatte als du.

HEGEDÜS Zweifellos. Im Dorf war sie sehr beliebt. Das erklärt auch, daß sie 1956 keine Probleme hatte. Das ist um so erstaunlicher, wenn man bedenkt, daß ich mich damals nicht mehr in Ungarn befand, daß ich in die Sowjetunion emigriert war. Allenthalben herrschte eine gewaltige Wut auf mich. Meine Mutter war mit meinem Schwager, meiner Schwester und deren Kindern in Ungarn geblieben. Sie bekamen von dieser Wut nichts zu spüren. Das läßt sich unter anderem damit erklären, daß sie im Dorf geblieben waren und das dortige schwere Leben auf sich genommen hatten. Sie hatten nie einen Sonderstatus. An einen Fall, an eine Ausnahme erinnere ich mich. Mein Schwager war wegen verschiedener Äußerungen verhaftet worden. Meine Schwester und meine Mutter schrieben mir einen verzweifelten Brief. Ich wendete mich an Rákosi. Der telefonierte nach Csorna, wo mein Schwager im Gefängnis saß, und prompt wurde er freigelassen. Danach sagte mir Rákosi, ich solle meinem Schwager sagen, er möge weniger reden. Mein Schwager ist ein sehr anständiger Mensch, der lediglich seine Meinung gesagt hatte, und die wich natürlich von der offiziellen Parteimeinung ab.

ZSILLE Psychologisch läßt es sich sicher erklären, daß du als Repräsentant der obersten Staatsführung gegenüber den Nachrichten von den Verhaftungen gleichgültig wurdest. Aber schwerer war es sicher, zur Tagesordnung überzugehen, wenn man unmittelbar mit Fällen unschuldig Leidender konfrontiert wurde. Kamst du in der Praxis mit solchen Fällen in Berührung?

HEGEDÜS Den Fall von László Tóth, der sich gegen Gábor Péter aufgelehnt hatte, habe ich bereits erwähnt. Wenn jemand in meiner Umgebung wegen einer Sache grundlos verdächtigt wurde, schritt ich nach Möglichkeit ein. So schützte ich beispielsweise meine Mitarbeiter in der Landwirtschaftsabteilung des Zentralkomitees oder später im Ministerium. In »grenzüberschreitenden« Angelegenheiten konnte ich allerdings nicht helfen. Bis zum heutigen Tage schäme ich mich, daß ich nichts für die ungarischen Partisanen tun konnte, die in Jugoslawien gekämpft haben. Ohne das Wesen des Stalinismus zu begreifen, können wir auch nicht den Mechanismus und die Mentalität des Systems, die Situation und die Rolle der Führer verstehen. Wenn wir verstehen, was Stalinismus ist, dann wird auch meine Rolle deutlich.

18. Der Große Bruder

ZSILLE Wie gingen die Russen mit euch um?

HEGEDÜS Zum Empfang der Delegationen hatte sich ein spezieller Ritus herausgebildet. Alles lief sehr freundlich ab, mit viel Wodka und gutem Essen.

ZSILLE Ich denke an wesentlichere Dinge. Sagte man euch, was ihr zu tun hättet, und habt ihr das dann auch getan?

HEGEDÜS Nein, sie zeigten und erklärten uns etwas, wie gut das sei, und wie nützlich es wäre, wenn wir es übernähmen. Von Befehlen konnte keine Rede sein.

ZSILLE Und ihr habt tatsächlich geglaubt, daß es sich nur um einen Vorschlag und nicht etwa um einen Befehl handelte?

HEGEDÜS Ja, wir glaubten das. Hätten wir die Arbeit und die Ergebnisse der Kolchosen zum Beispiel genauer unter die Lupe genommen, dann hätten wir erkennen müssen, daß uns eine sehr primitive Landwirtschaftstechnik empfohlen worden war.

ZSILLE Das war allerdings nur die eine Art, wie die Sowjets ihre »Erfahrungen« weitergaben. Die andere bestand darin, daß auf den meisten Gebieten von Anfang an sowjetische Berater tätig waren. Die Berater waren nicht nur in Industrieunternehmen anzutreffen, sondern auch bei politischen Körperschaften, beim Militär und bei der Polizei. Welche Funktion hatten die Berater, und wie ließ sich ihre Anwesenheit in einem angeblich souveränen Land rechtfertigen?

HEGEDÜS Die Präsenz der Berater wurde damit gerechtfertigt, daß man einfach behauptete, die sowjetische Landwirtschaft, die Polizei oder das Militär seien entwickelter als in Ungarn. Auf dem Gebiet des Militärs traf das auch zu. In der Landwirtschaft kam den sowjetischen Beratern zudem eine andere Rolle zu. Sie waren nicht besser als unsere Fachleute; ihre Aufgabe bestand vor allem darin, uns eine Produktionsstruktur entsprechend Stalins Vorstellungen aufzuzwingen. Gerö erklärte mir genau, weshalb ungarische Baumwolle und ungarischer Kok-Saghys notwendig seien. Der dritte Weltkrieg sei unvermeidlich, sagte er. Das klang keineswegs unwahrscheinlich, da damals gerade der Korea-Krieg begonnen hatte. Stalin bereitete sich mit ganzer Kraft auf den dritten Weltkrieg vor. Ein Teil dieser Vorbereitung war die Produktion von Baumwolle und Kok-Saghys. Beide Stoffe seien aus strategischer Sicht wichtig, wurde behauptet. Stalin rechnete damit, daß über die Sowjetunion und über die sozialistischen Länder eine Blockade verhängt werden würde. Man hätte getrost vorhersagen können, daß der Anbau von Baumwolle und Kok-Saghys in Ungarn keinerlei Aussicht auf Erfolg haben würde. Dennoch gab es auch unter ungarischen Fachleuten Anhänger dieser vollkommen unsinnigen Idee. Doch auch wenn es anders gewesen wäre, niemand hätte gewagt, Stalin zu widersprechen. Auch Chruschtschow sagte zehn Jahre später niemand, wie naiv seine Vorstellungen von der Landwirtschaft wären, obwohl das die Meinung aller Fachleute war. Allem Anschein nach ist diese Haltung charakteristisch für das System.

Chruschtschow sah ich 1946 zum ersten Mal. Er war Erster Parteisekretär in der Ukraine. Ich fuhr mit einer

Landwirtschaftsdelegation in die Sowjetunion. Chruschtschow empfing mich in seinem Arbeitszimmer. Ich erinnere mich, daß er sehr nett war. Es überraschte mich, daß ringsum an der Wand seines Arbeitszimmers Maisstroh stand. Frisches Maisstroh. Das erschien mir komisch. Aber er liebte den Mais. 1952 oder Anfang 1953 – ich war Landwirtschaftsminister – war es Rákosi gelungen, Stalin davon zu überzeugen, daß wir in der Landwirtschaft wichtige Dinge machten. In der DDR gab es gerade Probleme mit der Landwirtschaft. Stalin rief Ulbricht an, er solle nach Ungarn fahren und unsere Methoden studieren. Natürlich befand sich die ostdeutsche Landwirtschaftskultur auf einem viel höheren Niveau als unsere. Aber Ulbricht kam trotzdem. Er saß drei Tage zusammen mit mir im Auto. Wir fuhren über Land, besuchten landwirtschaftliche Produktionsgenossenschaften und ein Staatsgut nach dem anderen. Ulbricht sprach die ganze Zeit über kein einziges Wort. Er saß nur mürrisch da, stieg aus dem Auto aus und wieder ein, fragte jedoch nichts. Es war ihm anzusehen: Der Parteisoldat führte einen Befehl aus.

ZSILLE Kehren wir zur Rolle der sowjetischen Ratgeber zurück.

HEGEDÜS In welchem Umfang sich die Berater in die Angelegenheiten einmischten, das hing von der Autonomie der ungarischen Parteiführer und Minister ab. Bis Ende 1953 beispielsweise schenkte ich den sowjetischen Beratern mehr Gehör als Imre Nagy. Nach 1953 emanzipierte ich mich und leitete große Diskussionen beispielsweise über die Mitschurin-Theorie ein.

ZSILLE Bis wann gab es sowjetische Berater in Ungarn?

HEGEDÜS Ich glaube, die ganze Zeit über.

ZSILLE Worin sahen die sowjetischen Berater ihre Aufgabe? Glaubten sie tatsächlich, besser zu sein als die ungarischen Fachleute?

HEGEDÜS Ja. Sie verhielten sich mit umgekehrtem Vorzeichen so wie wir uns in der Sowjetunion. Wir wollten dort nicht das Schlechte sehen, sie erkannten bei uns nicht das Gute. Wären sie auf keine Mißstände gestoßen, hätten sie gleich den Zug besteigen und nach Hause fahren können.

ZSILLE Ein anderes Kapitel der sowjetisch-ungarischen Wirtschaftsbeziehungen sind die Verträge. Stimmt es, daß viele für Ungarn nachteilige Wirtschaftsverträge mit der Sowjetunion abgeschlossen worden sind?

HEGEDÜS Meiner Meinung nach kann nicht von nachteiligen Wirtschaftsverträgen gesprochen werden. Es ist nur schwer vorstellbar, daß Ernö Gerö oder Zoltán Vas nach der teilweisen Bezahlung der Reparationskosten bewußt nachteilige Verträge abgeschlossen hätten. Denn auch sie besaßen ein elementares Interesse an der Vermeidung wirtschaftlicher Schwierigkeiten in Ungarn.

ZSILLE Wurden die Verträge von der Sowjetunion diktiert?

HEGEDÜS Nein, sie waren Ergebnis langwieriger Diskussionen. Jetzt mache ich zeitlich einen kleinen Sprung, denn wovon ich rede, das geschah nach 1953. In dieser Zeit konnten wir unsere Handelsverträge nicht nur mit der Sowjetunion, sondern mit allen Volksdemokratien erst nach langen Diskussionen abschließen. Ich erinnere mich an eine Diskussion mit den Polen. Wir konnten den Vertrag nicht unter Dach und Fach bringen, weil die Polen für ihre Steinkohle Artikel haben wollten, die wir nicht produzierten, die wir nur im Westen hätten einkaufen können. Zum Beispiel Kakao und Kaffee. Ich erklärte vergebens, daß es in Ungarn keinen Kaffee und Kakao gäbe. Natürlich hatten die Polen nicht ganz unrecht – und das ist bis zum heutigen Tag eines der Grundprobleme des RGW –, denn sie hätten die Kohle in jener Zeit auch in den Westen gegen harte Devisen exportieren können, wofür sie Kaffee und Kakao hätten einkaufen können. Für sie war es natürlich nachteilig, uns die Steinkohle gegen Waren zu überlassen, die sie eigentlich nicht wollten. Auch die Sowjetunion beklagte sich, daß der ungarische Handel für sie nachteilig sei, weil wir für russisches Erdöl und Eisenerz mit Ausnahme von Uran und Bauxit, das auch im Westen gegen Devisen hätte verkauft werden können, nur im Grunde unerwünschte Waren austauschten. Eine andere Frage ist dabei natürlich, daß unser erhöhter Bedarf an Rohöl und Eisenerz Ergebnis einer verfehlten Wirtschaftspolitik war. Dieser Bedarf war die Folge eines vollkommen falschen Industrialisierungs-Konzepts. Statt die Landwirtschaft zu entwikkeln, hatten wir Stalins Konzeption akzeptiert, daß es ohne Schwerindustrie keinen Sozialismus gebe. Die ungarische Konzeption der Industrialisierung hat nicht zuletzt in der Landwirtschaft Schäden verursacht.

ZSILLE Wir sprachen noch nicht über die politischen Beziehungen zwischen der Sowjetunion und den osteuropäischen Ländern. Es heißt, daß es geheime Telefone gab, die in Budapest, Prag, Warschau, Sofia und Ost-Berlin klingelten, wenn in Moskau gewählt wurde. Gab es solche Telefone, und wer von den ungarischen Führern hatte ein solches auf seinem Tisch stehen?

HEGEDÜS Ein solches Telefon gab es und gibt es vermutlich noch immer. Es klingelt auf dem Tisch des Ersten Sekretärs. Auch der Ministerpräsident hatte ein solches Telefon. Allerdings erinnere ich mich nicht, es während meiner Ministerpräsidentschaft auch nur einmal benutzt zu haben. Der Kontakt zu Moskau war vor allem Sache des Generalsekretärs. In jener Zeit gab es außer dem normalen Telefonnetz drei Sonderleitungen. Die eine Leitung verband uns mit Moskau, die zweite war einem engeren Führungskreis vorbehalten, und an die dritte Leitung war ein weiterer Führungskreis angeschlossen, zum Beispiel die Parteisekretäre des Komitats. Es handelte sich hierbei um das sogenannte K-Telefon. In jedem Komitat gab es davon vier bis fünf. Außer dem Bezirksparteisekretär waren der Ratsvorsitzende des Komitats, der Polizeipräsident und unter Umständen der Militärkommandant an dieses Telefonnetz angeschlossen.

ZSILLE Wer nahm auf der anderen Seite in Moskau den Telefonhörer ab?

HEGEDÜS Rákosis Telefon klingelte in Stalins Sekretariat. Wenn Rákosi Stalin etwas mitteilen wollte, sprach er mit dem Leiter des Stalin-Sekretariats. Mit Stalin selbst hat Rákosi wahrscheinlich nur sehr selten gesprochen.

ZSILLE War auch der sowjetische Botschafter in Budapest an dieses Telefonnetz angeschlossen?

HEGEDÜS Der Botschafter war über die K-Leitung zu erreichen, aber er hatte auch eine Nummer für das dem engeren Kreis vorbehaltene Telefonnetz.

ZSILLE Wurden diese Leitungen von der Geheimpolizei abgehört?

HEGEDÜS Ich glaube ja.

ZSILLE Wir sprachen bereits über die Aufgabe der sowjetischen Berater. Kam den sowjetischen Beratern auf militärischem Gebiet ebenfalls eine besonders große Bedeutung zu?

HEGEDÜS Als Mihály Farkas Verteidigungsminister war, hatten die Berater wenig zu tun. Als Bata Verteidigungsminister wurde, nahm ihre Bedeutung wahrscheinlich zu. Farkas besaß bei den sowjetischen Militärführern Autorität. Er brauchte keine Ratschläge. Er tat ohnehin nur das, wovon er meinte, es werde den sowjetischen Militärs gefallen. Bata andererseits war ein mittelmäßiger Mensch ohne jede militärische Ausbildung. Unter seiner Führung nahm die Bedeutung der sowjetischen Berater zwar zu, aber in der Praxis führte das zu keinerlei Veränderungen.

ZSILLE Worin ist der Grund dafür zu sehen, daß ihr die hohen Militärränge so großzügig verteilt habt? Aus einem Straßenbahnschaffner oder Metzgergesellen wurde ein Generalleutnant oder ein Generaloberst. Spielte in euren Entscheidungen militärische Fachkompetenz eine derart geringe Rolle, daß nur politische Gesichtspunkte Berücksichtigung fanden?

HEGEDÜS In diesen Positionen ja. Da zählte die Politik. Im Generalstab und in verschiedenen technischen Bereichen allerdings wurde fachliche Kompetenz durchaus gefordert.

ZSILLE Wie war es mit der Zuverlässigkeit dieser Armee bestellt? War es für euch nicht eine große Überraschung, als in der Zeit der Revolution 1956 verschiedene Verbände zu den Revolutionären überliefen oder sich auflösten?

HEGEDÜS Dazu eine interessante Episode: Es scheint, als habe Mao Tse-tung das Verhalten der ungarischen Armee im Krisenfall bereits im Jahr 1955 vorausgesehen. Eines der denkwürdigsten Ereignisse meiner Chinareise war die Einladung der ungarischen Delegation durch das von Mao Tse-tung geführte Politbüro. Ich sehe den Empfangssaal von Mao Tse-tung genau vor mir. Neben dem Empfangssaal befand sich ein Konferenzsaal, in dem wir zu dritt – Mihály Szalvai, der chinesische Botschafter und ich – an der einen Seite des Tisches saßen. Auf der anderen Seite hatte das Politbüro Platz genommen: neben Mao Tse-tung, Tschou En-lai, Liu Schao-tschi und Tschu Te. Nur einer sprach: Mao Tse-tung. In der Sache bezog sich unser Gespräch nur auf ein Thema. Mao Tse-tung fragte wiederholt, ob wir uns hinsichtlich der Zuverlässigkeit der ungarischen Armee sicher seien. Als ich versuchte, auf meine Weise zu erklären, daß das nur natürlich sei, da es sich ja um eine Volksarmee handle, da sich das Offizierskorps aus Männern des Volkes rekrutierte, brachte er immer wieder Gegenargumente vor. Es sei noch nicht lange her, daß die ungarische Armee auf der Seite des Hitler-Faschismus gekämpft habe; in Ungarn habe es keine wirkliche Partisanenbewegung gegeben. Also setze sich das Offizierskorps offensichtlich aus Menschen zusammen, die der Zufall zusammengeführt habe und die noch keinerlei militärischen Prüfungen ausgesetzt gewesen seien. Ich bestand darauf, daß die ungarische Armee jeder Situation gewachsen und vollkommen zuverlässig sei, wenn es um die Verteidigung des Systems und der Staatsführung gehe. Daran mußte ich in den letzten Tagen im Oktober 1956 viel denken.

19. Rákosi, der beste Vater

ZSILLE Eines der wichtigsten Merkmale des Stalinismus ist der Personenkult. Ist er ein Bestandteil der kommunistischen Systeme?

HEGEDÜS Ich glaube, der Personenkult ist ein Bestandteil aller monolithischen Systeme. In diesen Systemen geht die Lenkung von einem Zentrum aus. Und dieses Zentrum muß personifiziert werden. In pluralistischen Systemen kann sich ein solcher Personenkult nicht herausbilden, weil hier verschiedene gesellschaftliche Interessengruppen, politische Parteien und ideologische Richtungen miteinander konfrontiert werden. In den monolithischen Systemen befindet sich eine außerordentlich schmale Führungsschicht an der Spitze der Macht. Die kollektive Führungsform ist im allgemeinen von kurzer Dauer. Wenn dann die Führung in die Hand einer einzigen Person gelangt, dann liegt es im Interesse des Systems, um diese einen Nimbus aufzubauen, weil sich das auf das Funktionieren des Systems vorteilhaft auswirkt. Die lokalen Ungerechtigkeiten werden beispielsweise dadurch gerechtfertigt, daß der Führer nicht genau weiß, was im Land geschieht, was die Mitarbeiter in seinem Namen tun. Er denkt in historischen Perspektiven, neben seinen Zielen schrumpfen die individuellen Beschwerden zu einem Nichts zusammen. Bemerkenswert ist, daß in den monolithischen Systemen immer noch ein ziemlicher Personenkult herrscht, obwohl die klassische Periode des Stalinismus längst hinter uns liegt. Der Personenkult, der für die Stalinzeit charakteristisch war, ist soziologisch nichts anderes als der Personenkult, der sich um Enver Hodscha, Tito, Ceausesçu und Fidel Castro herausgebildet hat.

ZSILLE Der Personenkult um Rákosi Anfang der fünfziger Jahre erscheint nicht nur heute schwachsinnig und erniedrigend, für einen denkenden Menschen war er das wohl auch damals. Warst du eifersüchtig auf Rákosi?

HEGEDÜS Ich war nicht eifersüchtig. Uns trennte eine ganze Generation. Rákosi hatte eine große Vergangenheit hinter sich. Gerö hätte eifersüchtig sein können, doch das entsprach nicht seinem Naturell. Ich verstehe selbst nicht, daß Gerö, der ein intelligenter Mensch war, sich nicht gegen den Personenkult gewendet hat. Aus heutiger Sicht verstehe ich mich selbst nicht, daß ich nicht aufmerksam wurde auf die massenhaften Geschmacklosigkeiten. Es kann kaum eine Entschuldigung sein, daß ich Rákosi nie wirklich beweihräuchert habe, auch wenn ich in meinen Reden von ihm als dem besten Schüler Stalins sprach. Vielleicht glaubte ich es tatsächlich, weil ich glauben wollte, daß der Personenkult um Rákosi nicht künstlich, sondern aufrichtig und vom Volk kommend war. Andererseits fand natürlich auch ein Kampf gegen den Personenkult statt, allerdings nicht gegen Rákosis Personenkult. Im »Szabad Nép« war ein Artikel zu lesen, daß die Vorsitzende der Gewerkschaft der Hausmeister einen Personenkult um sich veranstalte, und das sei dem Sozialismus fremd. Diese Frau hatte ihr eigenes Bild in die Zimmermitte gehängt und das Bild Rákosis an die Seite. Also so kämpften wir gegen den Personenkult. Das ist vielleicht noch peinlicher, als wenn wir gar nichts getan hätten.

ZSILLE Es trifft zwar zu, daß Rákosi die Nummer 1 des Personenkults war, doch auch um euch, um die anderen kommunistischen Führer, hatte sich ein Personenkult herausgebildet. Unternommen habt ihr eigentlich nichts dagegen.

HEGEDÜS Bis 1953 gab es um uns kaum Personenkult. Als Rákosis Personenkult später zerbröckelte, entstand ein Personenkult um Imre Nagy. Um dem entgegenzuwirken, wurden Gerös und auch meine Popularität erhöht.

ZSILLE Zwischen Imre Nagy und den anderen kommunistischen Führern bestehen aber gewisse Unterschiede. Ganz im Gegensatz zu euch genoß er im Volk tatsächlich Sympathien.

HEGEDÜS Imre Nagy – sehen wir einmal ab von 1956 – hatte sich in Ungarn zweimal großes Ansehen erworben, einmal zur Zeit der Bodenaufteilung und zum zweiten Mal mit seinem Regierungsprogramm im Jahre 1953. Sein Name verbindet sich mit positiven historischen Entwicklungen, die seine Popularität verständlich machen. Die Umstände seiner Ablösung 1955 erhöhten diese Popularität nur. In dieser Zeit allerdings, von der wir sprechen, nämlich zwischen 1950 und 1953, war Imre Nagy nicht populärer als die anderen politischen Führer.

ZSILLE Laut Georg Lukács gehört es zum Wesen des stalinistischen Systems, daß von oben nach unten überall kleine Stalins sitzen, die auf ihre Weise um sich herum einen Personenkult schaffen.

HEGEDÜS Was die sogenannten Paschaallüren angeht, so war das ein allgemeines Phänomen, das insbesondere auf der Ebene der Bezirksparteisekretäre gefährlich war.

ZSILLE Habt ihr im Ernst daran geglaubt, daß die Menschen aus Begeisterung am 1. Mai demonstrierten?

HEGEDÜS Das glaubten wir tatsächlich. Ich erinnere mich an die Maidemonstrationen nach 1945, als wir mit Familienangehörigen, Bekannten, Verwandten und Freunden zur Demonstration wie zu einem Volksfest gingen.

ZSILLE In meiner Erinnerung an die fünfziger Jahre ist nur das Wissen um den Demonstrationszwang übriggeblieben.

HEGEDÜS Sicher hat sich die Atmosphäre verändert, aber davon haben wir nichts gemerkt. Als wir auf der Tribüne standen, meinten wir, an einem 1. Mai teilzunehmen wie eh und je.

ZSILLE Was war das für ein Gefühl, dort auf der Tribüne zu stehen? Man ließ euch hochleben und trug eure Bilder an euch vorbei.

HEGEDÜS Das gehörte in einem gewissen Sinn zur Befriedigung des Machtrausches dazu. Als mir die Macht bereits lästig geworden war und zur Flucht keine Möglichkeit bestand, verschwand der Zauber der Macht. Nach 1953 aber wurde mir klar, wie grotesk das alles war, auf der Tribüne zu stehen und den Vorbeimarsch entgegenzunehmen.

ZSILLE Als du 1950 und 1951 dort auf der Tribüne gestanden bist, hast du da geglaubt, daß man dich liebte?

HEGEDÜS Ja und nein. Aber eher nein, denn damals begegnete ich schon auf Schritt und Tritt dem Gefühl des nationalen Widerstands. Allerdings wurde dieses Gefühl noch durch die Angst und das Bewußtsein des Parteifunktionärs unterdrückt. Ich möchte hier über eine der wesentlichsten Fragen des Stalinismus sprechen, wodurch die Situation eines führenden Funktionärs, wie ich einer war, vielleicht begreiflich wird. Man muß verstehen, daß der kommunistische Führungskern, der zahlenmäßig gar nicht so klein war, denn zu ihm gehörten die Mitglieder des Zentralkomitees, die Bezirksparteisekretäre und die Parteifunktionäre, unerschütterlich davon überzeugt war, eine fortschrittliche, eine neue Gesellschaft aufzubauen, den Sozialismus. Gleichzeitig sollte der Nation ein stalinistischer Rahmen aufgezwungen werden. Die Nation protestierte dagegen. Um 1948/49 war die kommunistische Führung entschlossen, die Gesellschaft auf den Weg des Sozialismus zu führen. Stattdessen wurde die Gesellschaft auf den Weg des Stalinismus gezwungen. Der nationale Widerstand wurde auf allen Ebenen deutlich. Viel stärker als ich bekamen der Parteisekretär auf dem Dorf, der Chef des Polizeireviers, der LPG-Vorsitzende oder der Direktor eines Staatsguts die Ablehnung zu spüren. Im Gegensatz zu uns hatten sie ständigen Kontakt zu den Menschen. Den Widerstand versuchten wir durch zunehmend irrationale Repressionen zu brechen. Dies löste noch stärkeren nationalen Widerstand aus.

ZSILLE Auch wenn wir davon ausgehen, daß eure Absichten ehrlich waren, daß ihr die Nation glücklich machen wolltet, hättet ihr doch den euch entgegenstehenden Willen der Nation akzeptieren müssen.

HEGEDÜS Wir waren immer der Meinung, daß nicht die Nation sich dem Aufbau des Sozialismus widersetzt, sondern lediglich einzelne Gesellschaftsschichten. Nach unserer Auffassung konnten nur die gegen uns sein, die sich dem Sozialismus aus Eigeninteresse, aus Klasseninteresse oder aus Schichteninteresse widersetzten.

Die Repräsentanten der Macht haben diese typisch stalinistische Denkweise bis zum heutigen Tage nicht überwunden.

ZSILLE Zwischen dem System von heute und den Jahren des Stalinismus besteht insofern kein Unterschied, als das Volk weder damals noch heute nach seinem Willen gefragt worden ist. Wäre es so gesehen nicht gerechtfertigt, auch heute von einem Fortleben des Stalinismus zu sprechen?

HEGEDÜS Im wesentlichen herrscht in Osteuropa, würde ich sagen, ein Neostalinismus. Die Institutionen der Stalinschen Struktur sind unverändert erhalten geblieben. Gerade wegen des monolithischen Rahmens sind diese Gesellschaften als neostalinistisch zu betrachten. Innerhalb dieses Rahmens allerdings wechseln verschiedene politische Kurse einander ab. So gab es in Ungarn beispielsweise zwischen 1964 und 1972 eine liberale Periode. Und seit 1978 können wir wieder von einer liberalen Periode sprechen.

ZSILLE Mit anderen Worten, der Stalinismus war in der osteuropäischen Entwicklung kein Betriebsunfall, sondern eine natürliche Folge der Realisierung des Marxismus-Leninismus.

HEGEDÜS Solange die Gesellschaftssysteme ihren monolithischen Charakter nicht ablegen, werden sie auch den Schatten des Stalinismus nicht überwinden können.

20. Massenterror, Sozialistischer Humanismus, Ungarischer Gulag

ZSILLE Die Aufhebung der Autonomie der Gerichte war ein wichtiger Bestandteil des Stalinschen Terrorsystems.

HEGEDÜS In den bürgerlichen Gesellschaften gilt als eine der Hauptgarantien für die Einhaltung der Menschenrechte die Unabhängigkeit von Polizei, Gericht und Staatsanwaltschaft. Allerdings ist diese Unabhängigkeit auch dort oft zweifelhaft. In den fünfziger Jahren gerieten diese drei Organe in Ungarn unter die Kompetenz der Partei. In wichtigeren Fällen entschied die Partei. Der Zufall brachte es mit sich, daß Gyula Alapi, der in der schlimmsten Periode des Terrors Generalstaatsanwalt war, der auch im Rajk-Prozeß die Anklage vertreten hat, in den siebziger Jahren nach Fonyód zog, wo auch ich mir eine Wohnung gebaut habe. Ich unterhielt mich des öfteren mit ihm über den Rajk-Prozeß. Er war nicht bereit zuzugeben, daß er Rajk im ÁVO-Gefängnis verhört hat. Er behauptete, das Verhör habe in der Staatsanwaltschaft stattgefunden und er habe nichts davon gewußt, daß die Anklage zurechtkonstruiert worden war. Das nehme ich Gyula Alapi nicht ab. Ich bin überzeugt davon, daß er in der Rajk-Affäre ganz eng mit Gábor Péter und dessen Generalstab, mit Ernö Szücs, Wladimir Farkas und den sowjetischen Beratern zusammengearbeitet hat. Alapi behauptet, er sei in die ganze Konzeption nicht einbezogen worden.

ZSILLE Bezieht sich das auch auf den Kammerpräsidenten

Jankó, der das Todesurteil gegen Rajk und viele andere gefällt hat, der später selbst in die Fänge des ÁVO geriet und zu Tode gefoltert wurde?

HEGEDÜS Mit Sicherheit.

ZSILLE Gábor Péter war einer derjenigen, der den ungarischen Polizeiterror verkörperte. Später wurde er von seinen Genossen verhaftet, allerdings nicht wegen der grausamen Folterungen, die er gegen andere angewandt hatte, sondern deshalb, weil er Jude war. Der Befehl dazu war von Stalin gekommen. Rákosi, selbst Jude, wie sämtliche Mitglieder des Vierergespanns, führte den Befehl ohne mit den Wimpern zu zucken aus. Warf es für die oberste Führung keine Probleme auf, trotz der eigenen Zugehörigkeit zum Judentum eine antisemitische Politik durchsetzen zu müssen?

HEGEDÜS Obwohl das Judentum in der bürgerlichen Entwicklung ein wichtiges Element war, ebbte der Antisemitismus in Ungarn nie ganz ab. Vor allem die jüdische Jugend spürte die Widersprüchlichkeit ihrer Lage, insbesondere nach 1919, als die Diskriminierung zunahm, weil die jüdische Jugend an der proletarischen Revolution und an der Komintern aktiv beteiligt gewesen war. Die Juden spielten auch zwischen den beiden Weltkriegen in der kommunistischen und in der sozialdemokratischen Bewegung eine Rolle. Die Mehrheit der aktiven Mitglieder der ungarischen kommunistischen Partei während des Zweiten Weltkriegs in Ungarn, aber vor allem in der Moskauer Emigration war jüdischer Herkunft. Nach 1945 trat ein großer Teil derjenigen Juden, die den Arbeitsdienst und die Todeslager überlebt hatten, linken Bewegungen bei. Für die Mehrheit war es selbstverständlich, sich für die kommunistische

Partei zu entscheiden, die am radikalsten dem Faschismus entgegengetreten ist. Vor allem unter den Angehörigen der Politischen Polizei und der Staatsschutzabteilung fanden sich viele Juden, die monate- oder gar jahrelang in Todesangst gelebt hatten und sich nun – oft unbewußt – rächen wollten. Dadurch belebte sich der ohnehin immer existierende Antisemitismus in der Gesellschaft erneut. Die kommunistische Partei reagierte auf diese Entwicklung nicht mit einer Untersuchung der historischen Rolle des Judentums, sondern das Problem wurde gemäß der monolithischen Ideologie tabuisiert. Die Leute um Rákosi waren nicht im religiösen Sinne Juden. Aber sie bekannten sich auch nicht zu den jüdischen Traditionen und zum familiären jüdischen Hintergrund. Sie waren Internationalisten, die in der Emigration ihre Verbindungen zum Ungartum und zum Judentum aufgegeben hatten. Damit gerieten sie in Konfrontation zur entscheidenden Mehrheit des ungarischen Judentums, dessen Beziehungen zu den jüdischen Traditionen und zur ungarischen Nation gleichermaßen stark waren.

ZSILLE Rákosi sprach allerdings auch von einem faschistischen Volk, von einer faschistischen Nation. Läßt sich diese Meinung von den Ungarn nicht auf jüdische Wurzeln zurückführen?

HEGEDÜS Meiner Meinung nach nicht. Viel eher auf die Tatsache, daß Rákosi und seine Leute nach einem erfolglosen antifaschistischen Widerstand aus Moskau nach Ungarn zurückgekehrt waren. Sie hatten Ungarn nicht zum Aussteigen aus dem Krieg veranlassen können, und sie hatten keinen Partisanenkrieg initiieren können wie die Jugoslawen oder die Slowaken. Rákosi und seine Leute lasteten dieses Versagen dem ungarischen Volk an, statt die Fehler bei sich selbst zu suchen.

ZSILLE Als du in die oberste Führung gelangt bist, war es für dich von Vorteil oder von Nachteil, kein Jude zu sein?

HEGEDÜS Es war unbedingt vorteilhaft für mich. Die aus Moskau zurückgekommenen Führer wollten auf jeden Fall eine Magyarisierung durchführen. Meine bäuerliche Herkunft war bei meiner Auswahl ein wichtiges Motiv. Bei der zwanzig Jahre später gegen mich durchgeführten Kampagne zwecks Ausschluß aus der Partei gab es Grundorganisationen, die mich deshalb verurteilten, weil ich ihrer Meinung nach der Führer einer jüdischen zionistischen oppositionellen Gruppe sei, andere Grundorganisationen dagegen vertraten die Auffassung, ich stünde an der Spitze einer antisemitischen parteifeindlichen Gruppe, ich repräsentierte eine rechtsorientierte faschistische Richtung.

ZSILLE Über den Polizeiterror, der sich gegen bestimmte Gruppen und Personen richtete, sprachen wir schon. Doch wir haben noch nicht über den Polizeiterror im allgemeinen gesprochen, der die gesamte Bevölkerung in Schrecken versetzte. Gehörte auch das zum Wesen des Systems?

HEGEDÜS Man darf nicht vergessen, daß in Ungarn allein schon aufgrund der geschichtlichen Vorkommnisse viel härtere Vergeltungsmaßnahmen stattfanden als in den Nachbarstaaten. Die unfreiwillige Teilnahme Ungarns am Krieg, die Vernichtung der zweiten Armee, der sechs Monate währende sinnlose Terror der Pfeilkreuzler, die Deportation der Juden aus der Provinz nach Deutschland noch vor der Herrschaft der Pfeilkreuzler

– das waren die Ereignisse, die alle zum Entstehen eines Vergeltungsmechanismus beitrugen. Die Vergeltungsmaschinerie bestand aus der Politischen Polizei, der späteren Staatsschutzabteilung, und der Militärpolitischen Abteilung. Die Angehörigen dieser beiden Institutionen überschritten schon unmittelbar nach dem Krieg den vertretbaren Rahmen. Die Vergeltung nahm nicht nur gegenüber politischen Führern, sondern auch gegenüber den kleinen Leuten ein überzogenes Ausmaß an. Nach der Vergeltung der Kriegsverbrechen folgte der Kampf um die Macht. Nach verschiedenen Berechnungen wurden zwischen 1947 und 1956 ungefähr 800 Menschen zum Tode verurteilt. Ich halte es nicht für ausgeschlossen, daß die Schätzung der Todesurteile zu niedrig liegt. Neben den zentral verfügten Terrormaßnahmen war auch der sogenannte Staatsterrorismus von Bedeutung, also Terrorhandlungen, die von Personen im Staatsdienst gegen Kulaken und Sozialdemokraten begangen wurden, ohne daß es dafür eine legale Grundlage gegeben hätte. Ich denke dabei zum Beispiel an die Polizisten oder Angestellten der Partei und Behörden, die in die Dörfer gegangen waren und die Bauern mißhandelt hatten, weil sie nicht in die LPG eintreten wollten. So bildete sich der staatlich institutionalisierte Terror heraus. Eine der schmerzlichsten Maßnahmen war die zentral verfügte Deportation der Budapester.

Was dabei geschah, wird allmählich in Filmen aufgearbeitet. Wenn es zu einer allgemeinen Rehabilitierung anläßlich des vierzigsten Jahrestages der Befreiung kommen sollte, so müßte man auch über diese Fälle sprechen. Und sprechen müßte man auch über Recsk, über die Organisation des ungarischen Gulag, wo in erster Linie andersdenkende Politiker verschwanden, die nicht vor Gericht gestellt werden konnten, weil ihnen eine Schuld selbst durch einen Scheinprozeß nicht nachgewiesen werden konnte.

ZSILLE 1950 wurden die sogenannten KÖMI-Unternehmen geschaffen. Hier arbeiteten – im allgemeinen in Bergwerken oder in der Landwirtschaft – ständig mehrere zehntausend Gefangene unter unmenschlichen Bedingungen. Im allgemeinen in Bergwerken oder in der Landwirtschaft. Am berüchtigtsten war sicher das von dir gerade angesprochene ÁVH-Arbeitslager von Recsk, wo die Gefangenen ohne Urteil arbeiteten und gefoltert wurden. Die Einrichtung der Zwangsarbeit existiert aber auch heute. 1984 wurde sogar eine Verordnung in Kraft gesetzt, wodurch die Anwendung der Zwangsarbeit auf sogenannte arbeitsscheue Elemente ausgedehnt werden kann. In welcher Form habt ihr damals im Politbüro und im Sekretariat vom Staatsterror Kenntnis erhalten?

HEGEDÜS Ideologisch stützten wir die Organisation der Internierungslager dadurch, daß wir sagten, es gebe viele feindliche Elemente, die nicht in einem organisierten Rahmen arbeiteten und die man so besser zur Arbeit zwingen könne.

ZSILLE Freilich bestand der ungarische Gulag nicht nur aus Recsk.

HEGEDÜS In der ersten Zeit gab es keinen Gulag, keine Arbeitslager. Das begann erst 1949. In dieser Zeit kam ein Emigrant namens Rudolf Garasin aus der Sowjetunion nach Ungarn zurück. Er war in der Sowjetunion mit der Organisation des Gulag befaßt gewesen. Ich weiß nicht, welchen Platz er in der Hierarchie einnahm, auf jeden Fall war er Fachmann in Sachen Gulag-Organisation. In Ungarn verlieh man ihm den Rang eines Generals oder eines Generalmajors. Er wurde der Oberkommandierende des Strafvollzugs. Seine Idee war es – die Erfahrung hatte er offenbar aus der Sowjetunion mitgebracht –, die Gefängnisarbeit wie ein Unternehmen zu organisieren. Über seine Tätigkeit stattete er unmittelbar Gerö Bericht ab. Von diesem erhielt er die Planziffern. Wenn die Menschen zur Erfüllung der Planziffern nicht ausreichten, wurde die Belegschaft erhöht.

ZSILLE Die andere schreckliche Maßnahme, über die wir bisher nur andeutungsweise sprachen, war die Zwangsaussiedlung.

HEGEDÜS Zur Zeit der Budapester Zwangsaussiedlung war ich bereits Mitglied des Sekretariats. Wir erklärten die Maßnahmen damit, daß viele Arbeiter in sehr schlechten Verhältnissen lebten und unter den gegebenen wirtschaftlichen Bedingungen keine Hoffnung auf eine Verbesserung der Wohnungsverhältnisse bestünde. Gleichzeitig lebten in Budapest Tausende von klassenfremden Elementen, die durch ihre westlichen Beziehungen und sonstigen Möglichkeiten in der Hauptstadt die Rolle der Fünften Kolonne spielten. In jener Zeit lag es gewissermaßen in der Luft, daß gegen den nationalen Widerstand derartige Maßnahmen getroffen werden mußten. Die Zwangsaussiedlung nahe der jugoslawischen Grenze wurde damit erklärt, daß zunehmende Grenzzwischenfälle zu erwarten seien, die früher oder später zum Krieg führen könnten.

ZSILLE Ist es glaubwürdig, daß ihr tatsächlich über den

Mord an den Juden empört gewesen seid, wenn ihr mit anderen Unschuldigen oder manchmal sogar mit denselben Leuten das gleiche getan habt?

HEGEDÜS Ich glaube, viele mußten daran denken. Natürlich auch ich. Aber da war die Ideologie, die alles zu rechtfertigen schien. Die Ideologie, daß in Ungarn eine sozialistische Gesellschaft errichtet wurde. Und diejenigen, gegen die sich diese Maßnahmen richteten, waren die Feinde der sozialistischen Gesellschaft. Wir betonten, daß es dabei um keine Rassenfrage ging. Repressionen wendeten wir deshalb an, weil jemand verdächtig geworden war. Es handelte sich um klassenfremde Elemente, die sich der neuen Ordnung entgegenstellten.

ZSILLE Ich kann keinen Unterschied darin erkennen, ob jemand von den Nazis deportiert wurde, weil seine Eltern Juden waren, oder von den Kommunisten deshalb, weil seine Eltern klassenfremde Elemente waren.

HEGEDÜS Heute sehe ich diese Frage natürlich auch in einem ganz anderen Licht. Damals hielt ich den Massenterror für etwas, das sich durch die sozialistischen Ideen rechtfertigen ließ, obwohl diese wegen des ihnen innewohnenden Humanismus den Massenterror ausschließen. Heute halte ich den Gedanken, den Sozialismus auf Massenterror aufzubauen, für vollkommen unzulässig. Keine Art von Massenterror kann durch die sozialistische Idee gerechtfertigt werden.

ZSILLE Gab es niemanden im Zentralkomitee oder im Politbüro, der seine Stimme gegen den Massenterror erhoben hätte?

HEGEDÜS Nein, niemanden. Doch als sich 1953 die Möglichkeit zur Einstellung des Massenterrors ergab, freute sich fast jeder darüber. Schuldbewußtsein wegen der begangenen Verbrechen war, glaube ich, in jedem von uns vorhanden, doch darüber sprachen wir nie miteinander. Wir unterdrückten das Schuldbewußtsein immer wieder und rechtfertigten uns mit ideologischen Argumenten. Ich war mir meiner Schuld eindeutig bewußt. In der Zeit vor dem Aufstand 1956 meinte ich, daß ich im Fall von politischen Veränderungen wohl zu Recht von einem Volksgericht zur Verantwortung gezogen werden könnte. Ich dachte, daß ich – sagen wir gemeinsam mit Gerö – den Tod akzeptieren würde, denn das, was ich getan hatte, hatte ich für eine Idee getan, die früher oder später siegen würde. Auch später noch war die Schuld in meinem Denken so verklärt.

ZSILLE Du hättest also einen Prozeß gegen dich, in dem du auf der Anklagebank gesessen und die Verantwortung für deine Taten übernommen hättest, für vorstellbar gehalten. Wie hätte die Anklage in einem solchen Prozeß ausgesehen? Denn von einer kollektiven Verantwortung kann man ja hier nicht sprechen?

HEGEDÜS Verantwortlich bin ich vor allem deshalb, weil ich als Mitglied der Führungsspitze der Nation ein System aufzwingen wollte, das ihr fremd war. Nicht einmal nach 1953 bemerkten wir unseren Irrtum. Im wesentlichen wollten wir auch weiterhin ein stalinistisches System aufrechterhalten.

ZSILLE Die Machtstruktur hat sich auch nach 1956 nicht verändert.

HEGEDÜS Die institutionelle Machtstruktur nicht. Die Machtausübung allerdings ist gemäßigter geworden. Damit ist es gelungen, den nationalen Widerstand vorübergehend zu verringern.

ZSILLE Eure grundlegenden Irrtümer sind aber nicht für alle Zeiten ausgeschlossen. Welche Konsequenzen lassen sich für einen Jugendlichen aus deinen Erfahrungen ziehen?

HEGEDÜS Meine Lebenserfahrungen sind, so glaube ich, nicht für Westeuropa gültig. Für Osteuropa allerdings lassen sich aus meinem Lebensweg mehrere Lehren ziehen. Auch für die Länder der Dritten Welt, wo sich fast überall die Anhänger von zwei Gesellschaftsmodellen gegenüberstehen.

ZSILLE Doch zurück in die fünfziger Jahre. 1951/52 warst du Mitglied der obersten Parteiführung, des Politbüros und des Sekretariats. Welche Regierungsfunktion hast du bekleidet?

HEGEDÜS Eine Regierungsfunktion hatte ich damals noch nicht inne. In der zweiten Hälfte des Jahres 1951 hatte sich ein gewisses Mißtrauen gegen mich herausgebildet. Meine Vorwürfe gegen Gábor Péter habe ich schon erwähnt. Péter antwortete darauf mit einer Überprüfung meines Vorlebens. Viel hat er zwar nicht gefunden, aber wegen der Herkunft meiner Mutter aus einer begüterten Bauernfamilie mißtraute man mir plötzlich. Allerdings nur kurze Zeit. Bald darauf wurde ich an die Spitze des Ministeriums der Staatsgüter berufen. Ich erhielt sehr jung einen Ministerrang, aber das bedeutete gleichzeitig meinen Rückzug aus der Parteizentrale. Ich blieb zwar weiterhin Mitglied des Sekretariats und des Politbüros, aber die Kontrolle über die Landwirtschaftsabteilung gelangte zusehends in Ernö Gerös Hand. Ich beschäftigte mich lediglich mit einem Teilgebiet der Landwirtschaft, mit den Staatsgütern.

ZSILLE Wie sah die Ernennung zum Minister in der Praxis aus? Ließ Rákosi dich rufen und sagte: »Hegedüs, von morgen an sind Sie Minister.«?

HEGEDÜS Rákosi oder Gerö sprach mit mir, ich erinnere mich nicht mehr genau, daß die Staatsgüter sich in einem unmöglichen Zustand befänden und daß ein neues Ministerium geschaffen werden müsse, dessen Führung ich übernehmen solle. Ich akzeptierte, eine andere Wahl hatte ich auch gar nicht. Ansonsten war das Jahr 1952 in meinem Leben die schlimmste Periode. In diesem Jahr entfaltete sich der Personenkult zu voller Blüte. Rákosi feierte seinen sechzigsten Geburtstag. Ihm zu Ehren wurden Schulen, Universitäten und Betriebe nach ihm benannt. Im August wurde Rákosi Ministerpräsident, allerdings nicht lange, denn ein Jahr später löste ihn Imre Nagy ab. Außenpolitisch spitzte sich die internationale Lage mit dem Korea-Krieg zu, der auch für uns immer teurer wurde.

ZSILLE Mußtet ihr auf sowjetische Anweisung hin zu den Ausgaben des Korea-Kriegs beitragen?

HEGEDÜS Wenn ich mich recht erinnere, bekamen wir dafür keine direkte Anweisung. Im allgemeinen kamen aus Moskau keine Anweisungen, sondern Wünsche, Vorschläge und Ratschläge, die wir allerdings als Anweisungen betrachteten. Die politische Atmosphäre wurde gespannt, als in der Sowjetunion ein neuer Antisemitismus aufflammte. Freunde von mir, die damals in Moskau waren, erzählten mir, welch starker und massenhafter Antisemitismus an den Universitäten herrschte. Es ist offensichtlich, daß diese antisemitische Welle direkt auf Stalins Initiative zurückging. In Ungarn wurde versucht, Stalins unangenehmer Anweisung zuvorzukommen, indem zwei Juden aus der obersten Führung entfernt wurden: Zoltán Vas und István Kovács. Diese »Entjudung« war freilich eine vollkommen komische Sache, da die vier obersten Führer – Rákosi, Gerö, Farkas, Révai – Juden waren und die Macht fest in Händen hielten. Zoltán Vas wurde nach Komló als Generaldirektor geschickt und István Kovács nach Borsod als Erster Parteisekretär. Also das war nicht so eine Säuberung wie im Fall János Kádár und Genossen. Zoltán Vas spricht zwar in seinen Memoiren davon, daß in Ungarn, ähnlich wie in der Sowjetunion der Ärzteprozeß, ein Judenprozeß geplant gewesen sei und daß er der Hauptangeklagte dieses Prozesses hätte sein sollen, zu dem es aber wegen Stalins Tod nicht mehr gekommen sei. Ich glaube nicht, daß dies der Wahrheit entspricht. Rákosi, Gerö, Farkas und Révai schützten sich einfach; sie wollten demonstrieren, daß sie im Zentralkomitee vor allem die nichtjüdischen Kader unterstützten.

ZSILLE Ungefähr in dieser Zeit fand in der Tschechoslowakei der Slansky-Prozeß statt.

HEGEDÜS Ende 1951, Anfang 1952. Das war wiederum eine eigentümliche kommunistische Sache. Slansky selbst hatte in der Slowakei die Parteisäuberung geleitet. Er hatte Husak und Genossen inhaftieren lassen.

ZSILLE Das war also noch nicht die »Entjudung«?

HEGEDÜS Nein, in der Tschechoslowakei nicht. Slansky war Jude. Die erste große Säuberungswelle, die von ihm geleitet wurde, erfaßte nahezu alle slowakischen Führer. Slansky kündigte in einer großen Rede an, daß mit dieser ersten Welle die Säuberung noch nicht zu Ende sei. Das sei erst der Anfang. Der Fortsetzung der Säuberung fiel er dann selber zum Opfer.

Doch zurück zur ungarischen Lage. Ich sprach bereits von dem Brief, in dem Stalin Rákosi mitteilte, daß Gábor Péter ein CIA-Agent sei. Rákosi zeigte den Brief niemandem im Sekretariat, dennoch besprach er vermutlich dessen Inhalt mit Gerö und Farkas. Gábor Péters Festnahme organisierte Rákosi selbst. Sehr umständlich, ein bißchen in der Art eines Pfadfinders, als sei die Angst real, daß Gábor Péter Widerstand leisten würde, wurde ein großes Aufgebot mobilisiert. Zusammen mit Gábor Péter wurde sein Generalstab verhaftet und auch Jolán Simon, Péters Ehefrau. Rákosi wollte wohl die Norm übererfüllen. Die Aktion war von László Piros geleitet worden, der Gábor Péters Nachfolger wurde.

ZSILLE Wann hast du von Gábor Péters Verhaftung erfahren?

HEGEDÜS Ich erinnere mich sehr gut daran, am ersten Arbeitstag des Jahres 1953 ließ Rákosi mich zu sich bitten und sprach über den Brief. Er teilte mir mit, daß er Gábor Péter und Gefährten bereits habe verhaften lassen. Péters Schuld und zugleich dessen Arroganz bewies laut Rákosi eindeutig ein Foto, auf dem Péter zusammen mit Dulles zu sehen war. Dieses Foto stammte aus dem Jahr 1945, aus jener Zeit, als Péter sich im Auftrag der Partei im Westen aufgehalten hatte, um über die Auslieferung ungarischer Kriegsverbrecher zu verhandeln. Es war ganz natürlich, daß er mit Dulles zusammengetroffen war. Und warum hätte er das Foto vernichten sollen? Hätte er es vernichtet, wäre das vermutlich ebenfalls als Beweis gegen ihn verwendet worden.

ZSILLE Glaubte Rákosi, daß Gábor Péter ein CIA-Spion sei?

HEGEDÜS Mir gegenüber tat er so. Ob er es wirklich glaubte, weiß ich nicht.

ZSILLE Hast du daran geglaubt?

HEGEDÜS Nein. Allerdings bedeutete sein Verschwinden aus dem politischen Leben eine große Erleichterung. Übrigens übte nicht nur Rákosi in dieser Affäre Selbstkritik, sondern auch Mihály Farkas.

ZSILLE Vielleicht spürten sie schon ihren Untergang?

HEGEDÜS Sie hatten einfach Angst. Sie hatten Angst, daß nach Gábor Péter sie an die Reihe kommen könnten. Wäre Stalin nicht gestorben, ich weiß nicht, ob dann nicht ein Mihály-Farkas-Prozeß auf der Tagesordnung gestanden wäre. Daß man Rákosi vor Gericht gestellt hätte, bezweifle ich, aber ein Farkas-Prozeß wäre eine logische Folge des Péter-Prozesses, des Slansky-Prozesses und all dessen gewesen, was in der Sowjetunion passiert war. Mir kam es schon sehr eigenartig vor, daß in der Sowjetunion seit Jahrzehnten die Befehlshaber des NKWD verschwanden. Péter hat sein Leben vermutlich Stalins Tod zu verdanken. An dieser Stelle möchte ich erwähnen, daß sich die Unsicherheit in der ungarischen Führung wegen Stalins Antisemitismus auf Imre Nagys Karriere günstig auswirkte. Imre Nagy wurde zum stellvertretenden Ministerpräsidenten befördert. Rákosi und Gerö versuchten dadurch zu beweisen, daß sie die nichtjüdischen Mitglieder des Sekretariats und des Politbüros nicht unterdrückten.

ZSILLE Am 5. März 1953 21 Uhr 50 wurde Stalins Tod mitgeteilt. Wann und unter welchen Umständen hast du von Stalins Tod erfahren?

HEGEDÜS Stalin hatte in der Nacht vom 1. zum 2. März eine Gehirnblutung erlitten. Das war ein Montag. Wir wurden am Dienstag von der Parteizentrale über Stalins Erkrankung informiert. Damals dachten wir schon, daß die Krankheit ernsthafter Natur sein mußte, weil unbedeutende Erkrankungen nicht bekanntgegeben wurden. Bestärkt wurden wir in dieser Annahme am Donnerstag und Freitag, als auch die ungarischen Zeitungen das ärztliche Bulletin über Stalins Gesundheitszustand veröffentlichten. Es wurde uns klar, daß Stalin nicht krank, sondern bereits gestorben war, oder zumindest mit Sicherheit sterben würde.

ZSILLE Hast du in diesen Tagen mit Rákosi gesprochen?

HEGEDÜS Daran erinnere ich mich nicht. Ich hielt mich damals selten in der Parteizentrale auf. Ich war mit der Organisation der Frühjahrsaussaat beschäftigt. Während ich nachts das Pflügen kontrollierte, erfuhr ich aus dem Autoradio Stalins Tod.

ZSILLE Der ungarischen Führungsspitze wurde also Stalins Tod nicht vorweg mitgeteilt? Worauf läßt sich diese Geheimniskrämerei auf höchster Ebene zurückführen? Warum muß die Erkrankung eines kommunistischen Führers verheimlicht werden?

HEGEDÜS Ich glaube, das ist eine irrationale Sache, die eher auf einem Ritus als auf ernsthaften Überlegungen basiert.

ZSILLE Was hast du als ausgesprochen stalinistischer Politiker bei der Nachricht von Stalins Tod empfunden?

HEGEDÜS Ich hoffte nur, daß die Angst der vergangenen drei bis vier Jahre mit der Zeit weichen würde. Ich dachte, vielleicht kann in der Sowjetunion und damit auch in Ungarn eine Entwicklung eingeleitet werden, mit der das irrationale Terrorsystem abgebaut werden kann. Hoffnungen, die dadurch genährt wurden, daß immer mehr Chruschtschows Name genannt wurde, auch daß er Vorsitzender des Bestattungskomitees wurde. Chruschtschow hielt ich für einen sehr pragmatischen Führer. Freilich wußte ich von ihm, daß auch unter seiner Führung in der Ukraine Säuberungen stattgefunden hatten, dennoch war ich der Überzeugung, daß er kein Verfechter des Terrors sein würde. Es folgten verworrene Wochen und Monate.

21. Ungarische Führer in Moskau, Aufstand in Ost-Berlin

ZSILLE Welche Folgen hatte Stalins Tod für die ungarische Parteiführung?

HEGEDÜS Bereits im Mai, noch vor dem Berliner Aufstand, erhielten wir verschiedene Signale, daß die neue sowjetische Führung mit der ungarischen Lage nicht zufrieden sei. In dieser Zeit hielten in Moskau vier Männer die Macht in ihrer Hand: Malenkow, Molotow, Berija und Chruschtschow. Gerö oder Rákosi sprachen mit mir über die Unzufriedenheit der Sowjetführer. Allerdings kannten auch Gerö und Rákosi den konkreten Anlaß der Unzufriedenheit nicht. Es trat ein, was in solchen Situationen in monolithischen Systemen immer eintritt: Jeder war verunsichert, der Machtapparat war gelähmt, es wurden keine Entscheidungen gefällt. In der gegebenen Situation bedeutete das für die ungarische Gesellschaft nur Gutes. Der Funktionsmechanismus des dem Volk aufgezwungenen stalinistischen Systems war plötzlich wie gelähmt. Diese Übergangsperiode dauerte von Stalins Tod bis zum Juli 1953. Die Phase des Abwartens wurde unterbrochen, als ein Teil der ungarischen Führer nach Moskau zitiert wurde und durch den Berliner Aufstand. Wenn ich mich richtig erinnere, spielte der Ost-Berliner Aufstand während der Moskauer Verhandlung keine Rolle. Die Moskau-Reise muß also vor den Ereignissen in Ost-Berlin stattgefunden haben.

ZSILLE Sprechen wir also zuerst über die Moskaureise.

Die Zeitungen berichteten nichts darüber, das Volk wußte also nichts davon, daß seine Führer nach Moskau beordert worden waren.

HEGEDÜS Nicht die Parteiführung war nach Moskau beordert worden, was ich damals als sehr eigenartig empfand, im nachhinein aber verstand. Die damals noch kollektive Moskauer Parteiführung hatte die Mitglieder der ungarischen Delegation selbst ausgewählt. Unter den Ausgewählten war selbstverständlich Rákosi, der zugleich Erster Sekretär der Partei und Ministerpräsident war. Ebenso selbstverständlich war Ernö Gerö dabei, der erster Stellvertreter des Ministerpräsidenten war und Mitglied des Vierergespanns. Doch unter den Eingeladenen befand sich auch Imre Nagy, der ebenfalls stellvertretender Ministerpräsident war. Weiter István Dobi, Vorsitzender des Präsidialrats, und dann ich. Zumindest für mich war es überraschend, daß ich zur Delegation gehörte.

ZSILLE Womit erklärst du dir deine Zugehörigkeit zur Delegation? Sprachst du mit Rákosi darüber?

HEGEDÜS Mit Rákosi sprach ich darüber nicht. Ich erklärte mir meine Nominierung damit, daß in Moskau die Landwirtschaftsprobleme vermutlich eine große Rolle spielen würden. Ich erhoffte mir von seiten der Sowjetführer Kritik an unserer Landwirtschaftspolitik, weil ich mir davon eine Verbesserung der Lage der ungarischen Landwirtschaft versprach.

ZSILLE Interessant ist aber nicht nur, wer von den Sowjetführern nach Moskau bestellt wurde, sondern auch, wer nicht in die Delegation aufgenommen wurde.

HEGEDÜS Die größte Überraschung war in dieser Hinsicht das Fehlen von Mihály Farkas und József Révai. Noch vor unserer Abreise geschah etwas, was meinen Verdacht verstärkte, daß es sich dabei nicht nur um eine organisationstechnische Entscheidung handelte. Ich fuhr mit meinem Dienstwagen zum Flugplatz, von wo aus wir nach Moskau starteten. Plötzlich wurde ich von Mihály Farkas' Auto überholt, wir hielten an, und Farkas setzte sich zu mir in den Wagen. Bis zum Tököler Flugplatz erklärte er mir, daß er schon immer gewußt habe, daß ich das begabteste Mitglied in der Gruppe der heimischen Parteifunktionäre sei. Das nahm ich mit Genugtuung zur Kenntnis, weil mir zu Ohren gekommen war, daß er noch vor Stalins Tod verbreitet hatte, mit Hegedüs werde es bald Probleme geben. In Moskau fand dann eine zweitägige Verhandlung statt. An der einen Seite des langen schmalen Tisches saßen mit dem Rücken zum Fenster die Sowjetführer, auf der anderen Seite wir. Auf sowjetischer Seite war Malenkow anwesend, der damals offensichtlich noch die Nummer Eins war. Auch Chruschtschow war da. Während der Verhandlung zeigte sich, daß sein Stern im Steigen begriffen war. Ich erinnere mich auch an Berija, der noch sehr aktiv und sehr hart war. Und Woroschilow war dabei. Er galt nach wie vor als Ungarnexperte. Ihn kannte ich von den Sowjetführern am besten. Bei seinen Ungarnbesuchen war ich mit ihm, wie gesagt, oft aufs Land gefahren. Er liebte die Landwirtschaft, verstand aber nicht einmal so viel wie ich davon. Anwesend waren weiterhin Molotow, Bulganin und Kaganovitsch. In der Mitte der ungarischen Delegation saß Rákosi, neben ihm Gerö, dann ich und schließlich Szalay. Auf der anderen Seite Dobi, Imre Nagy und Földváry. Die Verhandlung begann mit einer sehr scharfen Kritik. Malenkow ergriff das Wort, Chruschtschow fuhr fort. Seine Kritik war vielleicht die begründetste. Dann ging die Reihe protokollgemäß weiter: Molotow, Berija, Woroschilow usw. Im wesentlichen sagten alle, sie seien mit der ungarischen Führung unzufrieden, weil diese das Land in eine Lage gebracht habe, in der leicht ein Aufstand ausbrechen könnte. Es stellte sich heraus, daß die sowjetischen Führer über den nationalen Widerstand, der sich in Ungarn gegen das stalinistische System gebildet hatte, gut informiert waren. Sie sprachen auch von den vielen Verhaftungen und von der Gewalt, die bei der Massenkollektivierung ausgeübt worden war. Rákosi warfen sie Gábor Péters Verhaftung vor, worauf Rákosi sich damit verteidigte, daß er vom Genossen Stalin die Information erhalten habe, Gábor Péter sei ein CIA-Agent. Berija fuhr wütend dazwischen, daß sie aber nicht gesagt hätten, Rákosi solle auch seine eigene Sekretärin, Péters Frau, verhaften lassen. Rákosi brummte nur vor sich hin, ihm hatte es die Sprache verschlagen. Berija war übrigens Rákosi gegenüber am schärfsten.

ZSILLE Der Legende zufolge soll Berija zu Rákosi gesagt haben, daß die Ungarn schon viele Könige gehabt hätten, aber noch keinen jüdischen. Und ein solcher wolle wohl Rákosi werden.

HEGEDÜS Auf der Plenarsitzung war so etwas nicht zu hören. Es ist allerdings nicht ausgeschlossen, daß Berija so etwas in einer Pause gesagt hat, als Rákosi, Imre Nagy und Berija sich allein unterhielten. Die Stimmung war jedenfalls so, daß Berija dies durchaus geäußert haben kann. Unter den vielen richtigen Vorwürfen war auch ein eigenartiger Vorwurf, den ich nicht verstand. Molotow warf Rákosi vor, eine separate Politik, ja sogar mit den Vereinigten Staaten eine Sondervereinbarung anstreben zu wollen. Ich hatte dafür nie irgendwelche Anzeichen bemerken können, höchstens, daß Rákosi regelmäßig amerikanische Zeitungen las.

ZSILLE Nachdem die Sowjetführer ihre Meinung kundgetan hatten, kamt ihr an die Reihe.

HEGEDÜS Zuerst hielt Rákosi seine Verteidigungsrede. Im allgemeinen akzeptierte er die Kritik, doch dann wies er die einzelnen Vorwürfe Punkt für Punkt zurück. Daraufhin brach es aus Berija plötzlich hervor: »Sie als alter Bolschewik müßten wissen, daß wir uns wirklich darauf verstehen, wie man jemandem das Rückgrat zu brechen hat.« Rákosi zog sich daraufhin zurück und beendete seine Rede schnell. Gerö übte danach bereits Selbstkritik, allerdings eine ziemlich milde Selbstkritik. Imre Nagy unterstützte die sowjetische Kritik im wesentlichen. Dobi sprach wie üblich kurz und am Thema vorbei. Ich verhielt mich ähnlich wie Gerö. Ich übte etwas Selbstkritik, hauptsächlich wegen der Zwangskollektivierung. Trotz allem war ich bester Stimmung. Ich hatte das Gefühl, allen Grund zum Aufatmen zu haben. Auf der dritten, der letzten Sitzung unterbreitete uns Malenkow, aber ich bin mir nicht sicher, es könnte auch Chruschtschow gewesen sein, die Personalvorschläge der Sowjetführung. Rákosi sollte auf die Ministerpräsidentschaft verzichten, das Amt des Ersten Parteisekretärs jedoch behalten. Imre Nagy sollte Ministerpräsident werden, mit zwei Ersten Stellvertretern, mit Gerö und mir. Farkas und Révai, die wegen der begangenen Fehler große Verantwortung trügen, sollten nicht mehr dem Sekretariat und dem Politbüro angehören. Und Béla Szalay sollte Vorsitzender der Staatlichen Plankommission werden und Mitglied des Politbüros. Rákosi antwortete zögernd. Schließlich aber akzeptierte er ebenso wie die anderen Mitglieder der ungarischen Delegation die Vorschläge der Sowjetführer.

ZSILLE Diese Vorschläge leiteten tatsächlich erhebliche Veränderungen ein.

HEGEDÜS Und das um so mehr, weil wir damals den Posten des Ministerpräsidenten für wichtiger hielten als den des Ersten Sekretärs, denn als Nummer Eins in der Sowjetführung betrachteten wir den Ministerpräsidenten Malenkow. Eine kleine Episode verdeutlicht unsere Sicht. Als wir den Verhandlungssaal verließen, wollte Imre Nagy Rákosi vorlassen. Rákosi stieß fast Nagy voran mit den Worten: »Geh nur, Imre, du bist jetzt die Nummer Eins!« Diese Praxis, daß der Ministerpräsident und nicht der Generalsekretär der Partei der erste Mann im Staat war, änderte später Chruschtschow, und Rákosi folgte seinem Beispiel sofort.

ZSILLE Hattest du auch schon früher auf höchster Ebene an Verhandlungen mit Sowjetführern teilgenommen?

HEGEDÜS Zuvor hatte ich nur auf Wirtschafts- oder Landwirtschaftsebene mit sowjetischen Führern verhandelt. Doch dem größten Teil der Sowjetführung war ich damals zum ersten Mal begegnet. Chruschtschow hatte ich zuvor nur einmal in Kiew gesehen. Woroschilow kannte ich, wie gesagt, gut. Ich glaube, ihm hatte ich meine Wahl in die Delegation und die Berufung zum Ersten Stellvertreter des Ministerpräsidenten zu verdanken. Gerös Empfehlung hätte damals mit Sicherheit nicht mehr ausgereicht.

ZSILLE Hast du es nicht als komisch empfunden, daß ihr als Repräsentanten eines souveränen Staates einfach nach Moskau bestellt worden seid, man euch gehörig den Kopf wusch und euch dann eine neue Führung präsentierte?

HEGEDÜS Ich war damals schon lange Zeit Parteifunktionär. Ein Parteifunktionär, dem die Sowjetunion zur Macht verholfen hatte. Unser Verhältnis zur Sowjetunion war es, das uns die aus Moskau kommenden Vorschläge akzeptieren ließ. Nicht nur weil wir sie akzeptieren mußten, sondern auch deshalb, weil wir uns darüber im klaren waren, daß die Sowjetführung den gesamten sozialistischen Block und die internationale kommunistische Bewegung lenkte. Die Sowjetunion verfügte über eine derart große Macht, gegen die wir nicht autonom auftreten konnten.

22. Nach den Moskauer Entscheidungen

ZSILLE Nach euerm Moskaubesuch folgten vermutlich Wochen voller Nervosität. Wie reagierte Rákosi? Schöpfte er nicht Verdacht, daß jemand von euch ihn bei den Sowjetführern angeschwärzt haben könnte?

HEGEDÜS Hier kam ein wichtiges Ereignis dazwischen: der Berliner Aufstand 1953. Damit wurde die Kritik der Sowjetführer bestätigt. Im Licht der Berliner Ereignisse war nun jeder davon überzeugt, daß die potentielle Gefahr eines nationalen Aufstands, von dem die Sowjetführer ja gesprochen hatten, tatsächlich gegeben war. Im übrigen waren die Sowjetführer auch nicht falsch informiert. Die Lage war in Ungarn sogar noch dramatischer, als sie sie dargestellt hatten. Denn die Analyse der Sowjetführung drang nicht bis zu den Wurzeln des Konflikts vor. Das Grundproblem bestand darin, daß man einer Nation ein ihr fremdes, stalinistisches System aufzwingen wollte.

ZSILLE Aus dieser Sicht bedeutete auch die Ernennung Imre Nagys zum Ministerpräsidenten keine Veränderung, denn auch er war nicht vom Volk gewählt worden.

HEGEDÜS So gesehen wurde der Widerspruch nicht gelöst, sondern nur gemildert. Doch war diese Milderung sehr wichtig. Man darf das keineswegs unterschätzen, denn eine ganze Nation atmete auf.

ZSILLE Wie reagierte Imre Nagy?

HEGEDÜS Die Gespräche, an denen ich nach den Moskauer Verhandlungen teilnahm, waren sehr pragmatisch. Wie soll es weitergehen? Das war die Frage. Es kristallisierte sich alsbald die Auffassung heraus – wenn ich mich richtig erinnere, noch in Moskau –, daß zuerst das Zentralkomitee informiert werden müsse, um einen entsprechenden Beschluß zu fassen. Danach planten wir, das Parlament einzuberufen, das Imre Nagy zum Ministerpräsidenten wählen sollte. Selbst über unsere Moskaureise erschien keine öffentliche Mitteilung. Erst anläßlich des dreißigsten Jahrestags von Imre Nagys Regierungsprogramm wurde die Bevölkerung im Jahre 1983 offiziell davon in Kenntnis gesetzt, daß dem Regierungsprogramm der Moskaubesuch der ungarischen Führer vorangegangen war. 1983 wurde auch erstmals die Namenliste der Delegationsmitglieder mitgeteilt.

ZSILLE Zwischen eurer Moskaureise und der Einberufung des Zentralkomitees vergingen fast zwei Wochen. Rákosi muß es also schwergefallen sein, über die Moskauer Geschehnisse Rechenschaft abzulegen.

HEGEDÜS Als Rákosi auf der Sitzung des Zentralkomitees seinen Rechenschaftsbericht hielt, schlug er den in der Partei üblichen selbstkritischen Ton an. Er war aber nicht so kritisch wie Imre Nagy oder das Zentralkomitee. Im wesentlichen brachte er die Kritik zum Ausdruck – freilich ohne Namen zu nennen –, die von den Sowjetführern geübt worden war.

ZSILLE Habt ihr das Politbüro nicht vor dem Zentralkomitee offiziell über die Ereignisse in Moskau informiert?

HEGEDÜS Zuerst trat das Politbüro zusammen. Anwesend waren auch die Mitglieder des Sekretariats. Im Politbüro wurde die Entscheidung des Sekretariats vorbereitet. Dies war eine Veränderung in der Hierarchie: Bisher hatte das Sekretariat die Führungsrolle gespielt, nun aber übernahm das Politbüro nach sowjetischem Muster die Führungsrolle. Das ZK wählte ein Sekretariat mit nur wenigen, mit nur drei Mitgliedern: Unter Rákosis Führung gehörten ihm fortan noch Lajos Ács und Béla Végh an. Beide galten als Rákosis Anhänger.

ZSILLE Noch einmal zurück zu Imre Nagys Rede vor dem Zentralkomitee. Welchen Eindruck hattest du damals?

HEGEDÜS Imre Nagys Rede vor dem Zentralkomitee war offener als das dem Parlament unterbreitete Regierungsprogramm. Die Rede vor dem Zentralkomitee entsprach Imre Nagys Persönlichkeit mehr. Der Text stammte auch von ihm selbst. Als Ursache für die begangenen Fehler gab er interessanterweise an, wir seien vom Leninismus abgewichen. Er trat auf, als sei er ein strenggläubiger Leninist. Das muß man aus der Sicht des Jahres 1953 sehen. Imre Nagys Rede bedeutete damals einen gewaltigen Schritt nach vorn, da wir bis dahin als strenggläubige Stalinisten aufgetreten waren. Der XX. Parteitag der KPdSU war noch in weiter Ferne. Daß Imre Nagy die Bedeutung von Lenins Ideen hervorhob, war ein wichtiger Schritt auf dem Weg zur Entstalinisierung.

ZSILLE Eine Kritik an Stalin war allerdings in der Rede noch nicht enthalten?

HEGEDÜS Nein. Das war natürlich unmöglich. Doch die Tatsache, daß der Name Stalins in der Rede nicht vorkam, war indirekt bereits eine Kritik an Stalin.

ZSILLE Nach der Sitzung des Zentralkomitees mußte der dort gefaßte Beschluß als Regierungsprogramm ausgearbeitet werden. Wurde diese Arbeit allein Imre Nagy überlassen?

HEGEDÜS Nach der Sitzung des Zentralkomitees arbeiteten wir auch das Regierungsprogramm gemeinsam aus. Es wurde vom Unterausschuß des Politbüros konzipiert. Gerö spielte dabei eine wichtige Rolle. Gerös Lage war ziemlich eigenartig. Er freute sich, daß die sowjetische Kritik in erster Linie Rákosi und nicht ihn betroffen hatte. Seine Machtposition, so meinte er, sei gestärkt worden. Praktisch stimmte das auch, denn durch die Schwächung von Rákosis Position wurde die des Nachfolgenden automatisch gestärkt. Neben dem Posten des Ersten Stellvertreters des Ministerpräsidenten erhielt Gerö auch das Amt des Innenministers, was besonders wichtig war wegen der bevorstehenden Rehabilitierungen. Denn dabei würde der Innenminister eine wichtige Rolle spielen. Schließlich wurde Gerös Position auch dadurch gestärkt, daß nach dem Sturz von Farkas und Révai aus dem Vierergespann ein Zweiergespann geworden war.

ZSILLE Imre Nagy grub sich eigentlich sein eigenes Grab, dadurch, daß er die Neuverteilung der Posten tolerierte. Hinter den Kulissen brachte Rákosi seine in Unordnung geratenen Reihen wieder in Ordnung, während Imre Nagy niemanden von seinen eigenen Leuten in entsprechende Machtpositionen brachte. Gab es hinter den Kulissen keine Machtkämpfe?

HEGEDÜS In jener Zeit noch nicht. Die Personalbeschlüsse wurden gemeinsam gefaßt. Imre Nagy war sich damals seiner Rolle noch nicht bewußt. Ich habe den Eindruck, daß er sich im Sommer 1953 einfach über die Kurskorrekturen in der Politik freute. Hätte er damals seine spätere Rolle vorhergesehen, wäre er in Personal- und politischen Fragen wahrscheinlich härter aufgetreten.

ZSILLE Obwohl Gerö bei der Ausarbeitung des Regierungsprogramms eine wichtige Rolle spielte, widersprach es doch vollkommen seiner eigenen Politik.

HEGEDÜS Selbstverständlich. Aber Gerö hatte die Notwendigkeit einer Veränderung der Politik eingesehen. Darüber hinaus stellte das neue Regierungsprogramm keinen Bruch mit dem Modell der stalinistischen Staatsverwaltung dar. Doch das war auch nicht das Hauptproblem in jener Woche, die zwischen der Sitzung des Zentralkomitees und Imre Nagys Rede im Parlament lag. Die Frage war nicht, wie die neue Politik aussehen würde, denn das war seit der Moskaureise mehr oder weniger vorgegeben, die Frage war vielmehr, wie die Veränderungen dem Volk mitzuteilen waren. Man darf nicht vergessen, daß bis zu diesem Zeitpunkt alles noch geheim war.

ZSILLE Gab es in Sachfragen keine Gegensätze? Zum Beispiel was die Beseitigung der Kulakenliste, die Schließung der Internierungslager oder die Drosselung der Großindustrie betraf?

HEGEDÜS Damit stimmten wir vollkommen überein.

ZSILLE Waren diese Themenkomplexe für euch deshalb kein Gegenstand der Diskussion, weil man euch in Moskau vorgeschrieben hatte, was zu tun sei?

HEGEDÜS So detailliert hatte man uns das keinesfalls vorgeschrieben. Allerdings wurden die Maßnahmen eindeutig aufgrund der Moskauer Kritik ergriffen. Die Lage sah folgendermaßen aus: Wir saßen am Schreibtisch und konzipierten das Regierungsprogramm. Dem waren zwei wesentliche Ereignisse vorausgegangen: die Moskauer Kritik, die für die Parteiführung eine erschütternde Niederlage war, und der Ost-Berliner

Aufstand am 17. Juni 1953. Beide Momente zusammen hießen für uns, die Entwicklung einer solchen Lage, die in der DDR zum Aufstand geführt hatte, in Ungarn zu verhindern.

ZSILLE Wie sah eure Analyse der Berliner Lage aus?

HEGEDÜS Die Erklärung erfolgte nach der alten Schablone: Der Klassenkampf hat sich zugespitzt, und selbst die anständigen Arbeiter sind unter den Einfluß des Klassenfeindes geraten. Der Klassenfeind ist in der DDR besonders stark, da er von der BRD aus ständig unterstützt wird. Mit Genugtuung nahmen wir zur Kenntnis, daß durch das Auftauchen der sowjetischen Panzer die Ordnung in wenigen Stunden wieder hergestellt werden konnte.

ZSILLE Dachtet ihr daran, daß so etwas auch in Ungarn vorkommen könnte?

HEGEDÜS Daran dachten wir damals noch nicht, doch später, am 23. Oktober 1956, glaubten wir fest daran, daß der Ausbruch des Aufstands mit dem Erscheinen sowjetischer Panzer relativ schnell niedergeschlagen werden kann.

23. Die Nation atmet auf, der Apparat erschrickt

HEGEDÜS Niemand von uns hatte bedacht, was die vollständige Publikation des Regierungsprogramms bewirken würde. Die Nation, die sich bisher auf verschiedene Weise dem stalinistischen System widersetzt hatte, atmete hörbar auf. Die Bedeutung dieses Moments hatten weder Imre Nagy noch Gerö vorhergesehen. Am ehesten noch mochte Rákosi die Folgen geahnt haben. Die Nation empfand die Veränderungen nicht als das Ende des Stalinismus, sondern als eine gewaltige Entspannung. Immer heftiger wurden diejenigen kritisiert, die für die früheren Repressionen verantwortlich waren. Die Nation machte eine Emanzipation durch. Sie verband die Repressionen der vergangenen Jahre mit bestimmten Personen und ging damit zum Angriff über. Dieser Angriff trat natürlich vorläufig erst in schwachen Formen auf, aber die Schicht der Parteifunktionäre, der Polizeiapparat und die Parteiaktivisten, die man zuvor nicht über die Ursachen der Veränderungen informiert hatte, waren angesichts der Affekte, die das Regierungsprogramm beim Volk auslöste, einfach verblüfft.

ZSILLE Die überraschten Parteifunktionäre wandten sich vermutlich an euch, um zu erfahren, was zu tun sei.

HEGEDÜS Einerseits wollten sie wissen, was zu tun sei, andererseits was aus ihnen werden sollte. In ihren Meldungen wurde die gegen uns geäußerte Kritik übertrieben dargestellt. Sie erweckten den Eindruck, als fände ein allgemeiner Angriff auf das System statt. Rákosi nutzte dies, um wieder zu sich selbst zu finden. Der Schrecken der Funktionäre bot ihm eine gute Ausgangsbasis zum Gegenangriff. Seine Position wurde zudem durch die aus Moskau eintreffende Nachricht gestärkt, daß Berija verhaftet worden sei. Berija wurde, wie das üblich war, vorgeworfen, ein Agent des Imperialismus zu sein. Rákosi kam das sehr gelegen, da Berija sein schärfster Kritiker in Moskau gewesen war. Dieser Berija saß jetzt im Gefängnis und wartete auf das Todesurteil. So gestärkt machte sich Rákosi zum Fürsprecher jener Funktionäre, die in Ungarn für die Durchführung des stalinistischen Terrors verantwortlich waren, und organisierte das Budapester Parteiaktiv.

ZSILLE Das alles fand eine Woche nach Verkündung des neuen Regierungsprogramms statt?

HEGEDÜS Ja. Innerhalb dieser einen Woche hatte Rákosi aufgehört, für das Volk der Vater und der weise Lehrmeister der Nation zu sein. Die Nation, die das Regierungsprogramm mit großer Freude aufgenommen hatte, sah nun Imre Nagy als ihren Führer an. Das hatte niemand vorhergesehen, auch Imre Nagy nicht. Rákosi reagierte darauf am 12. Juli in seiner Rede vor dem Budapester Parteiaktiv. Die Parteifunktionäre atmeten auf, die Mehrheit der Nation war verblüfft. Die Fronten waren damit klar: Auf der einen Seite standen die Befürworter einer nationalen Erneuerung, auf der anderen Seite jene gesellschaftlichen Gruppen, die früher an der Macht partizipiert hatten. Dieses Lager war gar nicht so klein. Oft wird vergessen, daß die Wahl der Volksvertreter in die Gemeindevertretungen, Gewerkschaften und ins Parlament zwar sehr formal ist, daß die Abgeordneten ihr Amt aber keineswegs als formal empfinden. Sie identifizieren sich mit der neuen Rolle und integrieren sich in den Machtapparat. Als die Nation damals ihre stalinistische Vergangenheit von sich abschütteln wollte, fühlten sich viele dieser Volksvertreter nicht wohl in ihrer Haut. Viele waren schuldbewußt, andere wiederum bangten um ihre Privilegien.

ZSILLE Zu dieser Schicht kamen auch vollkommen passive Gruppen hinzu, die auf die eine oder andere Weise Vorteile genossen, beispielsweise die Wohnung von Deportierten bekommen hatten. Zu Recht hatten diese Angst um ihre Wohnung und machten sich Sorgen um das System, das ihren Einzug ermöglicht hatte.

HEGEDÜS Das ist tatsächlich ein wichtiger Gesichtspunkt. Nach dem Juli 1953 besuchte ich eine landwirtschaftliche Produktionsgenossenschaft. Die Mitglieder dort waren empört über jene begüterten Bauern, die ihnen das Vieh und die Landwirtschaftsmaschinen wieder weggenommen hatten. Später stellte sich heraus, daß es sich dabei überhaupt nicht um reiche Bauern gehandelt hatte. Es waren vielmehr Kleinbauern gewesen, denen man früher die Landwirtschaftsmaschinen ungesetzlich weggenommen hatte. Alles in allem gab es beachtliche gesellschaftliche Gruppen, die kein Interesse an der Verwirklichung von Imre Nagys Regierungsprogramm haben konnten.

ZSILLE War András Hegedüs an der Realisierung dieses Programms interessiert? Du gehörtest zu denen, die für die Vergangenheit verantwortlich zu machen waren. Mußtest du nicht befürchten, bei einer Stabilisierung von Imre Nagys Richtung politisch gestürzt zu werden?

HEGEDÜS Zu jener Zeit hatte ich dazu noch keinen Anlaß, zumal sich zwischen Imre Nagy, Ernö Gerö und mir eine Zusammenarbeit entwickelt hatte. Imre Nagy galt zu dieser Zeit absolut nicht als Außenseiter in der Parteileitung. Es gab Gegensätze zwischen uns, aber unabhängig davon gehörten wir zum gleichen Kollektiv. Imre Nagy trennte sich von unserer Gruppe erst, als sich Ende 1953, Anfang 1954 der Gegensatz zwischen dem nationalen Widerstand und den Hütern der stalinistischen Tradition zuspitzte. Für mich änderte sich später die Lage, und zwar als ich mich nicht nur für Imre Nagy oder für Rákosi entscheiden mußte, sondern auch für die Emanzipation der Nation oder für jene Schichten, die zusammen mit mir den Stalinismus repräsentierten. Damals bildete sich in mir eine ambivalente Haltung heraus. Das ständige Schwanken machte mich allmählich passiv. Auf dem Parteitag von 1954 war ich noch relativ aktiv, danach aber begann meine passive Periode. Es war eine Art Flucht. Der Chinabesuch und andere längere Auslandsaufenthalte, wie die Moskauer Vorbereitungen zum Abschluß des Warschauer Vertrags, halfen mir dabei.

ZSILLE Warst du an dieser Passivität selbst schuld? Oder wurdest du dazu gedrängt, weil du in Imre Nagys Tableau nicht hineingepaßt hast?

HEGEDÜS Ich glaube, beides spielte eine Rolle. 1954 versammelte Imre Nagy allmählich eigene Fachleute um sich. Bei seiner Wahl hatte er vor allem auf dem Landwirtschaftssektor eine glückliche Hand. Eigentlich war ich bis Oktober 1954 umsonst Landwirtschaftsminister, denn in Imre Nagys Beraterkreisen existierte im Grunde ein zweites Landwirtschaftsministerium. Um seine Lage zu stabilisieren, schuf Imre Nagy das Amt des Ministerrats. Unter der Leitung von Zoltán Vas war das eine Art Spitzenministerium. Imre Nagy wählte also seine engsten Mitarbeiter immer noch aus den Reihen der Moskauer Emigration aus; zudem solche, die wir 1952 aus der Macht verdrängt hatten.

ZSILLE Unternahm Imre Nagy keinen Versuch, dich für sich zu gewinnen?

HEGEDÜS Nein. Er näherte sich mir nicht und ich mich ihm nicht. Unsere Beziehung war vollkommen neutral. Was mich angeht, so könnte ich sagen, daß ich mit ihm sympathisierte. Ich beobachtete mehrmals aus nächster Nähe den Menschen Imre Nagy, und in solchen Momenten erschien er mir ausgesprochen sympathisch.

ZSILLE Und Rákosi, der gestürzte Vater der Nation?

HEGEDÜS Nachdem Rákosi gemerkt hatte, daß die Träger des Stalinismus den Kampf nicht aufgaben, wurde er als deren Führer erneut sehr aktiv. Die Verzweiflung und Passivität hatten bei ihm nach den Moskauer Verhandlungen kaum drei Wochen gedauert.

ZSILLE Hat er versucht, dich zu gewinnen?

HEGEDÜS Rákosi wußte sehr wohl, daß ich nicht Imre Nagys Mann war. Rákosi dachte zu Recht, daß ich über Gerö zu ihm gehörte. Er kritisierte mich zwar häufig, doch führte er meine Fehler auf meine bäuerliche Mentalität und nicht auf Imre Nagys Einfluß zurück.

ZSILLE Hat er von dir nicht eine härtere Haltung gegen Imre Nagy erwartet?

HEGEDÜS Doch. Er beanstandete vor allem, daß ich mit meiner Tätigkeit eigentlich Imre Nagys Programm unterstützte.

ZSILLE Im Juli 1953 verkündete Imre Nagy sein neues

Regierungsprogramm. Die Imre-Nagy-Periode dauerte bis März 1955. Was konnte von dem Programm verwirklicht werden?

HEGEDÜS Ich fange mit der Landwirtschaft an. Vor allem konnte die Bauernschaft wieder zur Produktion motiviert werden. Viele traten aus den Produktionsgenossenschaften aus. Das Handwerk erlebte einen Aufschwung. Wenn ich mich richtig erinnere, nahm die Zahl der Handwerker um 50 Prozent zu. In der Schwerindustrie stoppten wir sehr viele Investitionen. Das geschah sehr unkoordiniert, so daß großer materieller Schaden angerichtet wurde; auch deswegen, weil die Industrieministerien, die wegen der Beschneidung ihrer Pläne verärgert waren, die Durchführung der Weisungen sabotierten. Die allgemeine schlechte Wirtschaftslage des Landes minderte die Effektivität der Maßnahmen. Der Lebensstandard hatte sich 1954 verbessert, allerdings ohne daß es dafür eine wirtschaftliche Deckung gegeben hätte. Unsere Außenhandelsbilanz war sehr schlecht. Hätten wir keinen beachtlichen rumänischen Kredit bekommen, und zwar in Gold, wäre Ungarn 1956 zahlungsunfähig geworden. Auf politischer und gesellschaftlicher Ebene war die Einstellung der polizeilichen Repressionen am wichtigsten. Eine der einschneidendsten Maßnahmen war die Beseitigung der Polizeigerichtsbarkeit. Eine andere wichtige Maßnahme war die Auflösung der Internierungslager. Allerdings erfolgten keine Rehabilitierungen. Die Menschen kamen zwar aus den Internierungslagern nach Hause, und erneute Verfahren der Polizeigerichtsbarkeit gab es nicht, dennoch war der Druck der alten Repression noch nicht gewichen.

ZSILLE Fanden diese Maßnahmen deine Unterstützung?

HEGEDÜS Eindeutig. In einer Beziehung allerdings ist meine Rolle unbedingt negativ zu sehen. Wir erschraken nämlich, und ich glaube, auch Imre Nagy erschrak, daß sich die landwirtschaftlichen Produktionsgenossenschaften in Massen auflösen wollten. Damit hatten wir nicht gerechnet. Zur Regulierung dieser spontanen Entwicklung wurden Maßnahmen ergriffen, die nicht mehr dem Geist des Regierungsprogramms entsprachen. Insgeheim erschwerten wir die Austritte aus den Produktionsgenossenschaften und deren Auflösung. Ein entsprechender Beschluß des Politbüros wurde im September 1953 vom Ministerrat gefaßt. An den Vorbereitungsarbeiten war ich maßgeblich beteiligt.

ZSILLE Interessanterweise revoltierte der reformfeindliche Flügel in der Parteiführung gegen sowjetische Weisungen, denn in Moskau hatte man eindeutig für Reformen Partei ergriffen. Womit ist es zu erklären, daß sich die ungarischen Führer den Moskauer Wünschen zu widersetzen wagten? Damit, daß auch im Kreml Machtkämpfe stattfanden?

HEGEDÜS Nicht nur damit, obwohl das natürlich auch eine Rolle spielte. Eine nicht zu leugnende Tatsache war der nationale Widerstand, der durch die Politik des Parteiapparats ausgelöst worden war. Hätte der Parteiapparat anerkannt, daß er die Ursache für diesen Widerstand war, dann hätte er sich schuldig fühlen müssen. Doch der Apparat fühlte sich nicht schuldig. Er meinte, trotz aller Fehler den Sozialismus aufgebaut zu haben, und das wollte er auch weiterhin tun. Der Apparat war der Überzeugung, daß sich ihm fortschrittsfeindliche und reaktionäre Elemente in den Weg stellten. Das ist die Erklärung dafür, daß der Widerstand innerhalb des Parteiapparats gegen die Reformen von 1953/1954 größer war als später.

ZSILLE Darauf bezog sich auch später Julia Rajk in der Zeit der Rehabilitierungen, als sie sagte: »Wir brauchen keine Selbstkritik oder Kritik, sondern die Bestrafung der Schuldigen.«

HEGEDÜS Das kam damals noch niemand in den Sinn. Es kann aber sein, daß die Parteifunktionäre schon damals unbewußt davor Angst hatten.

ZSILLE Natürlich ist die Realisierung von Reformplänen in einem kommunistischen System immer problematisch. Problematisch vor allem deshalb, weil die Reform von jenem Parteiapparat realisiert werden muß, der eigentlich dagegen ist. Problematisch auch deshalb, weil sofort Maßnahmen getroffen werden, um die Durchführung der Reformen zu verhindern.

HEGEDÜS Das sehe ich auch so. Vorhanden war ein starker stalinistischer Apparat, der sich nicht ohne weiteres mit dem Machtverlust abfinden konnte.

ZSILLE Zwischen dem 24. und dem 29. Mai 1954 fand der III. Parteitag der Partei der Ungarischen Werktätigen statt. Dieser Parteitag hätte ein Reformparteitag werden sollen, was er aber nicht geworden ist.

HEGEDÜS Vor dem Parteitag hatte sich in der Machtstruktur und in der Gesellschaft gleichermaßen eine Dichotomie herausgebildet. An der Oberfläche war dies nur im Konflikt zwischen Rákosi und Imre Nagy spürbar. Vor dem Parteitag waren wir erneut nach Moskau zitiert worden. Diesmal wurde die Delegation jedoch in Ungarn zusammengestellt. Auch ich war Mitglied der Delegation. Vor der Abreise hatte ich den Eindruck, daß Imre Nagys Position gegenüber Rákosi geschwächt war. Und Rákosi erwartete vermutlich, seine Position in Moskau weiter konsolidieren zu können.

ZSILLE Verhandelte man mit euch in der gleichen sowjetischen Zusammensetzung wie ein Jahr zuvor?

HEGEDÜS Mit Ausnahme von Berija, ja.

ZSILLE Trifft es zu, daß Imre Nagy auf Malenkow setzte?

HEGEDÜS Das war die verbreitete Meinung. Gerö setzte freilich in Umlauf, daß Imre Nagy Berijas Mann gewesen sei. Für uns war noch unklar, wer in Moskau der erste Mann war: Malenkow, der Ministerpräsident, oder Chruschtschow, der Erste Sekretär.

ZSILLE Was geschah in Moskau?

HEGEDÜS Die sowjetische Seite schlug vor, Imre Nagy solle sich zur harten Linie bekennen und Rákosi solle die Rolle Imre Nagys übernehmen. Das war natürlich glatter Unsinn, aber damals hatte ich daran nichts zu beanstanden. Die Sowjetführer wollten, daß mit diesem Rollentausch die Einheit der Partei dokumentiert wird.

ZSILLE Kam dir nie der Gedanke, daß ihr für die Sowjetführer eigentlich vollkommen unbedeutende Figuren gewesen seid, die ausgetauscht werden konnten, wenn es die sowjetische Interessenlage erforderte?

HEGEDÜS Das war für mich keine prinzipielle Frage. Heute sehe ich, daß die sowjetische Führung nicht nur gegenüber dem Einzelnen rücksichtslos war, sondern auch die Interessen ganzer gesellschaftlicher Schichten außer acht gelassen hat. Es interessierte sie auch nicht, daß Imre Nagy de facto die Mehrheit der ungarischen Gesellschaft hinter sich hatte, während Rákosi sich nur auf eine kleine Minderheit stützen konnte.

ZSILLE Gab es dir nicht zu denken, daß der Sowjetführer, der Rákosi noch ein Jahr zuvor angedroht hatte, ihm das Rückgrat zu brechen, jetzt im Gefängnis saß?

HEGEDÜS Damals sah ich das nicht so. Ich hielt Berijas Prozeß zwar für einen Scheinprozeß, trotzdem aber freute ich mich sehr über seine Verhaftung und auch über seine Hinrichtung. Ich wußte, daß er sehr viele Menschenleben auf dem Gewissen hatte. Solche konkreten Detailfragen lenkten meine Aufmerksamkeit von den größeren Zusammenhängen ab.

ZSILLE Mit welchen Vorstellungen seid ihr aus Moskau zurückgekommen? Was war die Losung?

HEGEDÜS Der Kompromiß. Er wurde auch auf dem Parteitag verwirklicht. Das heißt auch, daß auf dem Parteitag kaum neue Leute in die neugewählten Organe gelangten. Imre Nagy konnte seine Leute auch diesmal nicht durchsetzen.

ZSILLE Als Imre Nagy dich im Oktober 1954 von der Spitze des Landwirtschaftsministeriums entfernte, war das als ein Zeichen des Mißtrauens dir gegenüber anzusehen?

HEGEDÜS Der Kompromiß dauerte nach dem Parteitag nicht lange an. Gerö hielt zwar ein paar Wochen später eine Rede, worin er die Feinde der Reform verurteilte, doch das war nur ein Zwischenspiel in der ganzen scheußlichen Geschichte. Das Verhältnis zwischen Rákosi und Gerö auf der einen und Imre Nagy auf der anderen Seite hatte sich zugespitzt. Imre Nagy fing damals erstmals an, seinen eigenen Ministerrat zu bilden. Vor allem ließ er sich vom Politbüro bestätigen, daß es nicht gut sei, wenn die Ersten Stellvertreter des Ministerpräsidenten gleichzeitig auch Minister seien.

Es ist natürlich vorstellbar, daß gleichzeitig eine ähnliche Umorganisation in der Sowjetunion stattfand, was die Einsichtigkeit der Mitglieder des Politbüros wesentlich erleichtert hätte. Ich blieb zwar als Erster Stellvertreter des Ministerpräsidenten Regierungsmitglied, aber Ferenc Erdei löste mich auf dem Posten des Landwirtschaftsministers ab. Ihn hatte ich immer gemocht, so daß ich diesem Tausch gern zustimmte.

ZSILLE Meinst du nicht, daß Imre Nagy dich einfach loswerden wollte?

HEGEDÜS Er wollte mich nicht loswerden, er wollte an der Spitze des Landwirtschaftsministeriums nur gern einen Mann, über den er seine Vorstellungen leichter verwirklichen konnte. Loswerden konnte er mich nicht, da ich Erster Stellvertretender des Ministerpräsidenten und auch Mitglied des Politbüros war. In letzterer Eigenschaft besaß ich verhältnismäßig großen Einfluß.

ZSILLE Du bist damals nach China gereist und hast den Ministerrat gelenkt, während Rákosi die Karten neu mischte. Er meldete sich krank und verbrachte die Zeit seiner Krankheit in Moskau. Sein Gesundheitszustand hinderte ihn aber nicht daran, ständig mit den Sowjetführern zu verhandeln. Ziel seiner Besprechungen war vermutlich nicht Imre Nagys Stabilisierung?

HEGEDÜS Als ich Ende September nach China ging, bereitete man sich auf die Sitzung des Zentralkomitees vor, die für Mitte Oktober einberufen wurde. Aber auch Imre Nagy bereitete sich darauf vor. Scharf kritisierte er den von Gerö und Friss vorgelegten und gemeinsam ausgearbeiteten wirtschaftspolitischen Plan. Als ich im November aus China zurückkam, machte ich in Moskau Station. Ich wußte, daß Rákosi dort war, und stattete ihm einen Besuch ab. Er erzählte mir, was auf der Sitzung des Zentralkomitees geschehen war. Seiner Meinung nach wollte die Imre-Nagy-Gruppe die Führung übernehmen und die politische Linie der Partei verändern. Von Rákosi bekam ich auch zu hören, daß Imre Nagy gegen den Beschluß des Zentralkomitees revoltiert hatte. Er wollte seine vor dem Zentralkomitee gehaltene Rede veröffentlichen oder hatte sie sogar veröffentlicht. Wenn ich mich richtig erinnere, besuchte ich Rákosi im Kreml-Sanatorium zweimal. Er war nicht bettlägerig. Er war quicklebendig und außergewöhnlich aktiv. Er sagte, die sowjetischen Genossen mißbilligten Imre Nagys Haltung sehr und hielten die in Ungarn entstandene Lage für gefährlich. Besonders große Bedeutung würden sie der Aktion der Schriftsteller und Journalisten beimessen. Später machte auch ich die Erfahrung, daß die sowjetischen Führer tatsächlich so dachten. Anläßlich der Vorbereitungen für die Europäische Sicherheitskonferenz verbrachte Molotow auf einem Empfang fast die ganze Zeit mit mir. Er sagte das gleiche wie Rákosi, von dem er offensichtlich über die ungarische Lage informiert worden war. Molotow drang darauf, daß die Entwicklung gestoppt werde. Der Revolte der Schriftsteller und Journalisten müßte ein Ende gesetzt werden. Ich argumentierte auf meine Weise dagegen, erklärte, daß die ungarischen Schriftsteller und Journalisten einen Ausweg aus der in Ungarn herrschenden Krise suchten, aus derselben Krise, aus der vor kaum einem Jahr auch die Sowjetführer versucht hätten, uns herauszuführen. Molotow allerdings gehörte nicht zu den Menschen, die man überzeugen konnte. Dabei hatte ich ehrlich argumentiert, denn ich hielt den Zustand des Landes tatsächlich nicht für gefährlich. Als ich nach Ungarn zurückkehrte, hatte sich die Lage beruhigt. Die Situation war bei weitem nicht so brisant, wie Rákosi sie mir beschrieben hatte. Als Rákosi Ende November aus Moskau zurückkehrte, hatte er in seinem Tornister den Marschallsstab. Er brachte sogar noch mehr als den Marschallsstab mit: den Auftrag der totalen Machtübernahme.

ZSILLE Was hatte im Streit zwischen Imre Nagy und Rákosi die Sowjetführung zur Meinungsänderung veranlaßt?

HEGEDÜS Ich glaube, sie hatten Angst, daß in Ungarn das monolithische System in Gefahr geraten könnte, obwohl dieses von Imre Nagy repräsentiert wurde. Nagy war freilich ein relativ toleranter Politiker. Die Sowjetführer hatten daher vielleicht Angst, daß diese Toleranz zum Zerfall des monolithischen Systems führen könnte. Auch meine Diskussion mit Molotow deutete darauf hin, daß die Sowjetführer deshalb erneut auf Rákosi setzten. Rákosi, der das Gefühl hatte, der Politiker der Zukunft zu sein, traf seine Vorbereitungen zum Endkampf. Als erstes griff er jenen Punkt des ZK-Oktober-Beschlusses an, wonach die Gefahr von links die größte Gefahr sei. Jene Oktobersitzung des Zentralkomitees hatte Imre Nagy einen Sieg über den in Rákosis Namen agierenden Gerö gebracht. Rákosi erwartete nun natürlich die Hauptgefahr von rechts. Und deshalb tat er alles, um das Aufbegehren unter den Schriftstellern und Journalisten zu übertreiben. Später, auf der Märzsitzung des Zentralkomitees, machte er dann den Oktoberbeschluß rückgängig und erklärte, daß die Hauptgefahr die Gefahr von rechts sei.

ZSILLE Inzwischen – am 7. Januar 1955 – habt ihr euch wieder auf den Weg nach Moskau gemacht. Wer stellte die Delegation zusammen?

HEGEDÜS Wir in Ungarn. Es war klar, daß die ungarische Führung nach Moskau ging, um in Erfahrung zu bringen, wie die sowjetischen Genossen im Streit zwischen Imre Nagy und Rákosi entschieden hatten. An die Einzelheiten erinnere ich mich nicht genau. Gerö war meines Wissens nicht mit in Moskau, er war krank. Die Sowjetführer unterstützten zwar Imre Nagys Ministerpräsidentschaft, sie wollten ihn nicht ablösen, aber in dem Streit gaben sie Rákosi recht. So kamen wir mit einem erneuten Kompromiß nach Ungarn zurück, sahen aber bereits, daß Rákosi nun der Stärkere war. Aber eine wesentliche Veränderung gab es nicht, denn Imre Nagy blieb Ministerpräsident. Nach unserer Rückkehr erkrankte er dann bald. Ich übernahm die Lenkung des Ministerrats. Auch Gerö war krank. Es war klar, daß Rákosi sich mit dem Moskauer Kompromiß nicht zufriedengeben würde. Er versuchte, Imre Nagys Krankheit auszunutzen. Rákosi behauptete, Imre Nagy habe einen Herzinfarkt. Wir diskutierten darüber, ob das stimmte oder nicht. Bedeutung kam dieser Frage deshalb zu, weil Imre Nagy nach ärztlicher Meinung dann mindestens sechs Wochen hätte liegen und danach sich lange Zeit hätte schonen müssen. Rákosi wollte also mit Hilfe der Krankheit Imre Nagy loswerden. Imre Nagy bestritt allerdings, schwer erkrankt zu sein. Wenn ich mich nicht täusche, fuhr Rákosi nochmals nach Moskau. Zur nächsten Sitzung des Zentralkomitees erschien dann jedenfalls Suslow.

ZSILLE Das war zwischen dem 2. und 4. März 1955.

HEGEDÜS Richtig. Rákosi war sehr gut vorbereitet. Das formale Sitzungsziel war, den Oktoberbeschluß des Zentralkomitees zu ändern und zu erklären, daß Gefahr vor allem von rechts drohe. Imre Nagy konnte sich nicht verteidigen. Diejenigen, die ihn früher unterstützt hatten, sprachen jetzt gegen ihn.

ZSILLE Was war deine Meinung?

HEGEDÜS Eigentlich tat mir Imre Nagy leid, aber es gab kein Motiv, das mich veranlaßt hätte, für ihn Partei zu ergreifen. Das Zentralkomitee hatte zu dem Zeitpunkt in Personalfragen noch keinen Beschluß gefaßt. Die Sowjetführer hofften offensichtlich – Suslow ganz bestimmt –, daß Imre Nagy Selbstkritik üben würde; er hätte dann weiterhin Ministerpräsident bleiben können. Rákosi war daran freilich überhaupt nicht interessiert. Und Imre Nagy übte – erstmals in seinem Leben – keine Selbstkritik! Selbstkritik spielt in der Praxis der kommunistischen Partei eine große Rolle. Wer dazu gezwungen wird, verliert seine Selbstachtung und kann später nur sehr schwer für eine von ihm als richtig angesehene Sache eintreten. Damit, daß Imre Nagy keine Selbstkritik übte, begann eine neue Periode in seinem Leben. Meiner Meinung nach begann dieser neue Lebensabschnitt für ihn also nicht 1953, als er mit sowjetischer Hilfe eine neue politische Linie ausarbeitete, sondern erst im Frühjahr 1955, als er keine Selbstkritik übte. Er ging in Opposition zum Zentralkomitee und zu Moskau. Er nahm alle zu erwartenden Folgen dieser Opposition auf sich. Und Imre Nagy war ein erfahrener Politiker, der genau wußte, welches die Konsequenzen sein konnten. Einen Monat mußte er warten. Am 14. April trat dann das Zentralkomitee erneut zusammen. Imre Nagy wurde aus dem Politbüro und aus dem Zentralkomitee ausgeschlossen. Außerdem wurde er vom Posten des Ministerpräsidenten abgelöst. Aus der Partei schloß man ihn damals noch nicht aus. Damit gab man ihm noch eine Möglichkeit zur Selbstkritik, zur Rückkehr an die Macht. Imre Nagy übte jedoch auch weiterhin keine Selbstkritik. Auf dieser Sitzung des Zentralkomitees vom 14. April wurde zudem beschlossen, daß ich neuer Ministerpräsident werden sollte.

24. Auf dem Gipfel der Macht

ZSILLE Erinnerst du dich genau an den Augenblick, als zum ersten Mal davon die Rede war, daß du Ministerpräsident werden solltest?

HEGEDÜS Das geschah in einem Gespräch unter sechs Augen mit Rákosi und Gerö. Gerö brachte die Sache zur Sprache, und Rákosi unterstützte ihn mit der Bemerkung, daß die Angelegenheit mit den sowjetischen Genossen besprochen worden sei. Dieses Gespräch fand zwischen den beiden Sitzungen des Zentralkomitees vom März und April statt. Ich erschrak, sagte aber nicht nein. Vielleicht auch deshalb nicht, weil ich den Ministerrat ohnehin drei Monate praktisch geleitet hatte. Ich hatte das Gefühl, in technokratischer Hinsicht meine Aufgabe nicht schlecht bewältigt zu haben. In politischer Hinsicht war meine Tätigkeit dagegen sehr negativ. Das wußte ich auch damals schon, aber heute weiß ich es auf jeden Fall genau. Technokratisch gesehen schien es im Politbüro keine bessere Lösungsmöglichkeit zu geben als mich. Ich betone, im Politbüro.

ZSILLE Inwieweit veränderten sich mit deiner Ernennung zum Ministerpräsidenten deine Lebensverhältnisse?

HEGEDÜS Im wesentlichen überhaupt nicht. Oder vielleicht doch, erstmals verbrachte ich mit meiner Frau einen Urlaub in der Sowjetunion. Über Moskau fuhren wir nach Sotschi. In Moskau, auf einem Empfang für Indira Gandhi, unterhielt ich mich lange mit Suslow. Er hielt die ungarische Politik nicht für hart genug. Zweifellos war die ungarische Politik im Sommer 1955 eine eigenartige Mischung aus meiner Politik, die mit dem Regierungsprogramm von Imre Nagy sympathisierte, und der harten Linie von Rákosi. Auf einem Sektor mußte ich entschieden zum Rückzug blasen, nämlich in der Angelegenheit der Handwerker und der Kleinunternehmer. Erneut drängten wir sie wirtschaftlich zurück. Vielleicht nicht in dem Umfang, wie von Rákosi gewünscht, statistisch jedoch in durchaus spürbarem Ausmaß. Allerdings halte ich mir zugute, daß die Zwangskollektivierung nicht erneut einsetzte. Die darauf abzielende Propaganda nahm zwar zu, brachte aber keine nennenswerten Ergebnisse. Auch der Polizeiterror wurde nicht wiederbelebt. Nach 1956 wurde mir von vielen vorgeworfen, daß die Oktoberereignisse auf meine lasche Polizeipolitik zurückzuführen waren. Tatsache ist, daß ich nie jemanden habe einsperren lassen. Wenn ich etwas unternahm, dann, um jemandem zur Freiheit zu verhelfen. Dieser Haltung ist es vielleicht vorrangig zu verdanken, daß ich der einzige unter den alten Parteiführern bin, gegen den nach 1956 kein Parteidisziplinarverfahren eingeleitet worden ist.

ZSILLE Aber auch zu »deiner Zeit« hat es Prozesse und Todesurteile gegeben. Im Januar 1955 fand der letzte Hochverratsprozeß statt, in dem Todesurteile gefällt wurden. Der Anklage zufolge hatten die Beschuldigten Postsendungen an Radio Free Europe weitergeleitet. Die Hinrichtungen erfolgten bereits während deiner Ministerpräsidentschaft.

HEGEDÜS Schon vor meiner Ministerpräsidentschaft hatte sich die Praxis herausgebildet, daß der Vorsitzende des Präsidialrats, in dessen Kompetenzbereich der eventuelle Gnadenakt gehörte, den Ersten Sekretär der Partei und den Vorsitzenden des Ministerrats um seine Meinung befragte, wenn ein zum Tode Verurteilter ein Gnadengesuch einreichte. Ich wurde am 18. April 1955 Ministerpräsident. Vor meiner Zeit wurde diese Kompetenz von Rákosi als Erstem Sekretär und Gerö als Erstem Stellvertretendem Ministerpräsidenten ausgeübt. Gerö übergab mir diese Kompetenz nur zögernd. Ich erinnere mich an fünf Todesurteile, für die ich zuständig war. Drei wurden begnadigt, wobei es sich im übrigen bei allen fünf Fällen um kriminelle Morde gehandelt hatte. Von dem von dir angesprochenen Hochverratsprozeß erfuhr ich erst aus dem Buch *Gefängniswelt in Ungarn.* Ich erinnere mich nicht daran, daß mir ein Gnadengesuch vorgelegt worden wäre.

ZSILLE Wie stehst du heute zum Todesurteil?

HEGEDÜS Ich bin eindeutig dagegen.

ZSILLE Als Ministerpräsident wurden deine Beziehungen zu den Sowjetführern sicher enger als zuvor. Wie sah dein Verhältnis zum sowjetischen Botschafter in Budapest, Andropow, aus?

HEGEDÜS Ihn lernte ich bereits Ende 1953 kennen, als ich noch Stellvertretender Ministerpräsident und er Stellvertretender Botschafter war. Ich erinnere mich, daß ich ihm von Gerö vorgestellt wurde. Dieser hielt Andropow für einen gebildeten, intelligenten und guten Funktionär. Damals fuhren Andropow und ich oft gemeinsam in die Provinz. Diese gemeinsamen Reisen unterblieben erst 1956 wegen der großen Spannungen.

ZSILLE Wie sah in eurem Fall das Verhältnis zwischen einem ungarischen und einem sowjetischen Führer aus?

HEGEDÜS Vollkommen partnerschaftlich. Andropow versuchte nie, mir irgendwelche Anweisungen zu geben. Zwischen uns hatte sich ein guter persönlicher Kontakt entwickelt. Ein bißchen ähnelten wir uns auch. Er war ebenso wie ich als junger Mensch zu einer Parteifunktion gekommen, auch er hatte keine Militärlaufbahn hinter sich. Altersmäßig stand er mir näher als Rákosi.

ZSILLE Unterschied sich Andropows Stil von dem der anderen Sowjetführer? Von Suslow und Molotow?

HEGEDÜS Andropow unterschied sich vor allem von Suslow, der immer alles besser wußte, wenn er nach Ungarn kam. Zuvor las er eine Flut von Meldungen und bildete sich eine eigene Meinung, so daß ihn meine Meinung kaum noch interessierte. Er kam, um einen Beschluß des Präsidiums der sowjetischen Partei durchzusetzen. Andropow dagegen wollte das Land, in das man ihn geschickt hatte, kennenlernen. Deshalb fuhr er mit mir auch in die Provinz. Er war mir natürlich sympathischer als ein Funktionär, der mit einer unumstößlichen Meinung auftrat. Vermutlich war auch ich Andropow sympathisch. Er spielte wahrscheinlich eine wichtige Rolle dabei, daß die Sowjetführer meiner Ernennung zum Ministerpräsidenten zustimmten.

ZSILLE Als Andropow zweieinhalb Jahrzehnte später der Erste Mann der Sowjetunion wurde, während du als Privatmann Westeuropa bereist hast, bist du von den Medien oft nach dem Menschen Andropow befragt worden. Du warst der einzige erreichbare Mensch, der aufgrund persönlicher Erfahrungen über Andropow sprechen konnte. Deine Zeitungs- und Fernsehinterviews trugen nicht unmaßgeblich dazu bei, daß Andropow im Westen ein liberales Image erhielt, obwohl er in der Zwischenzeit lange Jahre Chef des KGB gewesen war.

HEGEDÜS Ich habe nie behauptet, daß Andropow ein liberaler Politiker gewesen wäre. Ich kannte ihn von 1953 bis Ende 1956. Seither war ich ihm nie wieder begegnet. In meinen Stellungnahmen betonte ich, daß sich in meinem Denken in der Zeit, die zwischen unserem letzten Treffen und Andropows Wahl zum Parteisekretär lag, viel verändert habe, daß ich aber nicht wissen könne, welche Veränderungen mit Andropow vorgegangen seien. Meine Stellungnahmen hatten zweifellos die Wirkung, die du ansprichst. Ehrlich gesagt, bedauerte ich das keineswegs, denn ich baute darauf, daß in der Sowjetunion unter Andropows Führung die erste wirklich große Reformperiode seit Anfang der zwanziger Jahre beginnen könnte. Ich hoffte darauf, daß die Befürworter der ungarischen Reform freie Hand zum Ausbau eines rationalen Wirtschafts- und politischen Systems bekämen.

ZSILLE Das war eine trügerische Hoffnung?

HEGEDÜS Das glaube ich nicht. Was Andropow begonnen hat, wirkt in der sowjetischen Gegenwart weiter. Ich denke hier an die Reformen und nicht an die reglementierenden Verordnungen, die ich für eine Sackgasse halte. Andropows Maßnahmen ermöglichten jedenfalls den Aufschwung der ungarischen Reform und vor allem die Institutionalisierung der ungarischen Schattenwirtschaft.

ZSILLE Hattest du Andropow Mitte der fünfziger Jahre als einen stalinistischen Funktionär kennengelernt?

HEGEDÜS Sowohl ich als auch Andropow waren stalinistische Funktionäre.

ZSILLE Spielte er bei Rákosis Amtsenthebung eine Rolle?

HEGEDÜS Mit Sicherheit spielte er dabei eine große Rolle. Ich sagte, Andropow wollte die ungarische Lage verstehen. Das muß man natürlich relativ sehen: Verstehen konnte er Ungarn nur in dem Rahmen, der einem stalinistischen Funktionär vorgegeben ist. Die Grenzen sind dabei eng. Auf jeden Fall war es sympathisch, daß er mit großem Fleiß Ungarisch lernte. Er las ungarisch und konnte einem Gespräch folgen. Offensichtlich war er sprachbegabt. Er sprach auch Englisch. Allerdings weiß ich nicht, auf welchem Niveau.

ZSILLE War Andropow humanistisch gebildet?

HEGEDÜS Er war belesen. Doch noch hervorstechender war, daß er hochintelligent war.

ZSILLE Auf jeden Fall intelligenter als sein Nachfolger Tschernenko.

HEGEDÜS Der Vergleich ist mir nicht möglich, weil ich Tschernenko nicht kannte.

ZSILLE Konntest du oder konnten die ungarischen Parteiführer aufgrund deines guten Verhältnisses zu Andropow nach dessen Wahl zum Generalsekretär an ein politisches Comeback von András Hegedüs denken?

HEGEDÜS Nein, das war vollkommen ausgeschlossen. Ich hatte mich 1963 infolge einer persönlichen Entscheidung aus der Machtstruktur und 1968 aus der Partei selbst ausgeschlossen. Ich wollte und will nie mehr in die Politik zurückkehren. Die Parteilosigkeit ist für mich heute der einzig akzeptable Status. Eines steht allerdings außer Zweifel, daß Andropow für mich einen gewissen Schutz bedeutete.

ZSILLE Im Frühjahr 1955 wurdest du Ministerpräsident. Hast du eine Regierungsumbildung vorgenommen?

HEGEDÜS Die Regierung wurde nicht umgebildet. Das ist sehr interessant. Im Juni 1953 und im April 1955 geschahen wichtige politische Veränderungen, ohne daß bedeutende Personalveränderungen stattgefunden hätten. Das gleiche Phänomen ließ sich übrigens Jahre später, 1972 und 1978, beobachten. 1972 wurde mit geringfügigen Veränderungen das reformfeindliche Programm von der gleichen Mannschaft aufgestellt, die zuvor die Reform gemacht hatte.

ZSILLE Daraus geht hervor, daß die kommunistischen Führer einen festen Charakter besitzen und daß die Mitglieder von Marionettenregierungen das tun, was ihnen befohlen wird.

HEGEDÜS Das würde ich nicht sagen. Die Wurzeln liegen tiefer. Es ist nie vollkommen klar, welcher Weg politisch zu beschreiten ist. Die politische Machtstruktur ändert sich nicht, nur die politische Linie ändert sich. Doch zurück zum Jahr 1955. Die einzige bedeutende Veränderung bestand in der Schließung von Imre Nagys Spitzenministerium, dem von Zoltán Vas geleiteten Amt des Ministerrats.

ZSILLE Wer hatte darüber zu befinden, ob es in der Regierung Umbesetzungen zu geben hatte oder nicht?

HEGEDÜS Das waren Entscheidungen des Sekretariats. Das Sekretariat und das Politbüro hatten zu entscheiden. Ich unterbreitete einen Vorschlag, und die Entscheidung erfolgte dort. Zuerst besprach ich einen geplanten Personalwechsel mit Rákosi und Gerö. Das war die Reihenfolge. Meinen Vorschlag unterbreitete ich dem Sekretariat erst nach Billigung durch Rákosi und Gerö.

ZSILLE Es war also keinesfalls sicher, daß du jemanden in

die Regierung aufnehmen oder aus der Regierung entlassen konntest?

HEGEDÜS Das war absolut nicht sicher. Der Ablösung von Iván Altomare beispielsweise gingen lange Kämpfe voraus. Er war der Minister der Lebensmittelindustrie. Seine Arbeit erledigte er mit Holzhammermethoden, so als ob er eine Rote Garde im Bürgerkrieg führte. Wer bei einer Verhandlung mit ihm nicht einverstanden war, den fragte er ganz freundlich: »Wissen Sie, was wir anno dazumal mit solchen Leuten wie Ihnen gemacht haben? An die Wand gestellt und erschossen!« So argumentierte er beispielsweise in der Diskussion um die Milchpreise. Trotzdem dauerte es sehr lange, bis ich das Sekretariat von der Notwendigkeit seiner Ablösung überzeugen konnte. Später übernahm Rezsö Nyers seinen Posten.

25. Die gebremste Rehabilitierung

ZSILLE Eines der wichtigsten innenpolitischen Ereignisse während deiner Ministerpräsidentschaft waren die Rehabilitierungen. Wann und warum habt ihr den Entschluß gefaßt, wenigstens die unschuldig verurteilten Kommunisten zu rehabilitieren?

HEGEDÜS Der Gedanke stammte aus dem Jahre 1953. Die damals in sehr geringem Umfang in der Sowjetunion durchgeführten Rehabilitierungen boten die Möglichkeit dazu. In der Sowjetunion war ein Teil der Opfer der Scheinprozesse aus den Gefängnissen entlassen worden. Die Angehörigen der Hingerichteten, wie zum Beispiel Bucharins Familie, erhielten die Nachricht, daß in einem Rehabilitierungsverfahren festgestellt worden sei, daß der Verurteilte im Sinne der Anklage nicht schuldig gewesen sei. Die Rehabilitierung ging jedoch nicht so weit, daß die am Leben Gebliebenen wieder in ihre Parteifunktionen eingesetzt worden wären. Bei uns begann die Rehabilitierung Ende 1953 mit Gyula Kállai. Die Grundsatzentscheidung erfolgte noch auf Sekretariatsebene. Später wurde dann das Rehabilitierungskomitee gebildet. Kállais Rehabilitierung ließ sich noch insgeheim erledigen, weil er nicht in einem Schauprozeß, sondern in einem Geheimprozeß verurteilt worden war.

ZSILLE Da die Zeitungen über seine Verurteilung nicht berichtet hatten, mußten sie also nun auch nicht über seine Freilassung schreiben. Wie lief Kállais Rehabilitierung ab? Wer hatte den ersten Schritt getan?

HEGEDÜS Kállai hatte einen Brief an Rákosi geschrieben, in dem er klarstellte, daß die Vorwürfe gegen ihn nicht der Wahrheit entsprachen.

ZSILLE Was Rákosi freilich am besten wußte.

HEGEDÜS Ja. Aber er hatte sich aus politischen Gründen entschlossen, die Rehabilitierung zu unterstützen. Von besonderer Bedeutung war János Kádárs Rehabilitierung, die ebenfalls insgeheim erfolgte. Kádár wurde nach seiner Rehabilitierung relativ schnell zum Ersten Sekretär der Parteileitung im Komitat Pest gewählt. Das war ein wichtiger Posten.

ZSILLE Als Kádár eine Funktion erhielt, war die Partei in eine Imre-Nagy-Gruppe und eine Rákosi-Gruppe gespalten. Welcher Gruppe schloß sich Kádár an?

HEGEDÜS Man schloß sich eher ihm an. Es bildete sich eine Art Parteiopposition heraus, wenn du so willst, eine dritte Gruppe, deren Führer Kádár war. Das ist nicht so zu verstehen, daß Kádár neben seiner täglichen Arbeit eine Opposition organisiert hätte, sondern das heißt vielmehr, daß es eine Gruppe gab, die ihn als ihren Führer ansah. Diese Gruppe war eindeutig gegen Rákosi. Sie setzte sich aus Parteifunktionären zusammen, die nach und nach in Opposition zu Rákosi geraten waren, denen jedoch die Gruppe um Imre Nagy, die demokratische Opposition, fremd blieb. Diese Funktionäre widersetzten sich Rákosis Linie, ohne ihr Parteifunktionärsbewußtsein aufzugeben. Einen solchen Parteifunktionär trennten Welten vom Freiheitsdenken der Schriftsteller und Journalisten, die sich um Imre Nagy gruppiert hatten.

ZSILLE Die Rehabilitierung erstreckte sich aber ausschließlich auf Kommunisten.

HEGEDÜS Ja. Wir rehabilitierten nur Kommunisten. Zugleich wurden aber auch Nicht-Kommunisten aus den Gefängnissen und Internierungslagern entlassen. Ihre Rehabilitierung ist bis zum heutigen Tag allerdings nicht erfolgt.

ZSILLE Warum nicht?

HEGEDÜS Ich kann nur darüber sprechen, weshalb sie bis 1956 nicht erfolgte. Selbst die Rehabilitierung der kommunistischen Prozesse war ja eine ziemlich harte Nuß. Bis Mitte 1956 saßen im Sekretariat die Leute, die für die Prozesse verantwortlich waren: Rákosi, Gerö, Mihály Farkas. Verständlicherweise waren sie gegen die Rehabilitierungen. Letztlich kriegten sie die Kurve, indem sie Gábor Péter zum Sündenbock stempelten. Zwischenzeitlich hatten sie die Anklage gegen ihn geändert und ihn für die Leitung der Scheinprozesse verantwortlich gemacht. Das war natürlich ein vollkommen haltloser Standpunkt, da Péter Weisungen des Vierergespanns ausgeführt hatte. Die Nicht-Kommunisten, die zu Unrecht in Scheinprozessen verurteilt worden waren, wurden deshalb nicht rehabilitiert, weil diese Prozesse dem System teilweise erst an die Macht verholfen hatten. Hätte man diese Verurteilten rehabilitiert, so wäre die Legalität der Machtübernahme in gewissem Maß in Frage gestellt worden. So dachten wir damals. Schon 1955 versuchte ich, mit der katholischen Kirche ein Abkommen zu schließen. Ich hielt das für äußerst wichtig. Deshalb entließen wir 1955 József Grösz aus dem Gefängnis, und deshalb überführten wir József Mindszenty ein Jahr später vom Gefängnis in Hausarrest. Es erfolgten also gewisse Maßnahmen, wenn auch noch ziemlich zaghaft. József Grösz rehabilitierten wir indirekt, er gelangte wieder auf den Stuhl des Erzbischofs.

ZSILLE Grösz wurde begnadigt und nicht rehabilitiert.

HEGEDÜS Deshalb sage ich ja, indirekt rehabilitiert. Auf der anderen Seite ging die Rehabilitierung der Kommunisten voran. Größte Diskussionen gab es um Rajks Rehabilitierung. Kádárs, Kállais und Donáths Angelegenheit hatte sich unter der Hand erledigen lassen, weil sie eben nicht in Schauprozessen verurteilt worden waren. Die Opfer der Schauprozesse dagegen mußten öffentlich rehabilitiert werden, gleichgültig ob sie gestorben oder am Leben geblieben waren. Die beabsichtigte Versöhnung mit Tito machte Rajks Rehabilitierung unumgänglich.

ZSILLE Seid ihr von Moskau aufgefordert worden, Rajk zu rehabilitieren, nachdem Chruschtschow seinen Belgrader Canossa-Gang bereits hinter sich hatte?

HEGEDÜS An so etwas erinnere ich mich nicht. Es ist nicht auszuschließen, daß Rákosi und Gerö auf dem XX. Parteitag einen solchen Wink bekamen. Aber davon weiß ich nichts.

ZSILLE Welche Haltung hast du in den Diskussionen um die Rehabilitierungen eingenommen?

HEGEDÜS In der Szakasits-Angelegenheit wandte ich mich scharf gegen Rákosi, in der Rajk-Angelegenheit nicht.

ZSILLE Warum hast du Rajks Rehabilitierung nicht unterstützt?

HEGEDÜS Ich hatte das Gefühl, daß Rákosis und Gerös Lage durch Szakasits' Rehabilitierung nicht erschüttert werden könnte. Durch Rajks Rehabilitierung schon. Ich hielt die Rehabilitierung zwar für unumgänglich, dachte aber, wenn ich dafür eintrete, so würde ich eindeutig gegen Rákosi und Gerö, also für ihre Ablösung Stellung nehmen.

ZSILLE Hast du sie damals immer noch unterstützt?

HEGEDÜS Damals konnte ich mich in meinem Denken noch nicht von ihnen trennen. Ich konnte mir nicht vorstellen, wie eine ungarische Parteiführung ohne sie aussehen sollte.

ZSILLE Hattest du nicht eher Angst um dich selbst?

HEGEDÜS Offensichtlich hatte ich auch um mich selber Angst. Aus mir sprach ein Mensch, der an die Macht gewöhnt war. Ich konnte mir nur schwer ein Leben ohne Macht vorstellen. Ich dachte, wenn Rákosi und Gerö gehen müßten, dann gäbe es nur zwei Möglichkeiten. Die eine, daß die Macht auf uns, das heißt auf mich und die mir gleichgesinnten Führer übergegangen wäre, oder aber, die andere Möglichkeit, die Macht wäre Imre Nagy zugefallen. Letzteres hätte für uns völlige Unsicherheit bedeutet.

26. Die Entlarvung der stalinistischen Willkür, Rákosis Machtenthebung

ZSILLE Wer von der ungarischen Führung hat 1956 am XX. Parteitag der KPdSU in Moskau teilgenommen?

HEGEDÜS Rákosi zusammen mit István Kovács und Béla Szalai. Also praktisch war der Parteiapparat vertreten.

ZSILLE Was passierte nach der Rückkehr der ungarischen Delegation?

HEGEDÜS Rákosi hatte Chruschtschows Geheimrede mitgebracht, mit der Genehmigung, sie im engsten Führungskreis bekanntzumachen. Also erhielt auch ich ein Exemplar. Es war überraschend. Rákosi fügte noch hinzu, das sei noch lange nicht alles; außer dem schriftlich fixierten Text habe Chruschtschow noch einige brisante Sachen in seine Rede eingebaut. Zum Beispiel soll Stalin in den letzten Jahren schon ein Psychopath gewesen sein, der die Folgen seiner Handlungen nicht mehr habe einschätzen können. Wir behandelten Chruschtschows Rede sehr geheim. Wir hatten absolut kein Interesse daran, sie an die Öffentlichkeit zu bringen. Trotzdem gelangte sie relativ schnell in den Westen. Auch in Ungarn war sie ziemlich verbreitet, weil sie in Ballons abgeworfen worden war. Auch Radio Free Europe hatte den gesamten Text bekanntgemacht.

ZSILLE Hattet ihr eine Vorstellung, wer den Text in den Westen geschmuggelt haben könnte?

HEGEDÜS Genaue Vorstellungen hatten wir nicht. Den meisten Informationen zufolge war der Text über Polen außer Landes gelangt.

ZSILLE Wie kommentierte Rákosi die Geheimrede, welche Konsequenzen zog er daraus?

HEGEDÜS Rákosi wollte daraus überhaupt keine Konsequenzen ziehen. Gerade deshalb verzögerte sich die Einberufung des Zentralkomitees. Sie erfolgte erst einen Monat später. Rákosi berichtete dann über die Ereignisse des sowjetischen Parteitags und über die Geheimrede. Der XX. Parteitag begünstigte vor allem László Rajks Rehabilitierung. Und indirekt bewirkte er, daß die von Imre Nagy angeführte demokratische Opposition noch aktiver wurde und sich beinahe institutionalisierte.

ZSILLE Beklagte sich Rákosi nicht in Privatgesprächen über Chruschtschow? War Rákosi nicht der Meinung, daß Chruschtschow all das besser für sich behalten hätte?

HEGEDÜS Damals nicht. Nach 1956 dagegen schon. Rákosi führte den nationalen Aufstand auf die Ereignisse des XX. Parteitags zurück. Allerdings dachte er damals noch, daß er ebenso heil davonkommen werde wie Chruschtschow und die anderen Parteiführer, die ebenfalls für die Geschehnisse unter Stalin verantwortlich waren. Normalerweise hätte Rákosi damals abtreten müssen. Es war offensichtlich, daß auf dem XX. Parteitag nicht nur Stalin verurteilt worden war, sondern auch derjenige, der sich für dessen besten ungarischen Schüler gehalten hatte. Rákosi beging den Fehler, daß er Chruschtschows Beispiel nicht folgte. Allerdings stimmte er Rajks Rehabilitierung zu. Er überwand sich und erklärte, daß László Rajks Prozeß ein Schauprozeß gewesen und daß Rajk auf Grund falscher Anschuldigungen verurteilt worden sei. Die Verantwortung aber schob er damals noch in vollem Umfang Gábor Péter zu. Darüber war man natürlich weit und breit empört. Auf Parteiversammlungen sprach man sogar offen aus, daß nicht nur Gábor Péter schuld sei, daß man die wahren Verantwortlichen vielmehr weiter oben suchen müsse. Oft wurde Rákosi sogar beim Namen genannt. So übte er anderthalb Monate später, am 18. Mai 1956, vor dem Budapester Parteiaktiv in der Sporthalle Selbstkritik. Rákosis Ansehen war damit erschüttert. Die sowjetische Führung wollte ihn allerdings weiter halten, was auch verständlich war, denn vor nicht allzu langer Zeit hatten sie ihn gegen Imre Nagy verteidigt. Mitte Juni stattete Suslow Ungarn einen Besuch ab, um Rákosi zu stärken. Suslow suchte auch Imre Nagy auf und forderte ihn zur Selbstkritik auf. Rákosi wäre dadurch bestätigt worden. Hätte Imre Nagy nachgegeben, wäre er sicher wieder Ministerpräsident geworden, die Gemüter hätten sich beruhigt, und Rákosi hätte Parteisekretär bleiben können. Imre Nagy indes blieb hart. Ich unterhielt mich mit Suslow vor seiner Abreise. Er hatte schlechte Laune und ließ durchblicken, daß er den Auftrag nicht erfolgreich ausgeführt hatte. Er hatte Rákosis Position nicht stabilisieren können.

ZSILLE Sprach er über mögliche Konsequenzen?

HEGEDÜS Nein. Er machte nicht einmal eine Anspielung. Er sagte nur, er werde die Parteispitze informieren. Am 14. Juni verließ er Budapest in Richtung Moskau. Einen Tag später schon, glaube ich, am 15. Juni, traf Mikojan in Budapest ein. Es war vollkommen klar, daß er die Entscheidung bringen würde, die in der sowjetischen Parteiführung nach Suslows Bericht gefällt worden war. Rákosi und ich empfingen Mikojan auf dem Flughafen. Wir fuhren mit Rákosis großem gepanzertem Auto; zu dritt saßen wir hinten im Wagen, vom Chauffeur trennte uns eine Glasscheibe. Wir waren schon beinahe bei den Gästehäusern angekommen, als Mikojan sich plötzlich an Rákosi wandte und ihm sagte: »Wir meinen, daß du in der gegebenen Lage unter Berufung auf eine Krankheit abtreten mußt, Genosse Rákosi. Genosse Hegedüs soll das Amt des Ersten Sekretärs übernehmen.« Rákosi kam diese Mitteilung nicht allzu unerwartet. Er war zwar ziemlich niedergeschlagen und sagte, er halte die Entscheidung nicht für richtig und politisch nicht für zweckmäßig, wenn aber die Genossen dieser Meinung seien, so habe er dagegen nichts einzuwenden. Ich allerdings sagte Mikojan sofort, daß ich das Amt des Ersten Sekretärs nicht übernehmen könne.

ZSILLE Mit welcher Begründung?

HEGEDÜS Ich sagte, ich sei in der augenblicklichen Lage für den Posten des Ersten Sekretärs nicht geeignet. Ich besäße nicht die notwendige Parteivergangenheit. Gegenwärtig gebe es im Zentralkomitee Konflikte verschiedener Kräfte, und ich wäre als Erster Sekretär nicht der richtige Mann, die Einheit der Partei zu wahren.

ZSILLE Ich verstehe nicht, warum du den Posten zurückgewiesen hast.

HEGEDÜS Mit Mitgliedern des Politbüros und des Sekretariats, deren Lebensweg am ehesten dem meinen entsprach, hätte ich schon eine relativ homogene Führung bilden können – gegen Imre Nagy und gleichzeitig auch gegen Rákosi, Gerö und Farkas. Eine solche Möglichkeit ging mir schon durch den Kopf, aber zur Realisierung fehlte es mir an Energie, Entschlossenheit und an bedingungsloser Härte. Menschen verhaften lassen, vor Gericht stellen, eventuell hinrichten lassen – das war nicht mein Lebensweg, das entsprach nicht meiner Persönlichkeit. Das hätte jemand tun müssen, der ähnliche Fähigkeiten und Kenntnisse besaß wie ich, außerdem aber noch über Aggressivität und Grausamkeit verfügte.

ZSILLE Dieser dritte Weg zwischen Rákosi und Imre Nagy, an den du gedacht hast, ist das letztlich nicht János Kádárs Weg?

HEGEDÜS Kádárs Name kam mir damals auch in den Sinn. Ich überlegte, ob er nicht den Posten des Ersten Sekretärs übernehmen könnte. Und Imre Nagy die Ministerpräsidentschaft. Auch heute noch halte ich das, wenn man die Lage damals bedenkt, für die einzig vernünftige Alternative. Imre Nagy hätte die Ministerpräsidentschaft übernommen, ich hätte mich an die Peripherie der Führung zurückgezogen, Kádár wäre an Rákosis Stelle Erster Sekretär geworden, Rákosi und Gerö wären als Pensionäre in die Sowjetunion gegangen. Die Spannung in Ungarn hätte sich gelöst, ebenso wie in Polen drei Monate später mit Gomulkas Rückkehr an die Macht wieder Ruhe eingekehrt ist.

ZSILLE Wer ist dann auf Gerö gekommen, Mikojan?

HEGEDÜS Ich glaube, das war Rákosis Idee. Ich muß hinzufügen, daß auch ich mit Gerö einverstanden war.

ZSILLE Am 18. Juli 1956 fand die Sitzung des Zentralkomitees statt, auf der Rákosi unter Berufung auf seinen Gesundheitszustand formal um seine Amtsentbindung bat. Rákosi wurde von dir verabschiedet.

HEGEDÜS Ich verabschiedete ihn und legte verschiedene Personalvorschläge vor.

ZSILLE Deine Rede löste Unwillen aus. Du sprachst von den Fehlern der Dogmatiker, wobei du vermutlich an Rákosi dachtest. Doch in deiner Kritik nanntest du auch Imre Nagy beim Namen. Ich zitiere den wichtigsten Satz aus deiner Rede: »Natürlich gab und gibt es nicht nur sektiererische Fehler in unserer Partei, sondern es gibt auch sehr ernste und grobe Fehler von rechts, ja sogar Rechtsabweichungen, die vor allem Imre Nagy zu vertreten hat.«

HEGEDÜS Hier muß man zwei Dinge berücksichtigen. Zum einen hatte ich tatsächlich Angst, daß Rákosis Ausscheiden aus der Führung ebenso starke systemfeindliche Kräfte wecken könnte wie einst Imre Nagys Regierungsprogramm. Der andere Gesichtspunkt bezog sich auf den Aufstand in Posen, der länger gedauert hatte als der Aufstand in Ost-Berlin. Wir hatten Angst, daß durch Rákosis Ablösung die Schleusen geöffnet würden und ähnlich wie in Polen ein Gärungsprozeß beginnen würde, der zu einem Aufstand führen könnte.

27. Eine neue Angst: die Angst vor dem Volk

ZSILLE Jetzt trat also bei dir eine bisher nicht gekannte Angst auf. Bis 1953 hast du Angst vor den eigenen Genossen gehabt. Nun aber bekamst du allmählich Angst vor dem Volk!

HEGEDÜS Ja, so könnte man es formulieren! Ich hatte Angst, weil ich Macht besaß und daran gewöhnt war. Ich hatte nicht davor Angst, vor Gericht gestellt, verurteilt und zusammen mit der Familie verschleppt zu werden (diese Angst kam erst später), sondern davor, daß der Machtapparat zusammenbricht und wir vor einer vollkommen unsicheren Zukunft stehen.

ZSILLE Seid ihr im Besitz einer Lageanalyse gewesen, die eure Angst berechtigt erscheinen ließ?

HEGEDÜS Eine zuverlässige Lageanalyse besaßen wir nicht, dafür aber gab es beunruhigende Anzeichen und Erlebnisse. Beispielsweise nahm ich am 10. Jahrestag der Gründung des Verbands der Volkskollegien teil, und zwar als ehemaliger Györffy-Kollegiat und in meiner Eigenschaft als Ministerpräsident. Imre Nagy war auch anwesend, und ich spürte durch und durch, daß Imre Nagy der Führer des nationalen Widerstands geworden war, während ich in die Position eines Bewahrers der Machtstruktur gezwungen wurde, der niemandem mehr sympathisch war.

ZSILLE Was geschah mit Rákosi nach dessen Ablösung?

HEGEDÜS Er begab sich sofort nach Moskau. Ich traf ihn erst nach dem 28. Oktober 1956 wieder.

ZSILLE Wie wurde die politische Führung nach Rákosis Amtsenthebung umgebildet?

HEGEDÜS Es erfolgten beachtliche Personalveränderungen. Gerö schied aus der Regierung aus und wurde Erster Sekretär. István Hidas wurde mein Erster Stellvertreter. Er war ein tüchtiger Arbeiter, hatte dieses Amt freilich nicht seinen geistigen Fähigkeiten zu verdanken. Wichtiger als diese Umbesetzung war die Berufung György Marosáns zum Stellvertretenden Ministerpräsidenten. Er war erst ein halbes Jahr zuvor aus dem Gefängnis entlassen worden.

ZSILLE Marosán war also ebenso wie Kádár zur Zusammenarbeit mit denen bereit, die sie zuvor hatten einsperren lassen.

HEGEDÜS Ich erinnere mich, Marosán wurde direkt vom Gefängnis zu Rákosis Sekretariat gebracht, wo er von Rákosi und mir empfangen wurde. Marosán war sofort zur Zusammenarbeit bereit. Er verhielt sich nicht so wie Ferenc Donáth, der jegliche Gemeinsamkeit mit denjenigen verweigerte, die etwas mit seiner Inhaftierung zu tun hatten. Im Verlauf der Unterhaltung mit Marosán schlugen wir ihm vor, einer der Stellvertreter des Ministerpräsidenten zu werden. Eine weitere bedeutende Veränderung war die Berufung von Rezsö Nyers, der ebenfalls wie Marosán einmal Sozialdemokrat gewesen war, zum Ernährungsminister. Noch erheblicher jedoch waren die Veränderungen in der Parteiführung. Gerö wurde Erster Sekretär, János Kádár kam als zweiter Mann dazu. Die Parteiopposition, die Kádár als ihren Führer betrachtete, erstarkte also. Imre Nagy dagegen, der als Repräsentant der demokratischen Opposition die Meinung eines großen Teils der

Gesellschaft artikulierte, wurde auch diesmal nicht an der Macht beteiligt. Nicht einmal seine Parteimitgliedschaft wurde geregelt. So bildete sich eine Art Konfrontation zwischen den beiden oppositionellen Strömungen heraus, zwischen Imre Nagys demokratischer Opposition und Kádárs Parteiopposition. Gerö und ich waren deshalb nicht traurig. Wir meinten, durch die Spaltung der Opposition ließen sich die grundlegenden Probleme lösen. Wir erkannten einfach nicht die wahre Natur des Konflikts. Wir wollten nicht wahrhaben, daß sich der nationale Widerstand zusehends artikulierte. Wir begriffen nicht, daß nicht Kádárs Parteiopposition der eigentliche Repräsentant dieses Widerstands war, sondern Imre Nagys demokratische Opposition. Kádár wollte auch weiterhin einen stalinistischen Kurs verfolgen, allerdings ohne Terrormaßnahmen und Scheinprozesse. Außerdem war er zur Zusammenarbeit mit uns bereit, obwohl damals noch viele von denen im Politbüro saßen, die für seine Inhaftierung verantwortlich waren: Ernö Gerö, József Révai und ich. Mihály Farkas dagegen war aus dem Politbüro verschwunden. Dafür war ich verantwortlich gewesen. Ich hatte an das Politbüro einen Brief geschrieben, in dem ich unter anderem Mihály Farkas' Verhaftung vorgeschlagen hatte.

ZSILLE Hast du Mihály Farkas' Verhaftung mit Gerö besprochen?

HEGEDÜS Nein. Das war allein meine Initiative.

ZSILLE Wie reagierte Gerö?

HEGEDÜS Im Prinzip war er einverstanden.

ZSILLE War die Verhaftung von Mihály Farkas eine Rache von dir? Ich habe das Gefühl, du hast ihn unter allen Führern am meisten gehaßt. Ist das richtig?

HEGEDÜS Das ist gar keine Frage. Und dieser Haß war nicht in den fünfziger Jahren, sondern im wesentlichen bereits 1945 entstanden. Ich haßte und verabscheute ihn. Ich verabscheute ihn vor allem wegen seiner unendlichen Eitelkeit. Er war ein eitler Mensch, der mit der Macht Mißbrauch trieb. Mein Haß gegen ihn steigerte sich, als ich von seiner Rolle in den Scheinprozessen und bei den Säuberungen erfuhr. Mir war zu Ohren gekommen, daß er an Hinrichtungen teilgenommen und auch andere zur Teilnahme daran gezwungen hatte. Es kamen viele kleine und weniger kleine Dinge zusammen, die sich bei mir zu Haß anstauten.

ZSILLE Was für eine Anklage wurde gegen Farkas erhoben?

HEGEDÜS Daß er sich Gesetzwidrigkeiten hatte zuschulden kommen lassen.

ZSILLE Wie lautete das Urteil?

HEGEDÜS 10 bis 20 Jahre Gefängnis. Ich erinnere mich nicht genau.

ZSILLE Hast du ihn nach seiner Freilassung einmal getroffen?

HEGEDÜS Nein. Er war schon krank, als er in den sechziger Jahren entlassen wurde. Wie ich gehört habe, ist er wieder zum jüdischen Glauben zurückgekehrt. Er besuchte regelmäßig die Synagoge. Der Rabbi, so sagt man, sei deshalb sehr erschrocken gewesen, weil ihm nicht klar war, in welcher Eigenschaft Farkas die Synagoge aufsuchte und welche Folgen die Besuche haben würden.

28. Canossa-Gang nach Belgrad und auf den Kerepeser Friedhof

ZSILLE Die Reise nach Belgrad, der Kniefall vor Tito, war das bitter für euch?

HEGEDÜS Ja! Nach Chruschtschows Belgradreise 1955, war es an der Zeit, Tito einen Besuch abzustatten. Die Sowjetführer drängten auf Versöhnung. Sie vermittelten zwischen Gerö und Tito, die sich dann noch vor unserem Canossa-Gang auf der Krim trafen. Ich glaube nicht, daß diese Unterhaltung allzu herzlich gewesen ist, obwohl Gerö berichtete, daß das Gespräch mit Tito relativ gut verlaufen sei. Ursprünglich hieß es, daß Rákosi, der damals noch Erster Sekretär war, die Delegation nach Jugoslawien leiten würde. Die Jugoslawen ließen uns jedoch wissen, daß sie Rákosi nicht empfangen würden. Tito war sich auch lange unschlüssig, ob er mit Gerö überhaupt verhandeln sollte. Seine Zustimmung schließlich war vermutlich das Ergebnis des Gesprächs auf der Krim. Zur Delegation gehörten Ernö Gerö, János Kádár, István Kovács, Antal Apró und ich. In dieser unruhigen Zeit hielten wir uns relativ lange in Jugoslawien auf: zehn Tage. Unterdessen trafen ständig Lajos Ács' Telegramme ein, die Lage in Ungarn verschlechtere sich zusehends und wir sollten sofort zurückkommen. Das wäre allerdings gegenüber den Jugoslawen ein unfreundlicher Akt gewesen, und so blieben wir, obwohl alle wichtigen Protokollverhandlungen bereits in den ersten vier bis fünf Tagen abgewickelt worden waren. Wir wurden von Tito empfangen, hatten ein Gespräch mit Kardelj und verhandelten lange mit Vukmanovics, der damals in Wirtschaftsangelegenheiten eine führende Rolle spielte. Auf dem uns zu Ehren gegebenen Empfang und auch während der Verhandlungen machte Tito deutlich, daß Kádár für ihn nicht einfach nur ein Mitglied der Regierungsdelegation war, sondern daß er ihn am meisten schätzte und mit ihm am liebsten verhandelte. Das war verständlich, denn die anderen Mitglieder der Delegation hatten in der Zeit der titofeindlichen ungarischen Angriffe führende Positionen inne.

ZSILLE In der sogenannten Kettenhund-Periode.

HEGEDÜS Ja.

ZSILLE Habt ihr euch für diese Angriffe entschuldigt?

HEGEDÜS Ja. Gerö tat das mehrfach; fast war das schon ein Ritual. Das war freilich eine der Bedingungen für den Besuch.

ZSILLE Und was antwortete Tito darauf?

HEGEDÜS Nichts. Gerö sagte, wir bedauerten den Konflikt zwischen Jugoslawien und Ungarn sehr und hofften, das Geschehene wiedergutmachen zu können.

ZSILLE Beschuldigte Gerö namentlich jemanden?

HEGEDÜS Nein. Dann hätte er die Namensliste der ganzen Delegation aufzählen müssen. Andererseits konnte er das auch wegen der Sowjetführung nicht tun, denn auch diese hätte er kritisieren müssen. Es war offensichtlich, daß Gerö und Rákosi auf Stalins Anweisung gehandelt hatten.

ZSILLE Waren die Verhandlungen eurer Meinung nach erfolgreich? Verbesserte sich die Atmosphäre zwischen den beiden Ländern?

HEGEDÜS Die kühle Atmosphäre der ersten Tage lockerte

sich später. Gegen Ende des Besuchs konnte ich mir kaum noch vorstellen, daß unsere schlechten Beziehungen uns beinahe an den Rand eines Krieges getrieben hatten.

ZSILLE Es machte euch aber sicher nervös, daß aus der Budapester Parteizentrale ständig Telegramme eintrafen, die euch aufforderten, nach Hause zu kommen. Dabei seid ihr sicher überzeugt davon gewesen, daß die innenpolitische Lage Ungarns eine zehntägige Reise nach Jugoslawien getrost gestattete.

HEGEDÜS Wir dachten tatsächlich, vieles in Ordnung gebracht zu haben. Deshalb verstanden wir auch Ács' nervöse Telegramme und Telefonanrufe nicht. Wir wußten, daß Lajos Ács zur Hysterie neigte. So hielten wir das, was sich später als Realität herausstellte, für Hysterie. Natürlich muß man hinzufügen, daß die ungarischen Ereignisse durch die Nachrichten aus Polen beschleunigt wurden. Jedenfalls: ein sehr wichtiges Ereignis war am 6. Oktober 1956 die Beerdigung von Rajk und seiner mit ihm hingerichteten Gefährten. Es hatte in dieser Angelegenheit unter uns große Diskussionen gegeben. Meine Haltung war eher zurückhaltend als hilfreich. Ich hatte vor einer großen Beerdigung Angst. Ich dachte an meine Worte auf der Sitzung des Zentralkomitees anläßlich von Rákosis Verabschiedung: »Wir müssen jetzt aufpassen, weil verschiedene Elemente die Lage ausnutzen und einen Angriff gegen die Volksdemokratie planen.« Wir beriefen uns auf die Volksdemokratie, doch in Wirklichkeit dachten wir an unsere eigene Macht, die es zu verteidigen galt. Gerö war in jener Zeit nicht in Budapest, so daß er an der Beerdigung auch nicht teilnahm.

ZSILLE Wie war dir auf dieser Beerdigung zumute?

HEGEDÜS Das kann man sich vorstellen.

ZSILLE Seid ihr, die Mitglieder des Politbüros, zu Julia Rajk hingegangen, um ihr zu kondolieren?

HEGEDÜS Ich glaube, nein.

ZSILLE Hast du gewußt, welch schwere Zeit László Rajks kleiner Sohn hinter sich hatte, der vor dem Grab stand?

HEGEDÜS Das wußte ich damals schon. Und ich wußte auch, was mit Rajks Leichnam geschehen war.

ZSILLE Was war mit ihm geschehen?

HEGEDÜS Man hatte Angst vor dem Leichnam. Das erfuhr ich bereits während der Rehabilitierungen in meiner Eigenschaft als Ministerpräsident. Nachdem Rajk und seine drei Gefährten hingerichtet worden waren, waren die Leichen nachts unter größter Geheimhaltung in einem Wald in der Nähe von Budapest verscharrt worden. Als wir sie 1956 exhuminieren wollten, fanden wir erst nach langwierigen Untersuchungen heraus, wo sie begraben worden waren.

ZSILLE Was geschah nach der Beerdigung?

HEGEDÜS Wir Mitglieder des Politbüros gingen in die Parteizentrale und warteten gespannt ab. Wir waren sehr beruhigt, als wir hörten, daß sich die Menge nach der Beerdigung zerstreute. Wir dachten, alles sei in Ordnung. In Wahrheit war überhaupt nichts in Ordnung, denn die Beerdigung hatte uns moralisch vernichtet. Sie hatte uns für alle Zukunft diskreditiert.

ZSILLE Sagt das der damalige Ministerpräsident András Hegedüs oder der Pensionär des Jahres 1984?

HEGEDÜS Damals glaubte ich, wir hätten vieles in Ordnung gebracht.

ZSILLE Habt ihr polizeiliche Vorbereitungen für den Fall

getroffen, daß sich die Menge nach der Beerdigung nicht auflösen würde?

HEGEDÜS Von polizeilichen Maßnahmen weiß ich nichts. Das war Gerös Metier, der sich jedoch nicht in Ungarn aufhielt. Verteidigungsminister Bata und Innenminister Piros hatten sicher Maßnahmen für den Ernstfall besprochen, für irgendeine Bereitschaft gesorgt. Darauf deutet auch die Organisation des Informationssystems hin. Ich sagte ja, wir wurden ständig in der Parteizentrale informiert. Doch wie diese Bereitschaft aussah, ob aus der Provinz Polizei und Soldaten in Budapest zusammengezogen waren, das wußte ich nicht. Zumindest erinnere ich mich nicht daran.

ZSILLE Seid ihr nicht auf einen Zusammenstoß vorbereitet gewesen? Habt ihr nicht daran gedacht, daß eventuell Schießbefehl gegeben werden muß?

HEGEDÜS Auf eine solche Situation waren wir nicht vorbereitet. Weder bei Rajks Beerdigung noch am 23. Oktober. Wir waren zwar auf eine mögliche Demonstration vorbereitet, aber nicht auf eine blutige Demonstration, auf der die Menge vielleicht fordern würde, die Schuldigen – Rákosi, Farkas, Gerö – zur Verantwortung zu ziehen und vor Gericht zu stellen. Also wir hatten keine Angst davor, daß jemand zur Waffe greifen und schießen könnte. An diesem 6. Oktober 1956 hatten wir vor einer Demonstration Angst, die innenpolitische Lage zuspitzen könnte. Deshalb glaube ich auch nicht, daß es eine starke polizeiliche Vorbereitung gegeben hat.

ZSILLE Woraus resultierte diese Selbstsicherheit? Seid ihr überzeugt gewesen, daß die Menschen eine bestimmte Grenze ohnehin nicht überschreiten würden?

HEGEDÜS Jahrelang hatten wir unbegründet von Wachsamkeit gesprochen. Unter dem Vorwand von Wachsamkeit hatten wir die Massen terrorisiert. Jetzt ließ unser Gewissen nicht mehr zu, am Volk zu zweifeln.

ZSILLE Zu eurer Selbstsicherheit trug offensichtlich auch das beruhigende Bewußtsein bei, daß der Staatssicherheitsdienst seine Aufgabe auch bisher zur Zufriedenheit gelöst hatte?

HEGEDÜS Das spielte sicher auch eine Rolle. Der Staatssicherheitsdienst war noch vollkommen intakt. Nach Gábor Péters Verhaftung war die Institution ein bißchen mitgenommen, aber Piros war populärer als Gábor Péter.

ZSILLE Populär?

HEGEDÜS Ich will nicht mißverstanden werden: populär innerhalb des Staatssicherheitsdienstes. Natürlich nicht in der Gesellschaft! Auf der Straße hätte auch er keinen spontanen Applaus bekommen.

ZSILLE Die Angelegenheit Rajk hattet ihr also vor eurer Jugoslawien-Reise abgehakt. Und die anderen Probleme?

HEGEDÜS Als positive Maßnahme wäre die Minenräumung entlang der Grenze zu nennen. Die Minensperre hatte ich immer für eine Schande gehalten, und dafür halte ich sie auch heute. Sie ist im Europa des 20. Jahrhunderts untragbar. Die Minenräumung war unsererseits ein Alleingang, denn wir hatten sie nicht mit den Verbündeten abgesprochen. Moskau hatten wir wahrscheinlich informiert, ohne aber um Zustimmung zu bitten.

ZSILLE Wer hatte diese Idee?

HEGEDÜS Das kann ich nicht sagen. Vielleicht wurde der

Gedanke im Ministerrat entwickelt. Ich erinnere mich nicht daran, daß es meine Initiative gewesen wäre, aber ich erinnere mich daran, daß ich den Gedanken begeistert unterstützt habe. Siroky, der tschechoslowakische Ministerpräsident, griff mich scharf an, unser Vorgehen sei unkorrekt, denn die Grenzabsperrung sei nicht nur unsere Angelegenheit. Eine ähnlich scharfe Diskussion führte ich mit dem rumänischen Innenminister. Wir fingen nämlich sehr vorsichtig an, Reisepässe auszustellen und den Reiseverkehr zwischen Ungarn und Rumänien zu gestatten. Der rumänische Innenminister meinte, Reisen sei eine kleinbürgerliche Angelegenheit. Ich machte ihn darauf aufmerksam, daß man in unseren Ländern kaum noch von kleinbürgerlichen Existenzen sprechen könne. Die hätten wir beseitigt. Und unter den Reisenden befänden sich vor allem Arbeiter, Bauern und Angehörige der Intelligenz. Hinter der Angst der Rumänen verbarg sich natürlich das Minderheitenproblem.

ZSILLE Habt ihr euch für das Schicksal der zwei Millionen siebenbürgischen Ungarn verantwortlich gefühlt? War euch das Nationalitätenproblem bewußt?

HEGEDÜS Durchaus. Doch gleichzeitig waren wir bemüht, keinen Konflikt zwischen Ungarn und Rumänien aufkommen zu lassen.

29. Plötzlich sah ich das Volk kommen

HEGEDÜS Nicht gelöst hatten wir das Imre-Nagy-Problem. Doch wir wußten, daß es irgendwie gelöst werden mußte. Wenn ich mich richtig erinnere, erschien Imre Nagy Anfang Oktober 1956 auf der Sitzung des Politbüros. Es entspann sich eine heftige Diskussion zwischen ihm und Gerö. Wir vereinbarten die Wiederaufnahme Imre Nagys in die Partei. Nur in der Frage konnte keine Vereinbarung getroffen werden, welchen Platz Imre Nagy in der Machtstruktur erhalten sollte. Also unmittelbar vor unserer Jugoslawienreise war Imre Nagy wieder Parteimitglied geworden. Damit war allerdings die Imre-Nagy-Angelegenheit nicht bereinigt. Das war klar. Eine Bereinigung konnte nur bedeuten, ihm ein Ministeramt anzubieten, möglichst das Amt des Ministerpräsidenten. Damit aber war die Parteiführung nicht einverstanden.

ZSILLE Hättest du einer solchen Entscheidung zugestimmt? Denn letztlich ging es ja um deinen Stuhl.

HEGEDÜS Selbstverständlich. Ich hätte mich darüber gefreut. Auch Anfang Oktober gab es noch eine Möglichkeit, zu retten, was zu retten war. Ich kann nichts anderes sagen: Wäre Imre Nagy Ministerpräsident geworden und Kádár Erster Sekretär, hätten wir den Aufstand vom 23. Oktober 1956 vermeiden können.

ZSILLE Imre Nagy wurde damals jedoch nicht Ministerpräsident und Kádár nicht Erster Sekretär. Es folgte der 23. Oktober 1956. Die Partei- und Regierungsdelegation kehrte an diesem Tag aus Jugoslawien zurück.

HEGEDÜS Wir trafen in den Morgenstunden mit dem Zug am Westbahnhof ein. Wir wurden von Lajos Ács, von den nicht zur Delegation gehörenden Mitglieder des Politbüros und unseren Angehörigen erwartet. Lajos Ács informierte uns noch auf dem Bahnhof über die Lage. Gerö entschied daraufhin, das Politbüro sofort zu einer Sitzung einzuberufen. Ich ging also nicht gleich nach Hause, sondern erst wesentlich später, am Nachmittag des 27. Oktober. Die Sitzung des Politbüros begann mit der Diskussion über die geplante MEFESZ-Demonstration. Die Studenten hatten nämlich für den Nachmittag eine große polnische Solidaritätsdemonstration organisiert. Die meisten Mitglieder des Politbüros waren für ein Verbot der Demonstration. Und so wurde sie auch verboten. Allerdings trafen sogleich Proteste gegen diese Entscheidung ein. Protestiert wurde beispielsweise von der Redaktion des »Szabad Nép«. Auch die Gewerkschaften protestierten. Doch nicht diese Protestwelle war es, die uns veranlaßte, das Verbot rückgängig zu machen, sondern László Piros' Ankündigung, daß er die Demonstration nicht ohne größere Konflikte verhindern könne. Er teilte mit, daß er die Verbotsmaßnahmen nur um den Preis brutaler Zusammenstöße zwischen Polizei und Studentenschaft durchsetzen könne. Einem Konflikt wollte natürlich auch das Politbüro aus dem Wege gehen. Nach großer Unsicherheit wurde nachmittags um drei beschlossen, die Demonstration dennoch zu genehmigen.

ZSILLE Hältst du diese Entscheidung im Rückblick für richtig?

HEGEDÜS Ich glaube, es war die richtige Entscheidung. Am 23. Oktober war der nationale Aufstand nicht mehr zu verhindern. Die Demonstration wäre auch ohne unsere Genehmigung zustande gekommen. Hätte sich die Polizei eingeschaltet, hätte der Ausbruch des Aufstands noch schlimmere Formen angenommen.

Rückblickend meine ich, daß das Politbüro in der Entwicklung der Ereignisse keine Rolle mehr spielte. Die Ereignisse hatten die Grenze unserer Kontrollmöglichkeiten überschritten. Als dann die Entscheidung zugunsten der Demonstration gefallen war, ging ich hinüber zum Ministerrat. Ich begann mit der Aufarbeitung der Akten, die sich in den zehn Tagen meiner Abwesenheit aufgetürmt hatten. Mein Zimmer lag im Nordflügel des Parlaments, mit Blick auf die Margaretenbrücke, auf die Margareteninsel.

ZSILLE Du hast dich einfach hingesetzt, um zu arbeiten? Warst du nicht nervös?

HEGEDÜS Ich war innerlich angespannt. Doch die Arbeit neutralisierte die Spannung. Das ist eine bewährte Methode von mir. Auch damals beschäftigte ich mich verhältnismäßig intensiv mit den Tagesgeschäften. Aufmerksam hörte ich mir nacheinander die Berichte der Sekretäre an. Ich wußte dabei nicht, was in der Stadt geschah, Radio hörte ich nicht. Etwa gegen 17 Uhr rief Gerö an, die Demonstration nehme sehr große Ausmaße an und werde aller Wahrscheinlichkeit nach ausufern. Er bat mich, in die Parteizentrale zu kommen. Ich legte den Telefonhörer auf, erhob mich und sah zum Fenster hinaus. Die Spitze der Demonstration hatte bereits die Mitte der Margaretenbrücke erreicht. Doch hier am Fenster des Ministerpräsidentenzimmers gab es natürlich keinerlei Anzeichen dafür, daß die Demonstration ausufern würde. Zu Fuß ging ich hinüber in die Parteizentrale, die ich von diesem Tag, dem 23. Oktober, bis zum 27. Oktober nicht mehr verlassen sollte.

ZSILLE Was war das für ein Gefühl für dich als Ministerpräsident, seit Jahren zum ersten Mal eine Demonstration zu sehen, die nicht von euch angeordnet worden war?

HEGEDÜS Ein unheimlicher Anblick. Ich sah das Volk kommen.

ZSILLE Also am 23. Oktober habt ihr zwischen 17 und 18 Uhr in der Parteizentrale gesessen. Trat das Politbüro wieder zusammen?

HEGEDÜS Das war keine Sitzung des Politbüros mehr, da saß vielmehr ein vollkommen amorphes Gremium beisammen. Gerös Sekretärszimmer war das Hauptquartier. Wer gerade hier zu tun hatte, kam herein. Anwesend waren die Mitglieder des Politbüros, mehrere Mitglieder des Sekretariats, es kamen die Militärführer usw. Pausenlos wurde verhandelt. Es tauchten die verschiedensten Ideen auf, was zu unternehmen sei. Gerö konzipierte seine Radiorede.

ZSILLE Die Radiorede verfaßte er allein?

HEGEDÜS Vollkommen allein. Aber er las sie uns vor. Als Gerö uns gerade den Text seiner Rundfunkrede vorlas, hatten die Demonstranten schon die Akadémia utca erreicht. Sie marschierten an der Parteizentrale vorbei. Von unten war der rhythmische Ruf zu hören: »Gerö, verschwinde!«

ZSILLE Wie reagierte Gerö?

HEGEDÜS Er reagierte mit seiner Rundfunkrede. Diese Rede – so sehe ich es heute – war eine Reaktion auf den Ruf: »Gerö, verschwinde!«

ZSILLE Gab es eine Diskussion über Gerös Rede? Bis heute hat sich die Meinung gehalten, daß diese Rede, auch wenn sie nicht schuld am Ausbruch der Revolution war, durch ihren aggressiven Ton zumindest Öl ins Feuer goß.

HEGEDÜS Es gab keine Diskussion. Und es kam auch niemandem in den Sinn, daß die Rede Öl ins Feuer gießen könnte. Im Gegenteil, wir glaubten, das sei eine ausgesprochen versöhnliche Rede. Das ist vielleicht der beste Beweis dafür, daß wir dort im Zimmer in der Akadémia utca vollkommen den Sinn für die Realitäten verloren hatten. Diese Rede wirkt übrigens heute ganz anders auf mich als damals, als ich sie aus Gerös Mund hörte. Und es war sicher wieder etwas anderes, wenn sie damals jemand während der Demonstration aus dem Radio hörte.

ZSILLE Warum habt ihr euch nicht an der Konzipierung von Gerös Rede beteiligt? Hattet ihr Angst vor der Verantwortung?

HEGEDÜS Das war gewiß ein wesentlicher Faktor. Wir waren daran gewöhnt, besser nichts zu tun, als eine Entscheidung zu fällen, die sich später als schlecht erweisen könnte.

ZSILLE Wurde in diesen späten Nachmittagsstunden Imre Nagys Name genannt? Schlug jemand vor, ihn jetzt einzusetzen?

HEGEDÜS Imre Nagys Person stand sofort im Vordergrund. Es war klar, daß er unbedingt in die Führung einbezogen werden mußte. Es herrschte die Meinung vor, daß man mit solchen politischen Lösungen der Ausuferung der Lage zuvorkommen müsse. Dabei dachten wir nicht an einen bewaffneten Aufstand. Wir waren lediglich auf eine große Demonstration gefaßt, die allerdings zu dem Zeitpunkt schon einen sowjetfeindlichen Einschlag hatte. Kurzum: Wir wollten verhindern, daß sich die Demonstration radikalisierte.

ZSILLE Habt ihr Imre Nagy erst später in die Führung einbeziehen wollen, oder seid ihr der Ansicht gewesen, sofort handeln zu müssen?

HEGEDÜS Es wurde sogleich versucht, Imre Nagy telefonisch zu erreichen, aber er war schon nicht mehr zu Hause. Das mochte gegen 19 Uhr 20 gewesen sein. Zu dem Zeitpunkt war er, glaube ich, schon auf dem Weg zum Parlament. Nachdem er dort gesprochen hatte, kam er sofort zu uns in die Parteizentrale.

ZSILLE Seid ihr über Imre Nagys Rede vor dem Parlament und über deren Aufnahme bei der Menge informiert gewesen?

HEGEDÜS Nein. Imre Nagy kam in die Parteizentrale, in Gerös Zimmer, und sank in einen tiefen Sessel. Ich sehe ihn vor mir, wie er dort ziemlich erledigt und verstört saß. Man darf nicht vergessen, die Ereignisse trafen ihn vollkommen unerwartet. Außerdem war er krank und doch schon relativ alt. Imre Nagy stimmte seiner Ernennung zum Ministerpräsidenten sofort zu, womit die Einberufung des Zentralkomitees erforderlich wurde.

ZSILLE Wer schlug Imre Nagy zum Ministerpräsidenten vor?

HEGEDÜS Gerö.

ZSILLE Stellte Imre Nagy keine Bedingungen?

HEGEDÜS Nein. Er nahm die Ministerpräsidentschaft gleich an. Donáth und Losonczi warfen ihm das später – meiner Meinung nach zu Recht – vor.

ZSILLE Was hast du Imre Nagy gegenüber empfunden? Schließlich mußtest du den Sessel des Ministerpräsidenten räumen und ihn ihm überlassen.

HEGEDÜS Ich war erleichtert. Ich war von der Verantwortung entbunden. Ich wußte um meine enorme Verantwortung und daß ich ihr nicht gerecht werden konnte.

ZSILLE Welche Meinung vertrat Kádár zu Imre Nagys Ministerpräsidentschaft?

HEGEDÜS Er stimmte ihr zu. Doch nicht nur er, alle gaben ihre Zustimmung. Es war jedem klar, daß diese Entscheidung zwar zu spät kam, doch daß sie trotzdem sehr schnell gefällt werden mußte. In dieser Stimmung wurde auf zehn Uhr abends das Zentralkomitee einberufen. Von Gerös Arbeitszimmer gingen wir hinüber in den Sitzungssaal des Politbüros. Doch nur vorübergehend, denn die wichtigen Beratungen fanden auch später in Gerös Zimmer statt. Von den Mitgliedern des Zentralkomitees waren natürlich viele nicht anwesend. Von den Mitgliedern aus der Provinz war wohl niemand gekommen, aber auch von den Budapestern fehlten viele. Das Zentralkomitee hatte etwa hundert Mitglieder. Davon waren etwa dreißig bis vierzig in die Parteizentrale gekommen.

ZSILLE Habt ihr Kontakt zu Moskau aufgenommen, noch bevor deine Ablösung und Imre Nagys Ernennung beschlossen wurden?

HEGEDÜS Gerö hatte ständigen Kontakt zu Moskau und auch zu Botschafter Andropow.

ZSILLE Wer befand sich in Mokau am anderen Ende der Leitung?

HEGEDÜS Chruschtschow, denke ich. Doch zweifellos nicht er allein, sondern auch Mikojan und Suslow mischten sich ein.

ZSILLE Teilte Gerö Moskau den Personalwechsel mit?

HEGEDÜS Moskau billigte die Maßnahmen einhellig.

ZSILLE Sprach Imre Nagy mit den Sowjetführern?

HEGEDÜS Zu dieser Zeit noch nicht. Später natürlich schon. An diesem Abend des 23. Oktober thronte Gerö neben dem Telefonapparat, der ihn direkt mit Moskau verband.

ZSILLE Imre Nagy war aber doch – formal gesehen – auf der Sitzung des Zentralkomitees nur Gast?

HEGEDÜS Zu jener Zeit betrachtete sich Imre Nagy schon nicht mehr als Gast. De jure war ich noch Ministerpräsident, aber de facto war es bereits Imre Nagy. Nachdem mich das Zentralkomitee von meinem Amt abgelöst hatte...

ZSILLE Das Zentralkomitee konnte dich von deinem Amt als Ministerpräsident nicht ablösen!

HEGEDÜS Es hat meine Ablösung vorgeschlagen. Und der Vorschlag wurde vom Präsidialrat gebilligt. Ebenso billigte er Imre Nagys Ernennung. Und auch durch die Ereignisse wurde bestätigt, daß der Wechsel im Amt des Ministerpräsidenten schon an jenem Abend geschehen war. Vom 24. Oktober an wurden Imre Nagys Erklärungen als Ministerpräsident veröffentlicht.

ZSILLE Zur gleichen Zeit wurde offensichtlich auch die Frage diskutiert, ob sowjetische Truppen zu Hilfe gerufen werden sollten. Wann tauchte diese Frage erstmals auf?

HEGEDÜS In einem Telefongespräch zwischen Gerö und Andropow. Gerö teilte uns mit, daß die Hilfe der sowjetischen Truppen erforderlich werden könnte. Genauer gesagt, daß es im Interesse der Wiederherstellung der Ordnung erforderlich werden könnte, einen Teil der in

Ungarn stationierten sowjetischen Truppen nach Budapest zu verlegen.

ZSILLE Auf wen ging der Vorschlag ursprünglich zurück? Auf Gerö oder Andropow?

HEGEDÜS Das weiß ich nicht genau. Es ist vorstellbar, daß der Vorschlag von Gerö ausging. Eines ist sicher, nämlich daß Andropow erklärte, zu einer solchen Entscheidung sei Gerös Zustimmung allein nicht ausreichend. Gerö, meinte Andropow, müßte die anwesenden Mitglieder des Ministerrats und des Zentralkomitees fragen, ob sie damit einverstanden seien, daß die in Ungarn stationierten sowjetischen Truppen gegebenenfalls in Budapest die Ordnung wiederherstellten. Von einem konkreten Einsatz war damals noch keine Rede, zumal wir noch gar nicht wußten, daß ein bewaffneter Aufstand ausgebrochen war. Wir wußten lediglich, daß die Demonstration die von uns als normal empfundenen Grenzen überschritten hatte. Das Stalindenkmal war bereits umgestürzt, die roten Fahnen verbrannt und das Wappen des roten Sterns aus den ungarischen Fahnen herausgeschnitten worden. Über all diese Vorgänge waren wir über die im Gerö-Sekretariat eingehenden Telefonanrufe informiert.

ZSILLE Wie war eure Reaktion auf den Vorschlag?

HEGEDÜS Unter uns haben viele sicherlich an die Ereignisse in Ost-Berlin gedacht. Ich zumindest. Die sowjetischen Panzer hatten damals den Aufstand innerhalb kurzer Zeit niedergeschlagen. Das Auftauchen der sowjetischen Panzer schien also eine Lösung oder zumindest eine Hilfe zu sein, die Lage ohne viel Blutvergießen in den Griff zu bekommen.

ZSILLE Was war eure Antwort?

HEGEDÜS Einstimmige Zustimmung.

ZSILLE Imre Nagy?

HEGEDÜS Imre Nagy war ebenfalls damit einverstanden. Doch natürlich ist das jetzt nicht so zu verstehen, daß auch Imre Nagy zu denen gehörte, die die Russen ins Land geholt haben. Er saß im Sessel, er war müde, die Lage war zum Verzweifeln, und er reagierte nicht. Er sagte nicht nein. Niemand sagte nein.

ZSILLE Wie sah die Zustimmung formal aus? Habt ihr der Reihe nach gesagt: »Ja, ich bin einverstanden«? Wurde von jemandem die Frage gestellt, wer dagegen sei?

HEGEDÜS Nein. So etwas fand nicht statt. Auf Gerös Frage sagte jeder, ja, das sei in Ordnung, selbstverständlich. Es war ein bißchen so, daß die Ankündigung von jedem zur Kenntnis genommen wurde.

ZSILLE Als Gerö über das Gespräch mit Andropow berichtete, war da bereits der formale Entschluß gefaßt, daß Imre Nagy an deiner Stelle Ministerpräsident werden sollte?

HEGEDÜS Ja. Gerö und Andropow nahmen Imre Nagys Einverständnis, daß die sowjetischen Truppen nötigenfalls in Budapest einmarschieren sollten, als gegeben an. Und da sie Imre Nagys Einverständnis annahmen, wollten sie um jeden Preis auch seine Unterschrift dazu. Das war zwar zeitlich später, gehört aber sachlich hierher. Zu dem Beschluß, daß die sowjetischen Truppen nötigenfalls helfen sollten, die Ordnung in Budapest wiederherzustellen, wurde später irgendwo, irgendwann und von irgend jemandem ein Brief verfaßt. Gerö bat Imre Nagy zu unterschreiben, daß er als Ministerpräsident damit einverstanden sei. Imre Nagy unterschrieb jedoch nicht. Er verzögerte die Angelegenheit. Er sagte weder, daß er nicht unterschreiben wolle, noch daß er unterschreiben wolle. Gerö lief mit dem Brief in der Hand Imre Nagy hinterher, damit dieser unterschreibt. Und Imre Nagy beschleunigte seine Schritte, am Ende rannte er schon beinahe vor Gerö davon. Mit einem Wort: Imre Nagy unterschrieb nicht. Das zog sich bis zum 26. Oktober hin, bis man die Sache nicht mehr länger hinausschieben konnte. Für irgend jemanden mußte die sowjetische Einmischung offensichtlich dokumentiert werden. So blieb Gerö und Andropow nichts anderes übrig, als mich um die Unterschrift zu bitten. Ich unterschrieb den Brief. Ich hielt das für völlig natürlich, zumal ich an der Entscheidung beteiligt gewesen war. Ich mußte die Verantwortung mittragen. Zugleich verstand ich vollkommen, daß Imre Nagy nicht unterschrieb. Denn die Unterschrift hätte gegen ihn verwendet werden können.

ZSILLE In welcher Eigenschaft hast du unterschrieben?

HEGEDÜS Ich befand mich am Scheideweg zwischen dem Amt des Ministerpräsidenten und des Stellvertretenden Ministerpräsidenten. Ich hätte es nicht als anständig empfunden, nicht zu unterschreiben.

ZSILLE Warum unterschrieb Gerö nicht? Er war der Erste Sekretär der Partei?

HEGEDÜS Die Russen hätten die Ereignisse vor der UNO nicht dokumentieren können. Sie brauchten von der Regierung eine Unterschrift.

ZSILLE 1968 in der Tschechoslowakei war man nicht mehr so kleinlich.

HEGEDÜS Ich bin mir keineswegs sicher, ob sich dort niemand über den Einmarsch gefreut hat. Zum Beispiel

Bilak. Ich hatte das Empfinden, mit der Unterschrift eine enorme historische Verantwortung auf mich zu nehmen. Dennoch konnte ich nicht umhin, nicht zu unterschreiben.

ZSILLE Mit deiner Unterschrift hattest du nur dein prinzipielles Einverständnis zum Einmarsch der sowjetischen Truppen in Budapest gegeben. Wer war für die Feststellung verantwortlich, daß nun der Augenblick gekommen war, die sowjetischen Truppen aufzufordern, in Budapest einzumarschieren, um die Ordnung wieder herzustellen?

HEGEDÜS In den ersten Tagen des Aufstands war ein sogenannter Militärausschuß tätig, der im Verteidigungsministerium residierte. Dieser Ausschuß hielt den Kontakt zum Kommando der sowjetischen Truppen.

ZSILLE Die letzte Weisung kam also von ihnen?

HEGEDÜS Sicher.

ZSILLE Bis zur Unterzeichnung des besagten Papiers bewegten sich die sowjetischen Truppen auf jeden Fall ohne eure Billigung in Budapest.

HEGEDÜS Nein. Ihr Einmarsch in Budapest geschah mit unserer Billigung. Wann die Unterschrift erfolgte, ist unerheblich, da es eine mündliche Entscheidung gegeben hat.

ZSILLE Du hast den Brief also am 26. Oktober unterschrieben. In welcher Eigenschaft?

HEGEDÜS Als Ministerpräsident.

ZSILLE Unterschrieb außer dir noch jemand?

HEGEDÜS Nein. Gerö war in solchen Fällen nicht entscheidungsbefugt. Praktisch war das natürlich seine Entscheidung.

ZSILLE Was geschah in der Nacht vom 23./24. Oktober?

HEGEDÜS Am Rundfunk begannen die Schießereien. Wir wurden gebeten, den Schießbefehl zu erteilen. Und das Politbüro, diese, wie schon gesagt, amorphe Gesellschaft, diskutierte über den Schießbefehl.

ZSILLE Obwohl schon geschossen wurde.

HEGEDÜS Obwohl schon geschossen wurde, und es noch keinen Schießbefehl gab. Bata und Piros drängten uns ständig dazu. Das war verständlich, denn der Schießbefehl hätte ihre Leute legalisiert, die bereits ohne Schießbefehl schossen. Die Entscheidung fiel erst zwischen 23 Uhr und Mitternacht: Wir erteilten den Schießbefehl.

ZSILLE Wie verhielten sich die einzelnen Beteiligten bei dieser wichtigen Entscheidung?

HEGEDÜS Ich kann mich an keinerlei bezeichnende Äußerung erinnern. Mein Standpunkt war: Abwarten. Abwarten, bis sich die Lage vielleicht beruhigen würde, und wir keinen Schießbefehl hätten erteilen müssen. Niemand, auch ich nicht, glaubte in diesen Stunden daran, daß wir Zeugen eines großangelegten bewaffneten Aufstands waren. Zur Erteilung des Schießbefehls entschlossen wir uns erst, als die Schießerei am Rundfunk bereits allgemeinen Charakter angenommen hatte und die Wachtposten des Rundfunkgebäudes in zunehmende Bedrängnis gerieten.

ZSILLE Gab es eine direkte Verbindung zwischen Rundfunk und Parteizentrale?

HEGEDÜS Ja, mit Hilfe der sogenannten K-Leitung. Valéria Benke, die Präsidentin des Rundfunks, hielt sich den ganzen Abend in der Zentrale des Rundfunks, in der Bródy Sándor utca, auf. Sie rief uns ständig im Sekretariat an. Der Schießbefehl half den Verteidigern des Rundfunkgebäudes nicht mehr, weil die Aufständischen den Rundfunk schon besetzt hatten. Valéria Benke kam zu uns in die Parteizentrale. Ich habe noch das Bild vor Augen, wie sie zusammengesunken auf dem Stuhl saß und weinte. In der Zwischenzeit schrumpfte unsere Gesellschaft immer mehr zusammen, weil viele schlafengegangen waren. In dieser Zeit wurde das Standrecht beschlossen.

ZSILLE War Imre Nagy anwesend?

HEGEDÜS Imre Nagy war zwar anwesend, aber nicht aktiv. Natürlich standen keine Staatssicherheitsdienstler hinter ihm, wie später in Gerüchten verbreitet wurde. Seine Haltung wurde offensichtlich dadurch beeinflußt, daß seine nächsten Freunde und Mitarbeiter noch nicht in der Parteizentrale waren. Sein Schwiegersohn Jánosi und auch Szántó waren vielleicht schon da. Aber daran erinnere ich mich nicht genau. Auf jeden Fall waren Donáth und Losonczi nicht da, die in der Gruppe um Imre Nagy sehr großen Einfluß besaßen.

ZSILLE Im Radio wurde die Verordnung über das Standrecht am 24. Oktober um 4 Uhr 30 in der Frühe erstmals verlesen. Der Text lautete: »Faschistische und reaktionäre Elemente haben einen bewaffneten Angriff gegen unsere öffentlichen Gebäude gerichtet und haben unsere Ordnungskräfte angegriffen. Im Interesse der Wiederherstellung der Ordnung ist bis auf weiteres jede Versammlung, Zusammenrottung und Demonstration verboten. Die Ordnungskräfte haben Anweisung erhalten, gegen jedermann, der gegen die Verordnung verstößt, mit der ganzen Strenge des Gesetzes vorzugehen. Der Ministerrat der Ungarischen Volksrepublik.« Wer hat diesen Aufruf unterschrieben?

HEGEDÜS Das war wahrscheinlich Gerös und mein Text. Mit Sicherheit hat Imre Nagy diesen Text nicht konzipiert, obwohl er bei der Entscheidung anwesend war und auch zugestimmt hat. Allerdings ist es wahrscheinlich, daß er bei der Formulierung des Textes nicht mehr wach war.

ZSILLE Am 24. Oktober, morgens um 8 Uhr 13, wurde im Radio mitgeteilt, daß das Zentralkomitee Imre Nagy als Ministerpräsidenten vorgeschlagen habe, dich dagegen als Ersten Stellvertreter des Ministerpräsidenten. Eine halbe Stunde später, um 8 Uhr 45 wurde eine Erklärung verlesen, die Imre Nagy in seiner Eigenschaft als Ministerpräsident unterschrieben haben soll: »Der Ministerrat der Ungarischen Volksrepublik ordnet für das gesamte Landesgebiet bei folgenden Straftaten die Standgerichtsbarkeit an: Handlungen, die auf den Sturz der Volksrepublik abzielen; Aufwiegelung zum Aufruhr, Aufruhr und Zusammenschluß; Mord, Totschlag, Brandstiftung; Halten von Sprengstoff oder strafbare Handlungen unter Benutzung von Sprengstoff; gemeingefährliche Straftaten; Widerstand gegen die Staatsgewalt; Gewaltantwendung gegen Privatpersonen; Besitz von Waffen ohne Waffenschein. Straftaten, die unter die Geltung der Standgerichtsbarkeit fallen, sind mit dem Tode zu bestrafen. – Imre Nagy, Vorsitzender des Ministerrats.«

HEGEDÜS Jawohl, mit dieser Maßnahme war Imre Nagy damals einverstanden. Auch hat er sie, wie ich mich erinnere, unterschrieben. Später dagegen war er nicht mehr damit einverstanden und zog die Entscheidung zurück. Imre Nagys Standpunkt änderte sich nach dem 25. Oktober, als Donáth, Losconczi und Vásárhelyi in die Parteizentrale kommen durften. Sie kritisierten Imre Nagy scharf, daß er, ohne besondere Bedingungen gestellt zu haben, die Ministerpräsidentschaft angenommen hatte. Infolge der Kritik zeigte sich Imre Nagy gegen die Repräsentanten der alten Linie sehr hart. Allmählich hatte sich auch seine politische Konzeption herausgebildet, die sich dann ab dem 28. Oktober voll durchsetzte: die Konzeption, daß sich die demokratische Opposition an die Spitze des bewaffneten Aufstands stellen mußte.

ZSILLE Um neun Uhr, am 24. Oktober, wurde im Radio eine neue Erklärung verlesen, die allerdings dem Text nach niemand unterschrieben hatte: »Der niederträchtige bewaffnete Angriff konterrevolutionärer Banden hat im Verlauf der Nacht eine außerordentlich schwierige Lage entstehen lassen. Die Banditen sind in Betriebe und öffentliche Gebäude eingedrungen, haben zahlreiche Zivilisten, Soldaten und Angehörige des Staatssicherheitsdienstes ermordet. Die Regierungsorgane haben mit diesen blutigen und heimtückischen Überfällen nicht gerechnet und haben sich deshalb an die im Sinne des Warschauer Vertrags in Ungarn stationierten sowjetischen Verbände um Hilfe gewandt. Die sowjetischen Verbände kommen dem Hilfeersuchen der Regierung nach und beteiligen sich an der Wiederherstellung der Ordnung. Die Regierung ruft die Bevölkerung der Hauptstadt auf, sich ruhig zu verhalten, das blutige Unwesen der konterrevolutionären Banden zu verurteilen sowie die ungarischen und sowjetischen Truppen bei der Aufrechterhaltung der Ordnung zu unterstützen. Die Liquidierung der konterrevolutionären Banden ist vornehmstes Anliegen jedes anständigen ungarischen Werktätigen, des Volks und des Vaterlands. Gegenwärtig konzentrieren wir darauf alle unsere Kräfte.«

HEGEDÜS Das ist, glaube ich, bereits das Ergebnis der Tätigkeit des Militärkomitees. Am 23. Oktober abends oder am 24. in der Frühe war nämlich das Militärkomitee der Partei gegründet worden. Mitglieder des Komitees waren auch Zivilisten, beispielsweise Lajos Fehér und vielleicht auch Antal Apró. Und dann natürlich die Militärs; selbstverständlich Bata und Piros. Dieses Komitee schlug sein Hauptquartier im Verteidigungsministerium auf. Die Leitung zur Niederschlagung des bewaffneten Aufstands wurde im wesentlichen von diesem Komitee übernommen.

ZSILLE War das Komitee dazu von der Parteizentrale ermächtigt worden?

HEGEDÜS Ja.

ZSILLE Wie entwickelten sich eure Beziehungen zu den sowjetischen Militärführern?

HEGEDÜS Der Kontakt zu den Militärführern wurde vom Militärkomitee gehalten. Ich habe in dieser Zeit in der Parteizentrale keinen sowjetischen Soldaten gesehen. Der Kontakt zur politischen Führung wurde weiterhin von Gerö aufrechterhalten.

ZSILLE Tauchte Andropow persönlich in der Parteizentrale auf?

HEGEDÜS Ihn sah ich erstmals am 25. Oktober dort, als er zusammen mit Gerö Imre Nagy zur Unterschrift unter den schon erwähnten Brief veranlassen wollte.

ZSILLE Erinnerst du dich an János Kádárs Haltung?

HEGEDÜS Nein. Höchstens, daß wir zusammen in einem Zimmer schliefen, als wir uns schließlich am 26. Oktober endlich einmal hinlegten. Weder Kádár, noch Gerö, noch ich hatten bis dahin geschlafen. Wir legten uns in den Büros der Parteizentrale schlafen.

ZSILLE Am 24. Oktober wurde allmählich klar, was in Ungarn geschehen war. Wie hast du die Lage beurteilt? War dir klar, daß inzwischen eine Revolution ausgebrochen war?

HEGEDÜS Ich sprach vom Ausbruch einer Konterrevolution. Ich zog auch weiterhin eine sehr scharfe Trennlinie zwischen dem bewaffneten Aufstand und der Demonstration. Ich wollte also die Nagy-Gruppe, die demokratische Opposition, von denjenigen trennen, die zur Waffe gegriffen hatten.

ZSILLE Du hast also tatsächlich im Ernst geglaubt, daß Faschisten, Reaktionäre und von ihnen verführte Elemente zur Waffe gegriffen hatten?

HEGEDÜS Ich wußte einfach nicht, wer diese Leute waren. Ich erinnere mich, daß ich vom Innenministerium eine Liste der Festgenommenen angefordert habe, um zu sehen, was das für Menschen waren, die zur Waffe gegen uns gegriffen hatten. Die Liste gab mir jedoch keinerlei Aufschluß. Arbeiter und Studenten waren darunter, und sehr wenig Vorbestrafte. Aufgrund der Liste ließ sich nicht schlußfolgern, daß es sich um Faschisten handelte. Das verwirrte mich. Es war für mich nicht beweisbar, daß es sich um einen bewaffneten faschistischen Aufstand handelte. Nicht zufällig gibt es aus dieser Zeit keine einzige Erklärung von mir. Die Ereignisse verwirrten mich. Ständig beteuerte ich, daß die bewaffnete Konterrevolution und die Demonstranten sowie die demokratische Opposition zwei verschiedene Dinge seien. Heute weiß ich, daß sich ein einheitlicher nationaler Widerstand herausgebildet hatte, der seit dem Jahr der Wende ständig zugenommen hatte. Dieser nationale Widerstand hat die demokratische Opposition hervorgebracht, und der gleiche nationale Widerstand führte zum bewaffneten Aufstand. Die radikalen Vertreter des Widerstands griffen zur Waffe. Historisch gesehen war das ein vollkommen notwendiger Prozeß, denke und sage ich heute.

ZSILLE Funktionierte das Standrecht?

HEGEDÜS Nein. Ich weiß von keinem einzigen standrechtlichen Urteil. Das war von vornherein ohnehin lediglich als Abschreckung gedacht. Ich weiß von keinerlei Vorbereitungen, die der Durchführung der Verordnung gedient hätten.

ZSILLE Nach dem Ausbruch der Revolution sprach Imre Nagy am 24. Oktober 12 Uhr 10 erstmals vor der Öffentlichkeit des Landes, sehen wir einmal von der kurzen Rede am 23. Oktober abends vor dem Parlament ab. Erinnerst du dich an die Entstehung dieser Radiorede?

HEGEDÜS Diese Rede konzipierte Imre Nagy selbst, zeigte sie aber allen, die in Gerös Zimmer anwesend waren. Im Grunde waren wir damit einverstanden. Natürlich nahmen wir mit Genugtuung zur Kenntnis, daß er eindeutig gegen den bewaffneten Aufstand auftrat und eine politische Lösung anstrebte. Auch wir strebten eine politische Lösung an, denn schon zuvor hatten wir viele neue Leute in das Zentralkomitee, ja sogar ins Politbüro und ins Sekretariat miteinbezogen.

ZSILLE Dies war am Abend zuvor abgewickelt worden. Vielleicht wußten die Betroffenen nicht einmal davon. Zumindest waren sie nicht anwesend. Beispielsweise waren Ferenc Donáth, Géza Losonczi und auch Georg Lukács ins Zentralkomitee aufgenommen worden. Sekretäre des Zentralkomitees waren Donáth, Kádár und Kállai. Du selbst hast ja bereits gesagt, daß Imre Nagys spätere Mitarbeiter erst am 25. Oktober in die Parteizentrale kamen.

HEGEDÜS Gerade deshalb konnte diese Rede von Imre Nagy geschrieben werden, weil seine Berater noch nicht da waren, die eine ganz andere Konzeption entwickelt hatten als wir oder Imre Nagy zu jener Zeit.

ZSILLE »Feindliche Elemente haben viele ehrliche Werktätige verführt.« – War das Imre Nagys Formulierung?

HEGEDÜS Ja. Damals war das auch Imre Nagys Haltung. Zu jener Zeit distanzierte er sich noch von dem bewaffneten Aufstand.

ZSILLE Am 25. Oktober trafen mit Mikojan und Suslow in Budapest hochrangige Besucher aus Moskau ein. Wie lief dieser Besuch ab? Habt ihr im Sekretariat des Politbüros gesessen, den dritten Tag schon, unrasiert, und platzten die frisch und ausgeruht in eure Runde?

HEGEDÜS Für mich war das tatsächlich ein Hereinplatzen. Möglicherweise wußten Imre Nagy und Gerö Bescheid, möglicherweise hatten sie es mir sogar gesagt, aber wenn man schon die zweite Nacht kein Auge zugemacht hat, verwischen sich die Erinnerungen. Es war für mich nicht wichtig, ob Mikojan und Suslow sich vorher angekündigt hatten, denn für mich war es natürlich, daß sie irgendwann kommen würden. Daran erinnere ich mich jedoch noch: daß in ihrer Gegenwart, am 25. Oktober vormittags, als in Gerös Zimmer die Sitzung des Politbüros begann, eine Maschinenpistolensalve losging. Durch das Fenster schlugen die Kugeln über unseren Köpfen in der Wand ein. Ich beobachtete Suslows und Mikojans Gesicht. Ich muß sagen, sie verhielten sich tapfer. Fast würde ich sagen, sie zuckten nicht einmal mit den Wimpern. Beide kritisierten Gerö scharf. Sie brachten den Rat mit, Gerö sollte abtreten. Das überraschte Gerö außerordentlich, der bis zu diesem Zeitpunkt den Kampf gegen den Aufstand geleitet hatte. Er hatte geglaubt, das »Gottesgericht« würde erst dann beginnen, wenn die Ordnung wieder hergestellt sei. In der Sowjetunion wollte man jedoch offensichtlich eine schnelle politische Lösung. Deshalb hielt man es für unbefriedigend, daß ich der Regierung nicht mehr angehörte, und ferner forderte Moskau, daß Kádár Gerös Platz einnehmen sollte.

ZSILLE Gab es über den sowjetischen »Vorschlag« eine Diskussion?

HEGEDÜS Es gab keinerlei Diskussion. Weder über Gerös Ablösung noch darüber, daß Kádár Erster Sekretär der Partei werden sollte.

ZSILLE Die sowjetischen Vorschläge sind immer so gut, daß man darüber nicht diskutieren muß. Was schlugen sie außer den Personalveränderungen noch vor?

HEGEDÜS Die Russen hörten lieber zu. Sie hörten sich die verschiedenen Meinungen an. Das Zentralkomitee trat zusammen, und nun schalteten sich auch Donáth, Losonczi, Vásárhelyi und Kállai in die Arbeit ein. Ihre Konzeption, die eine grundlegende politische Wende anstrebte, wurde mit unserer Konzeption konfrontiert. Sie sagten, der bewaffnete Aufstand müsse als Revolution anerkannt und die Forderungen müßten in möglichst großem Umfang erfüllt werden. Eine der wichtigsten Forderungen war die Auflösung des Staatssicherheitsdienstes. Demgegenüber war es die Konzeption der alten Führung, nur soviel politische Zugeständnisse zu machen wie erforderlich sind, um die Ausweitung des bewaffneten Aufstands zu verhindern.

ZSILLE Vom Vormittag des 25. Oktober an waren János Kádár und Imre Nagy die beiden Führer Ungarns. Das wurde um 12 Uhr 30 im Radio mitgeteilt. Nicht erwähnt wurde jedoch, daß Gerö auf sowjetischen Rat seines Amts enthoben worden war. Die beiden neuen Führer, der Ministerpräsident und der Erste Sekretär der Partei, hielten nachmittags eine Rundfunkrede. Machte sich Kádár Imre Nagys Meinung zu eigen? Gab es zwischen ihnen Spannungen und Gegensätze?

HEGEDÜS Ich kann nur über die Verhandlungen sprechen, an denen ich teilgenommen habe. Brisant wurde es, als wir, die exponiertesten Mitglieder der alten Führung, am 28. Oktober das Land verließen.

ZSILLE Hattest du in den ersten Tagen der Revolution Kontakt mit deiner Familie?

HEGEDÜS Meine Frau suchte mich jeden Tag in der Parteizentrale auf. Auf die Weise erfuhr ich auch, was mit den Kindern los war. In der Gegend, in der ich wohnte, gab es keine Probleme. Am 27. Oktober fuhr ich sogar für kurze Zeit nach Hause. Nicht mit meinem großen gepanzerten Dienstwagen, sondern mit einem kleinen Personenwagen. Ein Begleiter fuhr mit. Die Straße war sehr still. Zu Hause machte ich mich eigentlich nur etwas frisch und begab mich wieder in die Parteizentrale.

ZSILLE In der Zwischenzeit waren scheußliche Dinge passiert. Zum Beispiel am 25. Oktober vor dem Parlament, als die Staatssicherheitsverbände von den Dächern der umliegenden Gebäude auf die demonstrierende Menge, die Gerös Ablösung forderte und sich mit den Soldaten der aufgefahrenen sowjetischen Panzer verbrüderte, das Maschinengewehrfeuer eröffneten. Die sowjetischen Panzergrenadiere erwiderten das Feuer einige Minuten lang. Nach Schätzungen blieben auf dem Platz 170 bis 180 Tote zurück. Auch gab es viele Verwundete. Was wußtet ihr von diesen Ereignissen?

HEGEDÜS Wir waren empört. Alle forderten die Bestrafung der Schuldigen, die man meines Wissens bis zum heutigen Tag nicht gefunden hat.

ZSILLE Kam es zu einem Beschluß, daß die Schuldigen zur Verantwortung zu ziehen seien?

HEGEDÜS Ja. Wir wiesen das Militärkomitee an, eine Untersuchung einzuleiten. Allerdings bestand dazu überhaupt keine Chance. Ich weiß nicht, ob überhaupt ein Bericht über das Untersuchungsergebnis veröffentlicht worden ist.

ZSILLE Wie lange blieben Suslow und Mikojan in Budapest?

HEGEDÜS Ich glaube, bis zum 28. Oktober, ich bin mir aber nicht ganz sicher.

ZSILLE Hast du mit einem von ihnen über euer persönliches Schicksal gesprochen?

HEGEDÜS Nein. Bis dahin war auch überhaupt noch nicht klar, welches Schicksal auf uns warten würde; Mitglieder des Politbüros waren wir ja immer noch. Die Wende kam am 28. Oktober. Die Diskussionen hatten sich von Tag zu Tag zugespitzt. Der Beschluß des Zentralkomitees vom 26. Oktober war noch ein Kompromiß, dem auch Imre Nagy zugestimmt hatte, Donáth und Losonczi jedoch nicht. Am 28. Oktober ging Imre Nagy zur Sowjetbotschaft. Ich weiß nicht, mit wem er dort verhandelt hat. Möglicherweise waren Mikojan und Suslow dort. Er war etwa zwei Stunden abwesend. Um 11 Uhr kam er zurück und teilte uns mit, die sowjetischen Genossen seien der Meinung, wir könnten der Führung nicht mehr angehören. Er werde die Führung in die Hand nehmen. Unmittelbar danach kam Andropow, der das gleiche wiederholte.

ZSILLE Wer war damit gemeint?

HEGEDÜS Gerö, Piros, Bata und ich; doch eigentlich die ganze alte Garde. Gerö und ich wurden in der Parteizentrale, Piros und Bata im Militärkomitee über die Meinung der sowjetischen Führer informiert. Imre Nagy und auch Andropow meinten, in der gegebenen Lage sei es am klügsten, wenn wir in die Sowjetunion gingen. Diesen Vorschlag nahm ich mit Freude zur Kenntnis. Ich hatte fünf Kinder, das sechste war unterwegs. Ich erblickte keinen Sinn darin, mich lynchen zu lassen.

ZSILLE Konntest du dir nicht vorstellen, die alte Politik zu retten, wie später nach dem 4. November János Kádár?

HEGEDÜS Zu dem Zeitpunkt nicht. Ich dachte, Imre Nagy könne die Macht stabilisieren und Kádár könne ihm dabei helfen. Ich war den bewaffneten Aufständischen ein Dorn im Auge. So blieb mir als einziger vernünftiger Ausweg nur die Emigration in die Sowjetunion.

30. Abschied von der Macht, Abschied von Ungarn

ZSILLE Teilten Imre Nagy und Andropow euch mit, wann ihr Ungarn verlassen solltet?

HEGEDÜS Nachdem die prinzipielle Entscheidung gefallen war, wurde uns am frühen Nachmittag mitgeteilt, wir sollten unsere Wohnungen aufsuchen, wo wir gegen 18 Uhr von einem Auto abgeholt werden würden.

ZSILLE Konntet ihr ein paar Sachen packen?

HEGEDÜS Sehr überstürzt. Wir mußten wichtige Sachen zurücklassen, vor allem Akten. Wir hatten höchstens zwei Stunden Zeit.

ZSILLE Wie nahm deine Frau die Nachricht auf?

HEGEDÜS Ich glaube, auch sie freute sich, denn sie hatte Angst. Sie hatte Angst um unsere Kinder, die zwischen drei und neun Jahre alt waren. Und das sechste Kind war unterwegs. So bedeutete die Reise nach Moskau auch für sie eine Erleichterung.

ZSILLE Wie standen eure Angestellten zu dieser Flucht? Mußten sie nicht befürchten, daß man an ihnen Rache nehmen würde?

HEGEDÜS Im Haus blieb eine Wache zurück. Wir hatten zwei Angestellte. Sie gingen am nächsten Tag zu Verwandten und Bekannten. Um 18 Uhr traf tatsächlich ein sowjetischer Offizier mit einem Panzerspähwagen ein. Auf dem Wagen standen zwei Soldaten mit Maschinenpistolen. Wir stiegen mit den Kindern ein, sie hatten keine Ahnung, was geschah, und fanden den Panzerspähwagen toll.

ZSILLE Fragten sie nicht, wohin die Fahrt ging?

HEGEDÜS Doch. Ich sagte, nach Moskau.

ZSILLE Seid ihr ohne Zwischenfälle zum Flugplatz gekommen?

HEGEDÜS Unterwegs gab es einen Angriff. In der Nähe vom Boráros Platz, an der Brücke, wurde auf uns geschossen. Daraufhin gab der eine Soldat aus dem Panzerspähwagen als Antwort eine Salve auf die Fenster der Häuser ab. Diese Gegend war ziemlich zerschossen. Von Tököl aus wurden wir mit einer sowjetischen Militärmaschine nach Moskau gebracht. Aus Sicherheitsgründen wurde die Maschine nicht beleuchtet. Vermutlich hatten sie Angst, daß man uns abschießen könnte.

ZSILLE Alle vier Familien befanden sich an Bord dieser Maschine?

HEGEDÜS Ja. Zusammen mit den Kindern waren wir etwa zwanzig Personen.

ZSILLE Welche Stimmung herrschte auf dem Flugplatz?

HEGEDÜS Teils waren wir erleichtert, daß wir uns nicht mehr in einer so aussichtslosen Lage befanden und zusammen mit unseren Familien in relativ sichere Verhältnisse kommen würden. Andererseits herrschte auch Unsicherheit. Wir wußten nicht, ob man uns zur Verantwortung ziehen würde.

ZSILLE Versuchen wir jetzt eine Bilanz der fünf Tage zwischen dem 23. und 28. Oktober zu ziehen. Wie verhielten sich die führenden Politiker in jenen Tagen? Fangen wir mit Imre Nagy an.

HEGEDÜS Seine Haltung in den ersten zwei Tagen unterschied sich von seinem Verhalten in den drei folgenden

Tagen. Zuerst war er schwankend. Einerseits war er bereit, selbst extremste Maßnahmen gegen die Aufständischen zu ergreifen, andererseits war er um eine politische Lösung bemüht. In der zweiten Phase, also vom 25. Oktober an, forderte er eindeutig jene Linie, die von Donáth und Losonczi ausgearbeitet worden war. Ich muß hinzufügen, in der entstandenen Lage verstand ich vollkommen, daß man uns, die alten Führer, loswerden wollte. Wir waren belastend für Imre Nagy. Eine politische Lösung mußte er auf jeden Fall ohne uns durchsetzen.

ZSILLE Ernö Gerö?

HEGEDÜS Bis zum 25. Oktober, bis zu seiner Ablösung, war Gerö sehr selbstsicher. Er hatte das Gefühl, eine Funktion, eine Aufgabe zu haben, in seinem Element zu sein. Er war der Überzeugung, daß gegen das System und gegen die Sowjetunion ein konterrevolutionärer Aufstand ausgebrochen war. Seine Aufgabe erblickte er darin, diesen Aufstand niederzuschlagen und die Ordnung wieder herzustellen. Nach dem 25. Oktober war er dann ein gebrochener Mann, als er von Mikojan und Suslow scharf kritisiert wurde und man ihm mitteilte, daß seine Politik zum Bankrott geführt habe und deshalb seine Ablösung fällig sei. Von da an fungierte Gerö als Kádár-Berater. Allerdings legte Kádár keinen großen Wert auf Gerös Ratschläge.

ZSILLE János Kádár?

HEGEDÜS In jenen fünf Tagen war seine Rolle noch blaß. Kádár kam nach unserer Abreise am 28. Oktober zum Zuge, als er die Partei der Ungarischen Werktätigen auflöste. Rákosi sagte später in Moskau: »Nun schon zum zweiten Mal.« Ich meinerseits halte diese Auflösung für ebenso richtig wie die erste. Also Kádár war in den ersten Tagen passiv, da Gerö die Partei noch führte und das Ruder in der Hand hielt. Am 25. Oktober wurde Kádár zwar Erster Sekretär, war aber noch sehr unsicher.

ZSILLE András Hegedüs?

HEGEDÜS Ich war sehr passiv. Eine Ausnahme waren vielleicht die ersten beiden Tage, als sich meine Tätigkeit vor allem im Technokratischen erschöpfte. Ich äußerte mich politisch nicht mehr. Ich spürte deutlich, daß alles, was ich auch sagen würde, Öl ins Feuer wäre. Deshalb zog ich mich zurück. Stattdessen versuchte ich mich zu informieren. Ich verhandelte mit vielen Leuten. In diesen Besprechungen vertrat ich meinen eigenen Standpunkt, daß zwar ein bewaffneter Aufstand ausgebrochen sei, der aber nicht mit der Bewegung der demokratischen Opposition gleichzusetzen sei. Mit der demokratischen Opposition müsse man verhandeln, die Aufständischen aber müßten entwaffnet werden, dachte und sagte ich. Im wesentlichen also hielt ich die Ereignisse für eine Konterrevolution.

31. Emigration

ZSILLE Am 29. Oktober, in der Frühe, seid ihr in Moskau eingetroffen. Auf einem Militärflughafen? Von wem seid ihr empfangen worden?

HEGEDÜS Ich erinnere mich nicht, auf welchem Flugplatz wir eintrafen. Autos erwarteten uns. Wir wurden sofort nach Uspanskoje gebracht. Empfangen wurden wir von technischem Personal. Einen offiziellen Empfang gab es nicht. Uspanskoje ist ein Dorf bei Moskau, in dessen Nähe die sowjetische Parteizentrale für ihre eigenen Angestellten einen Erholungsort gebaut hat. Jede Familie bekam eine eigene Datscha. Die Holzhäuser waren sehr gut eingerichtet. Wir konnten es uns mit unseren Kindern sehr bequem machen. Am 3. November wurde unser sechstes Kind geboren. Eine Frühgeburt im achten Monat, sicher infolge der Aufregungen. Es war ein schwerer Kampf, das Kind am Leben zu halten.

ZSILLE Wie hast du damals von Moskau aus die ungarischen Ereignisse nach dem 28. Oktober beurteilt, und wie siehst du diese Ereignisse heute?

HEGEDÜS Was Imre Nagy tat, hielt ich nicht für eine Konterrevolution. Vor dem 4. November hatte ich das Gefühl, Imre Nagy könne Herr über das Chaos werden. Übrigens denke ich auch jetzt noch, daß es dafür Möglichkeiten gab. Durch den Austritt aus dem Warschauer Pakt und durch die Neutralitätserklärung hatte er jedoch Interessen verletzt, die es zu wahren galt. Die Sowjets konnten nicht zulassen, daß Ungarn aus dem

Block ausbrach. Sie hatten Angst, daß dadurch ein Präzedenzfall geschaffen werden könnte. Ich war auch mit der Einführung des Mehrparteiensystems nicht einverstanden. Auch heute habe ich vor diesem Vorschlag Angst. Auch heute denke ich, daß die Einführung des Mehrparteiensystems in diesen Systemen außerordentlich gefährlich ist. Im Augenblick ganz besonders. Diese Systeme sind militärisch und polizeilich sehr stark – das war 1956 noch nicht der Fall –, politisch jedoch schwach. Deshalb würde bei der Einführung des Mehrparteiensystems die Machtbasis zerfallen. Es ist ja offensichtlich, daß freie Wahlen im westlichen Sinn nicht die Mehrheit der an der Macht befindlichen Partei brächten. Deshalb würde die Regierungsmacht ihre nunmehr starken Militär- und Polizeikräfte einsetzen. Ich meine also, daß Imre Nagys außen- und innenpolitische Maßnahmen gefährlich und schlecht waren. Zugleich aber konnte Imre Nagy gerade durch diese Maßnahmen seine Macht stabilisieren.

ZSILLE Mit anderen Worten: Jene außen- und innenpolitischen Maßnahmen von Imre Nagy, in denen der Volkswille zum Ausdruck kam und die seine Lage stabilisierten, fanden deine Mißbilligung, bzw. du hieltest sie nur für taktisch vertretbar.

HEGEDÜS So kann man es auch sagen. Jedenfalls war klar, daß es zur Wiederherstellung der Ordnung durch Imre Nagy absolut notwendig war, uns persönlich, Gerö und mich, zur Verantwortung zu ziehen. Meine Haltung war widersprüchlich, weil ich mich einerseits gefreut hätte, wenn Imre Nagy hätte Ordnung schaffen können, andererseits hatte ich Angst davor, zur Verantwortung gezogen zu werden. Im Mai 1957, als mit Ausnahme der Familien von Rákosi und Gerö die Ehefrauen und Kinder nach Ungarn zurückkehrten, bekam ich zusammen mit Bata, Piros und István Kovács, der mittlerweile zu uns gestoßen war, eine Fünfzimmerwohnung. Jeder hatte ein Zimmer für sich, und gemeinsam hatten wir einen Tagesraum. Eine ältere Frau kochte für uns. Wir lebten erneut im Kommunismus: Jeder nach seinen Bedürfnissen, wir bekamen alles, was wir brauchten. Außerdem wurden wir einem Institut der Akademie der Wissenschaften zugeteilt. Wir konnten wählen, was wir wollten. Ich entschied mich für das Institut für Philosophie, da ich mich mit Soziologie befassen wollte. Ich ging in Bibliotheken, las unheimlich viel, fing an Englisch zu lernen und frischte meine Deutschkenntnisse auf.

ZSILLE Hatten die anderen auch wissenschaftliche Interessen?

HEGEDÜS Nein. Piros schrieb an seiner Biographie – wenn er schrieb. István Kovács wollte sich mit der Geschichte des Revisionismus befassen. Ich schlug ihm vor, er solle sich lieber mit der Geschichte des Dogmatismus befassen, davon habe er mehr Ahnung. Bata ging überhaupt keiner Beschäftigung nach. Er verstand es, die Zeit anderweitig totzuschlagen. Piros, Kovács und Bata gingen zu dritt spazieren und diskutierten unerschütterlich darüber, weshalb es zum 23. Oktober gekommen sei.

ZSILLE Und Gerö?

HEGEDÜS Gerö lebte nicht bei uns; er bekam eine Wohnung für sich, da ja auch seine Familie bei ihm geblieben war. Er führte einen kompletten Haushalt. Wir wurden oft zu ihnen zum Abendessen eingeladen. Bei diesen Gelegenheiten wurde über die Ursachen von 1956 nachgegrübelt. Ansonsten beschäftigte sich Gerö kaum mit etwas.

ZSILLE Wie kam Gerö mit seiner Untätigkeit zurecht?

HEGEDÜS Er ging einkaufen. Es war interessant, wie das tägliche Einkaufen seine Meinung über das Alltagsleben schnell veränderte. Alsbald nahm er gegen die sowjetische Führung eine oppositionelle Haltung ein. Er beanstandete, daß man dieses und auch jenes nicht bekommen könne und daß man Schlange stehen müsse. Darüber, daß in Ungarn vor kurzem die gleichen Vorwürfe noch ihm gegolten hatten, machte er sich kaum Gedanken.

ZSILLE Vielleicht hätte man ihn auch in Ungarn einkaufen schicken sollen.

HEGEDÜS Ich glaube, das ist eine Frage des Standpunkts. Aus der Sicht der Macht sehen die Dinge anders aus, auch wenn man vielleicht einkaufen geht. Gerö betrachtete die Sowjetführer, die er für seinen Sturz eigentlich verantwortlich machte, jetzt von unten.

ZSILLE Trafen sich Rákosi und Gerö in der Moskauer Zeit gelegentlich?

HEGEDÜS Ja. Ich war auch mehrmals zugegen. Die Atmosphäre war gespannt. Rákosi wiederholte ständig, seiner Meinung nach sei seine Ablösung der entscheidende Fehler gewesen. Gerö widersprach dem nicht. Im wesentlichen war es auch seine Auffassung, daß das System nicht repressiv genug gewesen sei. In der Personalfrage wich ihre Meinung offenbar voneinander ab. Gerö hielt es gewiß nicht für eine schlechte Lösung, daß er als Erster Sekretär an Rákosis Stelle getreten war.

ZSILLE War Rákosi auch zu diesen Abendessen bei Gerö eingeladen?

HEGEDÜS Nein, nie. Entweder lud Gerö ihn nicht ein, oder Rákosi sagte den Besuch ab. Rákosi trafen wir immer im Sanatorium. Gerö war auch mehrmals dabei. Aber offensichtlich trafen sie auch ohne uns zusammen. Bei Rákosi im Sanatorium bekamen wir immer einen Kaffee, ein Stück Kuchen, und wir sagten, was wir zu sagen hatten.

ZSILLE Nahm Rákosis Frau auch an diesen Gesprächen teil?

HEGEDÜS Nein, niemals. Sie war nicht an dem ständigen Reden über ein und dieselbe Sache interessiert. Um ehrlich zu sein, ich zu diesem Zeitpunkt auch nicht mehr.

32. Heimkehr und erneute Versuchung der Macht

ZSILLE Welche Wirkung hatte auf dich die Nachricht von Imre Nagys Hinrichtung?

HEGEDÜS Von Imre Nagys Hinrichtung erfuhr ich noch in Moskau aus der »Prawda«. Ich erinnere mich, wir waren gerade bei Gerö zum Abendessen. Wir waren alle betroffen. Selbst Gerö machte da keine Ausnahme. Das heißt natürlich keineswegs, daß er als Erster Sekretär das Todesurteil nicht unterschrieben hätte. Jener Gerö, der nicht an der Macht war, konnte sich eine humanere Denkungsart leisten.

ZSILLE Was meinst du, wo ist die Entscheidung über Imre Nagys Hinrichtung gefallen?

HEGEDÜS Das weiß ich nicht. Ich denke, nicht nur in Moskau. Die Hinrichtung wurde offensichtlich von den Sowjetführern gebilligt, mußte aber auch von der ungarischen Führung beschlossen worden sein. Ich hoffe sehr, daß eines Tages wenigstens eine ehrenvolle und stille Beerdigung von Imre Nagy und Gefährten möglich sein kann, auch wenn vorläufig eine Rehabilitierung nicht möglich sein wird.

ZSILLE Rákosi war der einzige von euch, der nicht nach Ungarn zurückkehrte. Wenigstens nicht lebend.

HEGEDÜS Ja. Sein Leichnam wurde überführt. Aber auch dieser Vorgang war nicht problemlos. Ich erinnere mich, vor etwa zwei Jahren saß ich im Savoy, wo ich abends Leute treffe, die mit mir sprechen wollen. Ein Mann kam an meinen Tisch, er stellte sich vor, er sei der bereits pensionierte Direktor des Kerepeser Friedhofs. Von ihm kenne ich die Geschichte von Rákosis Heimkehr. Eines Abends, so der Direktor, seien zwei sowjetische Oberste zu ihm gekommen. Sie teilten ihm mit, sie hätten Rákosis Leichnam gebracht. Mein Gesprächspartner war darüber ganz schön erschrocken, brachte aber trotzdem Rákosi in der Leichenkammer unter. Am nächsten Tag rief er die Parteizentrale an, wo eine Art Panik entstand. Was sollte man tun? Schließlich wurde entschieden, Rákosi auf dem Kerepeser Friedhof beizusetzen. Das war irgendwann Anfang der siebziger Jahre. Aber anscheinend war etwas durchgesickert, denn Julia Rajk setzte alles in Bewegung, um die Beerdigung auf dem Kerepeser Friedhof zu verhindern. Sie drohte den Parteiführern, wenn man Rákosi dort bestatte, werde sie fordern, die Gebeine von Rajk zu exhumieren und anderswo beizusetzen. So wurde Rákosi schließlich auf dem Farkasréter Friedhof begraben, aber das Grab bald darauf geschändet. Unbekannte hatten es freigeschaufelt und Rákosis Gebeine umhergeworfen. Daraufhin wurde ein Einäscherungsbeschluß gefaßt. Die Urne wurde auf dem Farkasréter Friedhof auf dem bisherigen Platz beigesetzt. Aber nun wurden Beschimpfungen auf den Grabstein geschmiert. Daraufhin wurde beschlossen, die Urne gegenüber dem Büro des Farkasréter Friedhofs beizusetzen, um sie ständig beaufsichtigen zu können. Ernö Gerö wurde übrigens ebenfalls auf dem Farkasréter Friedhof beerdigt. Gerö war später ebenfalls nach Ungarn zurückgekehrt. Relativ lange, fast zehn Jahre, lebte er sehr verlassen in einer Budapester Wohnung.

ZSILLE Hast du ihn einmal getroffen?

HEGEDÜS Ich traf ihn 1960 unmittelbar nach seiner Heimkehr. Ein einziges Mal nur, und seither nie wieder. Gerö war damals schon sehr unzufrieden mit meiner Tätigkeit. Er war auch unzufrieden damit, daß ich die von Kádár durchgeführten Veränderungen befürwortete. Doch noch unzufriedener war er damit, daß ich mich mit Soziologie beschäftigte. Auch weiterhin bekannte er sich dazu, daß die Soziologie eine bourgeoise Wissenschaft und mit dem Marxismus unvereinbar sei.

ZSILLE Was trieb er in seinen letzten Lebensjahren?

HEGEDÜS Er übersetzte aus dem Französischen. Er übersetzte den »letzten der Mohikaner« des dogmatischen Marxismus: Louis Althusser.

ZSILLE Wann wurde euch mitgeteilt, daß ihr nach Ungarn zurückkehren durftet?

HEGEDÜS Boldoczki, der ungarische Botschafter, teilte mir im Sommer 1958 mit, daß ich im September nach Ungarn zurückkehren dürfte. Wir reisten in zwei Gruppen. In der ersten Gruppe Piros und Bata, in der zweiten – sofern man zwei Menschen als eine Gruppe bezeichnen kann – István Kovács und ich. Wir fuhren mit der Bahn, wie zuvor schon die Familien.

ZSILLE Du hattest Ungarn als Apologet des stalinistischen Systems verlassen und bist als Apologet des Kádár-Systems zurückgekehrt.

HEGEDÜS In der Tat, ich war nicht nur Apologet des Systems, sondern auch der von Kádár geprägten neuen politischen Linie. Diese Periode dauerte praktisch bis 1963, als man mir das Präsidentenamt des Zentralen Statistikamts anbot, was die Rückkehr in die Politik und die Teilnahme an den Sitzungen des Ministerrats bedeutet hätte. Stattdessen entschied ich mich für die wissenschaftliche Arbeit. Meine Tätigkeit am Soziologischen Institut begann. Diese Arbeit und der Chefredakteursposten bei der Zeitschrift »Valóság« (Wirklichkeit) waren gewissermaßen der zweite Abschnitt meines Lebens in der Zeit nach 1956, genauer gesagt: die Zeit zwischen 1963 und 1968. Damals gab es durch die Invasion in der Tschechoslowakei eine erneute Wende, hin zu einer reformistischen Phase. Ich nahm an der Ausarbeitung verschiedener Reformen teil, und zwar auf der Basis wachsender Gesellschaftskritik. Die offizielle Ideologie behandelte ich immer noch sehr vorsichtig. Von 1968 an war meine Einstellung allmählich kritischer. Die Ideologiekritik in meiner Kritik nahm zu. An diesem Punkt trat die Problematik des Revisionismus auf, obwohl ich in dieser Zeit noch nicht die Notwendigkeit des Revisionismus überblickte. Nach 1973 ging ich nach und nach zu einem offenen Revisionismus über, und in gewissem Sinn zu kultureller Opposition.

ZSILLE Ich kann das Gefühl nicht loswerden, daß du dem Kádár-System bis zum heutigen Tage dankbar bist, daß man dich nicht vor Gericht gestellt hat.

HEGEDÜS Es ist mir nicht im Traum eingefallen, daß man mich vor Gericht stellen könnte. Vor dem 4. November 1956 hatte ich davor Angst, seither aber nicht mehr. Wie hätte Kádár mich vor Gericht stellen sollen? In der Parteiführung und im Zentralkomitee gab es viele ähnlich gelagerte Fälle.

ZSILLE Wie wurde der gestürzte stalinistische Ministerpräsident von den Mitarbeitern und Kollegen am Soziologischen Institut aufgenommen?

HEGEDÜS Zu den Mitarbeitern entwickelten sich sehr

gute Beziehungen. Man wollte mich am Institut sogar zum Parteisekretär machen.

ZSILLE Das ist auch kein Wunder, denn die alten Parteimitglieder sympathisierten mit dir, weil sie in dir den stalinistischen Ministerpräsidenten sahen, der ähnlich wie sie dachte. Warst du damals tatsächlich noch der »alte« Hegedüs?

HEGEDÜS Ja. Die wirklich großen Veränderungen in mir hatten noch nicht stattgefunden. Trotzdem war mein Verhalten gelöst, schließlich war ich nicht mehr an der Macht. Der Entwicklungsprozeß meiner inneren Befreiung hatte zwar schon in Moskau begonnen, was aber noch nicht hieß, daß ich mich auch von der Ideologie des stalinistischen Parteifunktionärs emanzipiert hätte. Ich war ein Parteifunktionär, der sich glücklich schätzte, keine Macht zu besitzen.

ZSILLE Hättest du den Posten des Parteisekretärs angenommen?

HEGEDÜS Ja, das hätte ich getan, denn damit war keine Macht verbunden. Meine Tätigkeit hätte sich auf eine kleine Grundorganisation erstreckt. Doch schließlich kam es nicht dazu. Marosán griff nämlich mich und auch die Parteiorganisation in einer Rede scharf an: »Was stellen die sich eigentlich vor, wenn sie meinen, man könne Hegedüs zum Parteisekretär wählen?« Und damit war die Angelegenheit vom Tisch.

ZSILLE Dieser Angriff zeigt, daß man einen Konkurrenten in dir sah.

HEGEDÜS Ich glaube, das war ein späterer Entwicklungsprozeß. Doch sicher gab es in dieser Zeit einige, die dachten, auf Druck von außen vielleicht in die Führung zurückkehren zu können.

ZSILLE Was heißt Druck von außen?

HEGEDÜS Nun, hier können wir nur an sowjetischen Druck denken. Die Chance war sicherlich nicht allzu groß, ließ sich aber auch nicht vollkommen von der Hand weisen.

ZSILLE Wie verhielt man sich seitens der Ungarischen Sozialistischen Arbeiterpartei dir gegenüber? Schließlich warst du einer jener Politiker, die man für den Ausbruch der Revolution verantwortlich machen konnte. Tat man das?

HEGEDÜS In der Tat. Wenn an die Ursachen des Aufstands erinnert wurde, dann war unter den vier Grundursachen immer der Hinweis auf die Fehler und Vergehen der alten Führer. Natürlich mußte ich diese Formulierungen auch auf mich beziehen, da meine Rolle in der Führung vor 1956 nicht unbedeutend war. Als ich in der Stadt die öffentlichen Verkehrsmittel benutzte, war ich von Angst nicht frei. Ich erwartete Vorwürfe für all das, wofür ich mich schuldig fühlte, was zu 1956 geführt hatte. Ich wartete auf die anklagenden Worte und Blicke. Es war ein neues Erlebnis für mich, mich in Ungarn unter unbekannten Menschen zu bewegen. Als ich vor meiner Moskauer Emigration durch Budapest fuhr, wurde ich überall von Staatssicherheitsoffizieren begleitet. Mein Auto war durch Vorhänge gegen fremde Blicke abgeschirmt. Nun plötzlich tauchte ich auf den Straßen Budapests ohne Begleitung auf. Es dauerte eine Weile, ehe ich meine Angst überwand.

ZSILLE Trugst du keine dunkle Sonnenbrille, ließt du dir keinen Bart stehen?

HEGEDÜS Nein, damals trug ich noch keinen Bart. Nach einem halben Jahr verflog meine Angst.

ZSILLE Du sagst, 1958 hast du auf den Budapester Straßen keine Anzeichen von Haß gegen dich gespürt. Das läßt sich vielleicht mit dem Umstand erklären, daß du zu den Figuren einer versunkenen Epoche gehörtest, während der Haß der Straße einer neuen Zielscheibe galt: Zu jener Zeit war Kádár bei jedermann verhaßt.

HEGEDÜS Bei jedermann, das ist übertrieben. Damals wurden das System und auch Kádár von breiten Schichten unterstützt.

ZSILLE 95 Prozent der Nation haßten Kádár immer noch.

HEGEDÜS Wo ich verkehrte, traf das auf keinen Fall zu. Auch im Institut für Wirtschaftswissenschaften konnte davon keine Rede sein.

ZSILLE Ich glaube nicht, daß die 95 Prozent, von denen ich spreche, für 1958 nicht stimmen sollten, denn es gab kaum eine ungarische Familie, die nicht in irgendeiner Weise von der Vergeltung betroffen gewesen wäre, die nicht einen Angehörigen oder einen Freund verloren hätte, der hingerichtet worden, gefallen, ins Gefängnis gekommen oder ins Ausland geflüchtet war. Du hast gesagt, daß du vor dem Oktober 1956 deutlich den nationalen Widerstand gespürt hattest. Wie kommt es dann, daß du nun, da du der Gesellschaft näher gekommen warst, nichts von Widerstand gemerkt hast?

HEGEDÜS Natürlich habe ich bemerkt, daß es einen nationalen Widerstand gab. Aber zugleich trat in breiten Schichten auch eine Beruhigung ein.

ZSILLE Für mich wäre auch vorstellbar, daß du von den Menschen auf der Straße deshalb nicht zur Verantwortung gezogen worden bist, weil sie möglicherweise keinen Unterschied zwischen dem Polizeiterror vor dem

Oktober 1956 und danach sahen. Vielleicht hatten die Menschen einfach Angst, ihre Hand gegen dich zu erheben, weil sie meinten, das neue System und die Sowjets schützten dich ebenso wie vor 1956.

HEGEDÜS Als ich Ministerpräsident war, also von April 1955 an, gab es im eigentlichen Wortsinn keinen Polizeiterror mehr. Es gab keine politischen Prozesse. Die Verhaftungen hörten auf.

ZSILLE Und wie wurdest du damit fertig, daß deine Freunde und Bekannten 1958 im Gefängnis saßen?

HEGEDÜS Ich wußte und freute mich, daß sie bald amnestiert werden.

ZSILLE Die Partei änderte ihren Namen, doch ein großer Teil der alten kompromittierten Führer blieb. Hast du die Ungarische Sozialistische Arbeiterpartei für eine neue Partei gehalten?

HEGEDÜS Für eine neue Partei hielt ich sie keinesfalls, denn nicht nur die Parteiführung, sondern auch die Parteimitglieder waren geblieben. Wer nach der großen Katharsis von 1956 um Aufnahme in die Partei bat, gehörte vor allem der dogmatischen Richtung an. Das war für Kádár ein großes Dilemma. Ich muß sagen, soziologisch gesehen waren die Parteimitglieder zwischen 1958 und 1959 dogmatischer als die Parteiführung. In der Parteiführung wehte teils ein neuer Geist. Auf jeden Fall war der Geist frischer, als den Mitgliedern lieb war. Dieser Widerspruch zeigte sich vor allem in den Reihen der Politischen Polizei, die für die Vergeltung zuständig war.

ZSILLE Die Ungarische Sozialistische Arbeiterpartei verspielte also sofort die Möglichkeit, das Vertrauen der Bevölkerung zu gewinnen?

HEGEDÜS Ja. Aber in den sechziger Jahren machte die Partei dennoch einen Wandel durch. Einzelne Gruppierungen ergriffen Partei für die Reform. In den sechziger Jahren traten viele in die Partei ein, die sich 1956/1957 zu diesem Schritt nicht hätten entschließen können. Und auch die Partei nahm Kandidaten auf, die sie 1956 noch nicht aufgenommen hätte. Die Partei wurde offener. 1956/57 war Lukács nicht wiederaufgenommen worden, 1966 dagegen schon.

ZSILLE Durch welches Ereignis ist András Hegedüs' erste Lebensphase nach 1956 abgeschlossen worden?

HEGEDÜS György Péter, der Präsident des Zentralamts für Statistik, forderte mich auf, sein Stellvertreter zu werden. Das war natürlich bereits eine Nomenklatura-Stellung, über deren Besetzung die Parteizentrale beziehungsweise das Sekretariat zu entscheiden hatte. Ich war also schon 1961 wieder in eine Machtposition gelangt.

ZSILLE Hattest du keine Angst, wieder einen falschen Weg zu gehen?

HEGEDÜS Anfangs interessierte mich die Statistik.

ZSILLE Auch 1948 hatte dich die Landwirtschaft interessiert.

HEGEDÜS Das Interesse an einer Sache war für mich immer ein wichtiges Moment. Allerdings mußte ich mich auch mit Dingen beschäftigen, die mich nicht interessierten. Drei oder vier Hauptabteilungen unterstanden mir, deren Chefs seit mehr als zehn Jahren ihre Arbeit verrichteten und von allem mehr Ahnung hatten als ich. Ich war also in eine Situation geraten, daß meine Untergebenen mir überlegen waren. Der andere Konflikt ergab sich daraus, daß ich hier erstmals eine gut organisierte bürokratische Institution von innen kennenlernte. Das war eine gute Institution. Max Webers Definition paßte zu ihr: sie war schnell, fachkompetent, die Menschen betrachteten ihr Tun als Lebensaufgabe...

ZSILLE Die Datenfälschung!

HEGEDÜS Das war eine ihrer Hauptfunktionen. Es gehörte auch zu ihren Aufgaben, die Daten den augenblicklichen politischen Anforderungen, die sich freilich geändert hatten, anzupassen.

ZSILLE Mich beschäftigt die Tatsache deiner neuen Karriere. Auf wen wirft sie ein schlechtes Licht? Auf das Kádár-System, das dir innerhalb kurzer Zeit eine Chance gab, erneut an die Macht zu gelangen, oder auf dich?

HEGEDÜS Ich glaube, beides traf zu. Das Kádár-System war bemüht, möglichst viele Leute in die Führung einzubeziehen, die sich als loyal erwiesen hatten. Ich entsprach diesen Anforderungen. Gegen mich hatte es kein Verfahren gegeben, ich hatte ein Buch geschrieben, in dem die im Kádár-System vorgenommenen Veränderungen verteidigt und ideologisiert wurden. In einem weiteren Buch unterstützte ich progressive Bestrebungen, ich schlug die Entwicklung der marxistischen Gesellschaftswissenschaft vor. Auch daran war das Kádár-System interessiert.

ZSILLE Du bist also nahtlos in das Kádár-System integriert worden?

HEGEDÜS Absolut nicht. Ich bemühte mich nicht einmal darum. Meine Orientierung war damals schon Streben nach Autonomie. So konnte ich mich auch nicht ins Amt für Statistik integrieren. Während der zwei Jahre, die ich dort zubrachte, blieb ich ein Fremdkörper. Als mir 1963 angeboten wurde, Präsident des Amts für Statistik zu werden, entschloß ich mich zur Ablehnung. Mein Entschluß hatte zwei Gründe. Bei einer Annahme des Postens wäre ich wieder in den Ministerrat gelangt. Mein autonomes Denken war damals bereits in einem fortgeschrittenen Stadium, so daß ich mir eine schweigende und passive Rolle im Ministerrat nicht vorstellen konnte. In Kenntnis der Daten hätte ich eine harte und kritische Haltung einnehmen müssen, doch dazu war ich nicht bereit. Ich wollte jenen Weg, den ich schon einmal zurückgelegt hatte, nicht nochmals gehen. Der andere Grund, weshalb ich die Präsidentschaft nicht übernehmen wollte, war einfach darin zu sehen, daß ich mir nicht mehr vorstellen konnte, täglich ein Büro aufzusuchen, Weisungen zu erteilen und als Politiker an Entscheidungsprozessen teilzunehmen. So bat ich das Sekretariat des Zentralkomitees, mich für die wissenschaftliche Arbeit freizustellen. Damit schloß ich mich vom Kádárismus aus, ja von der gesamten Machtstruktur. Ich betone, diese Entscheidung geschah damals nicht aufgrund politischer Motive, nicht daß ich Kádárs Politik abgelehnt hätte, sondern einfach deshalb, weil ich die Autonomie gewählt hatte. Nachdem man meinen Verzicht akzeptiert hatte, wurde ich mit der Organisation der Soziologischen Forschungsgruppe betraut. Ferenc Erdeis Bedingung war die, daß ich auch das Amt des Direktors übernehmen müsse. So wurde ich am 15. März 1963 zum Direktor der Soziologischen Forschungsgruppe an der Akademie der Wissenschaften ernannt.

ZSILLE Das war ungefähr die Zeit, da eine der finstersten Perioden der Nachkriegsgeschichte Ungarns, die Kádársche Vergeltung, ihren Abschluß fand. Tausende waren im Gefängnis, Hunderte hatte man aufgehängt, die Bauern wurden in die landwirtschaftlichen Produktionsgenossenschaften hineingezwungen. Die fünfziger Jahre hatten in Ungarn aufgehört, wie sie begonnen hatten, mit dem schlimmsten Stalinismus. Wie hast du damals diese Periode eingeschätzt?

HEGEDÜS Ich sah in jener Periode auch mehrere positive Züge. Immerhin wurde diese Zeit mit der Losung »Wer nicht gegen uns ist, der ist für uns« abgeschlossen. Diese Losung ist zugleich ein wesentliches Element des Kádárismus. Man muß nicht unbedingt für Kádár sein. Trotzdem wird man nicht gleich als Feind betrachtet. Freilich wurde dies nicht immer eingehalten. Dennoch betrachte ich die Folgen dieser Losung als wichtige Veränderung. Ich denke vor allem an die Amnestie, die ohne Ausnahme alle meine inhaftierten Freunde betraf. Sie wurden freigelassen, und die meisten konnten ohne Schwierigkeiten im Kultur- und Wissenschaftsbetrieb unterkommen. Einigen von ihnen konnte ich zu einer Stellung verhelfen.

ZSILLE Die Auswahl deiner Mitarbeiter deutet darauf hin, daß du bemüht warst, eine Garde unabhängiger Geister um dich zu versammeln. Darin ist einer der Gründe zu sehen, daß schon damals der Vorwurf des Revisionismus gegen dich erhoben wurde.

HEGEDÜS In meiner Tätigkeit bin ich schon ziemlich bald zu einem Revisionisten geworden. Allerdings war ich mir dessen damals noch nicht so bewußt. Ende der sechziger Jahre beispielsweise sprach ich mich gegen die These aus, daß es in der sozialistischen Gesellschaft zwei Grundklassen und die Intelligenz als Schicht* gebe. Diese These ist unannehmbar und durch soziologische Untersuchungen nicht zu belegen. Als ich das aussprach, hatte ich eigentlich schon eine Grundthese unter Revision genommen. Deshalb wurde ich sehr scharf angegriffen. Das war verständlich: Wer die offizielle Ideologie verteidigte, mußte meine Schriften angreifen. Ich beschäftigte mich auch mit dem Problem der Bürokratie. Ich stellte fest, daß die Frage der Bürokratie in den osteuropäischen Ländern nicht gelöst worden sei. Ich wies nach, daß die Bürokratie weiter als substantielles Verhältnis im Marxschen Sinn existiert, ja daß die bürokratischen Gebilde sogar stärker sind als in den kapitalistischen Ländern. Das war wiederum eindeutig als Revision anzusehen. In letzterem Punkt schloß ich mich übrigens eng dem Bürokratieverständnis von Max Weber an. Also diese Thesen formulierte ich bereits um 1963. In dieser Zeit ließ mir Imre Szabó, der Stellvertretende Generalsekretär der Akademie der Wissenschaften, ausrichten: »Nach Absprache mit verschiedenen Genossen halte ich es für richtig, wenn du dich in Zukunft nicht mehr mit ideologischen Fragen beschäftigst.« Wichtig war in dieser Periode die Diskussion um das Phänomen der Entfremdung, ein zentraler Begriff in der Kapitalismus-Kritik des Marxismus. In dieser Diskussion ging es darum, daß die Entfremdung im Marxschen Sinn im Sozialismus, in den osteuropäischen Gesellschaften, zu existieren aufgehört habe. Sämtliche Mitglieder der Lukács-Schule und na-

* Anm. d. Hrsg.: Die zwei Grundklassen der sozialistischen Gesellschaft: die Arbeiterklasse und die Klasse der sozialistischen Genossenschaftsbauern.

türlich auch ich sagten, die Entfremdung sei nicht beseitigt, sie sei vielmehr sogar eine sehr wichtige und bezeichnende Besonderheit der osteuropäischen Gesellschaften. Aufgrund meiner eigenen soziologischen Untersuchungen hielt ich diese Behauptung für bewiesen. Das gesamte dogmatische Lager war über diese These aufgebracht. Diese Diskussion vor allem war es, die meiner Ablösung als Chefredakteur der Zeitschrift »Valóság« vorausging. Damals war das dogmatische Lager noch sehr stark. Zu ihm gehörten auch László Orbán und Endre Molnár, die Leiter der Theoretischen Abteilung in der Parteizentrale. Bezeichnend für das damalige Denken war eine Diskussion mit Orbán: »Weißt du«, sagte er, »das Problem mit der Zeitschrift »Valóság« besteht darin, daß wir keinen unserer Leute im Redaktionsausschuß haben.« Dabei war Orbán in der illegalen Bewegung mein Kontaktmann zur Parteiführung gewesen, ich war also doch wohl eindeutig einer der Ihren. Aus diesem Versprecher schloß ich allerdings, daß sie mich nicht mehr für einen der Ihren hielten. Eines von Orbáns Hauptargumenten gegen die Artikel der »Valóság« war übrigens, daß er sie nicht verstünde. Ich argumentierte vergebens, daß er dies den Autoren nicht als Vergehen vorhalten könne. Er hielt mich für unzuverlässig. Damit stand Orbán nicht allein. Auch Béla Biszku gab zu verstehen, daß ich nicht mehr vertrauenswürdig sei. Und György Aczél stellte in einer Rede fest, daß ich einer der Erwecker des Revisionismus sei. Kurzum, es wurde mir bald darauf der Beschluß des Sekretariats mitgeteilt, daß man meine Ablösung als Chefredakteur vorgeschlagen habe. Offiziell lautete die Begründung, ich sei den verschiedenen parteifeindlichen und abweichlerischen Anschauungen nicht entschieden genug entgegengetreten.

ZSILLE Welche Folgen hatte für dich die Ablösung vom Chefredakteursposten?

HEGEDÜS Ich begann eine intensive Lehrtätigkeit an der Wirtschaftswissenschaftlichen Universität, an der Eötvös Lóránd Universität und auch an der Technischen Universität. Mein Fachgebiet war die Wirtschaftssoziologie. 1966 wurde ich zum Titularprofessor ernannt, und schließlich blieb ich weiter Direktor des Soziologischen Instituts, was für mich wissenschaftliches Arbeiten hieß. Auch wurde in dieser Zeit das Komitee zur Reformvorbereitung gegründet, an dessen Arbeit ich ebenfalls teilnahm. Rezsö Nyers war der Leiter des Komitees. Meine Beziehungen zu ihm waren immer gut.

ZSILLE Ehemals war er »dein Sozialdemokrat« gewesen, und jetzt warst du »sein Revisionist«.

HEGEDÜS So kann man es auch sagen, aber in jener Zeit wurden die Dinge nicht so eingeschätzt. Ich betrachtete ihn nach der Vereinigung von Sozialdemokraten und Kommunisten nicht als Sozialdemokraten, und er betrachtete mich 1966 nicht als Revisionisten. Nyers führte als Finanzminister und Sekretär des Zentralkomitees scharfe Diskussionen mit den Dogmatikern der Partei. Da er Kádárs Vertrauen genoß, wurde er 1966 mit der Organisation und Lenkung der Kommission beauftragt, die mit der Vorbereitung der Wirtschaftsreform befaßt war.

ZSILLE Von politischen Reformen wollen die Partei- und Staatsführer allerdings bis heute nichts hören.

HEGEDÜS Ich denke, daß in der Diskussion über die osteuropäischen Reformen das letzte Wort noch nicht gefallen ist. Politische Reformen sind unausweichlich. Gleichzeitig findet beispielsweise in Ungarn heute eine großangelegte Pluralisierung der Wirtschaft statt. Die Legitimierung und Ausweitung der Schattenwirtschaft ist nichts anderes als die Pluralisierung der Wirtschaft. Dazu gehört auch, daß man nunmehr verschiedene Formen der Unternehmensautonomie akzeptiert. Wir haben es also heute in Ungarn mit einer monolithischen politischen und kulturellen Struktur zu tun, weiterhin mit einer einheitlichen Ideologie, gleichzeitig aber hat sich eine plurale Wirtschaftsstruktur herausgebildet, durchaus mit Billigung der Partei. Auf diesem Sektor kommt die alte sozialistische Vorstellung, die sich bei Marx noch so artikuliert, daß die gesamte Nationalwirtschaft so arbeiten müsse, als sei sie ein einziges Unternehmen, nicht mehr zur Geltung. Wir stehen nun einer anderen Marxschen Sozialismus-Vorstellung näher: nämlich der freien Assoziation freier Produzenten.

33. Der schamhafte Revisionist

ZSILLE Die zweite Phase deiner politischen Karriere nach 1956, die Phase bis 1968, könnten wir mit der Bilanz abschließen, daß deine Meinung in wichtigen wirtschaftlichen und gesellschaftswissenschaftlichen Fragen immer mehr von der offiziellen Politik abwich. Du hast dich vehement gegen die Besetzung der Tschechoslowakei ausgesprochen. Wie hat András Hegedüs, der zehn Jahre zuvor als stalinistischer Funktionär aus der Sowjetunion zurückgekehrt war, 1968 die ihn umgebende gesellschaftliche und politische Lage eingeschätzt?

HEGEDÜS Ich war davon überzeugt – und im wesentlichen bin ich es auch heute noch –, daß die osteuropäischen Gesellschaften reformierbar sind. Historisch sah ich damals noch nicht die Notwendigkeit des ideologischen Revisionismus ein. Damals sprach ich noch von einem ideologischen Modernisierungsprozeß. Ich hielt einen Entwicklungsprozeß für notwendig, der die erforderlichen politischen und wirtschaftlichen Reformen durchsetzen würde. Ich halte es für ein wesentliches Moment, daß damals weder Lukács noch ich – obwohl uns bereits der Revisionismus-Vorwurf gemacht wurde – die historische Notwendigkeit des Revisionismus einsahen. Wir gaben uns mit einigen Veränderungen zufrieden und betonten lediglich die Notwendigkeit der Modernisierung. Auf die Frage jedoch, ob das System reformfähig sei, antwortete ich damals entschieden mit Ja und tue dies auch heute. Für mich ist das eine

Grundfrage. An dieser Meinung ändert auch mein Ausschluß aus der Partei nichts. Nach meinem Ausschluß bin ich infolge meines unabhängigen Denkens zu der Überzeugung gelangt, daß der Revisionismus in den osteuropäischen Gesellschaften eine historische Notwendigkeit ist.

ZSILLE Der András Hegedüs des Jahres 1968 war also kein stalinistischer Funktionär mehr?

HEGEDÜS Weder Stalinist noch Funktionär. Eindeutig gab ich die für einen Parteifunktionär charakteristische dreifache Bindung auf: Ich hielt die Lehren des Marxismus-Leninismus nicht mehr für unfehlbar, denn ich beschäftigte mich bewußt mit ihrer Revision. Mit dem Sendungsbewußtsein als solchem setzte ich mich zwar kaum auseinander, aber ich habe auch dieses aufgegeben. Und was die Allmacht der Partei anbelangt, so erkannte ich, daß sie im Verlauf der Geschichte schwere Fehler begangen hat. Eine mystische Kraft konnte ich damals in der Partei nicht mehr entdecken, doch ich sah große Kämpfe zwischen den verschiedenen Fraktionen voraus. Dieser András Hegedüs betrachtete also die Partei bereits soziologisch.

ZSILLE Welche Faktoren spielten bei deinem Wandel eine Rolle?

HEGEDÜS Am wichtigsten erscheint mir, daß ich die Soziologie als Beruf wählte. Diese Entscheidung war bereits 1956 bewußt gefallen. Damals hatte ich Gerö gesagt: »Ich möchte verstehen, was 1956 passiert ist.« Der Antrieb war also Max Webers »Verstehende Soziologie«. Ich wollte die Triebfeder, die Motivation der Ereignisse verstehen. Ich wollte verstehen, weshalb ich zum Spielball, zum Tölpel der Geschichte geworden war. Hätte ich mich damals beispielsweise für den Weg von Lajos Ács entschieden, der bis 1956 eine ähnliche Entwicklung genommen hatte wie ich und dann Finanzexperte geworden war, hätte mein Leben einen anderen Verlauf genommen. Ács besaß die notwendigen Voraussetzungen, ging als Ford-Stipendiat nach Amerika, dann machte er im Finanzministerium, wo er Abteilungsleiter wurde, eine zweite erfolgreiche Karriere. Er stand kurz vor seiner Ernennung zum Hauptabteilungsleiter, als er vom vierten Stock aus dem Fenster sprang. Ács konnte mit seinen Kenntnissen als Finanzexperte seine Vergangenheit nicht aufarbeiten. Er wurde ständig mit ihr konfrontiert und war nicht fähig, sie wie eine eiternde Wunde aufzuschneiden und zu säubern. Im Vergleich zu ihm hatte ich vermutlich das Glück, als Soziologe einen Beruf gewählt zu haben, der mir eine Selbstanalyse ermöglichte.

ZSILLE Entwickelte sich in dieser Zeit ein enger Kontakt zu Georg Lukács?

HEGEDÜS Ja, von Mitte der sechziger Jahre an. Ich besuchte ihn oft, unser Verhältnis war gut. Allerdings war dieses Verhältnis nie eine Lehrer-Schüler-Beziehung. Er wußte vollkommen andere Dinge als ich. Ich schätzte vor allem seine methodologischen Arbeiten, zum Beispiel sein Buch über die *Besonderheit als Kategorie der Ästhetik*. Allerdings schien und scheint mir die ethische Position seiner Schule antisoziologisch zu sein. Bis zu seinem Tod nahm Lukács eine Art Anti-Haltung gegen die Soziologie ein. Im wesentlichen hat er die These, daß die Soziologie eine bourgeoise Wissenschaft sei, nie aufgegeben. Er fragte mich auch nie, weshalb ich mich ausgerechnet mit Soziologie beschäftigte. In dieser Hinsicht war er tolerant. Seinen Grundgedanken allerdings, daß man immer nach dem Wesentlichen suchen und nicht die Oberfläche erforschen dürfe, gab er nie auf. Er meinte, dem Wesentlichen sei durch logisches Denken beizukommen. Ich muß hinzufügen: Mitte der sechziger Jahre war ich von seiner These »Zurück zum Marxismus und zurück zur Praxis« beeinflußt. Eine These, die ich heute für sehr naiv halte. Ebenso vertrat ich damals seinen Standpunkt, daß selbst der schlechteste Sozialismus besser sei als der beste Kapitalismus. Heute scheint mir auch diese These falsch zu sein. Der Beerdigung von Lukács bin ich ferngeblieben, weil ich die Trauerzeremonie von Staat und Partei nach all dem, was man ihm angetan hatte, für abstoßend hielt.

ZSILLE Welchen Ausweg siehst du für die osteuropäischen Systeme des real existierenden Sozialismus?

HEGEDÜS Ende der sechziger Jahre gelangte ich zu der Überzeugung, daß der Ausweg im gesellschaftlichen Pluralismus, jedoch nicht im Mehrparteiensystem zu sehen sei. Das heißt, ich suche nach einer Möglichkeit, wie sich die Machtverhältnisse der monolithischen Gesellschaft überwinden lassen, ohne daß die Machtstruktur zusammenbricht. Ich befürchte nämlich einen Zusammenbruch der Machtstruktur in Osteuropa. Das würde nicht nur einzelne Länder im Osten tragisch betreffen, sondern ganz Europa. Und der mögliche Einsatz des enormen Waffenarsenals würde vielleicht nicht nur für Europa eine Katastrophe bedeuten, sondern für die ganze Welt.

ZSILLE Bevor ich dich danach frage, was du unter einer pluralistischen Gesellschaft ohne Mehrparteiensystem verstehst, würde mich interessieren, ob du eine solche Gesellschaft für die ideale Gesellschaft hältst oder aber ob du für Osteuropa nur deshalb ein solches Ziel ins Auge faßt, weil dir angesichts der sowjetischen Militärstärke eine andere Vorstellung nicht realistisch erscheint.

HEGEDÜS Hier geht es nicht nur um den sowjetischen Militärblock. Wir sprechen von sämtlichen monolithischen Gesellschaften osteuropäischen Typs, also auch von Albanien und Jugoslawien. Es geht aber auch um Länder, in denen die sowjetischen Militärvorstellungen nicht zur Geltung kommen. Ich könnte auch von Nord-Korea oder Vietnam sprechen. Es geht um Gesellschaften, in denen das monolithische System durch die Vergesellschaftung des größten Teils der Produktionsmittel verwirklicht worden ist. Meiner Meinung nach wäre in diesen Systemen eine Rückkehr zum Mehrparteiensystem nur über einen Bürgerkrieg möglich. Über einen Bürgerkrieg deshalb, weil die Regierungsmacht sofort ihre Streitkräfte einsetzen würde, wenn sie ihre Herrschaft gefährdet sähe.

ZSILLE Die Streitkräfte Ungarns wurden während der Revolution 1956 innerhalb weniger Stunden als Machtfaktor hinweggefegt.

HEGEDÜS 1956 ist ein sehr schlechtes Beispiel. Das Offizierskorps der Polizei und des Militärs setzte sich in Ungarn aus Menschen zusammen, die noch kurze Zeit zuvor in der Fabrik oder an der Hobelbank gearbeitet oder in den Dörfern hinter dem Pflug gestanden hatten. Dieses Offizierskorps identifizierte sich weder mit der Militärlaufbahn noch mit der Gewalt des Staates und dessen Organen. Dazu war die Zeit einfach zu knapp. Heute dagegen setzt sich die Mehrheit des Offizierskorps aus Soldaten zusammen, die sich als Vierzehnjährige für diese Laufbahn entschieden haben. Sie sind der Existenz als Soldat oder Polizist verpflichtet. In Polen offenbarte sich sehr deutlich bei der Machtübernahme durch das Militär, was fünfzehn Jahre für eine Armee in einem osteuropäischen System bedeuten.

ZSILLE Du stellst also das polnische 1981 dem ungarischen 1956 gegenüber. Du meinst, die politischen Führer Polens hätten auch ohne die Gefahr eines sowjetischen Einmarschs den mit der Gewerkschaft Solidarität unterzeichneten Vertrag nicht eingehalten? Anders gefragt: Hätte sich Jaruselski auch ohne »sowjetische Gefahr« eingemischt?

HEGEDÜS Ich bin mir sicher, daß es in Polen auf keinen Fall zu einem Mehrparteiensystem gekommen wäre. Es hätten sich wohl ähnliche Verhältnisse entwickelt wie in Jugoslawien. In diesen Gesellschaften ist die Antwort auch ohne sowjetische Bedrohung immer die gleiche. Würde heute in Kuba eine ähnliche Bewegung einsetzen, gäbe es auch dort keine andere Antwort, trotz der fehlenden sowjetischen Bedrohung. Ich glaube, man muß das innere Wesen dieser monolithischen Systeme verstehen. Es trifft heute einfach nicht zu, daß diese Systeme nur von einigen wenigen Menschen unterstützt werden.

ZSILLE Du hast damit aber immer noch nicht meine Frage beantwortet, ob du das Mehrparteiensystem in Osteuropa prinzipiell nicht für wünschenswert hältst oder nur deshalb nicht für wünschenswert, weil die Einführung oder der Versuch, das Mehrparteiensystem einzuführen, Bürgerkrieg und vielerorts sowjetische Intervention bedeuten würde?

HEGEDÜS Ich denke realistisch. Ich empfehle keine Gesellschaftssysteme.

ZSILLE Ist deine Ablehnung des Mehrparteiensystems in Osteuropa Überzeugung oder Taktik?

HEGEDÜS Wenn es darum geht, daß wegen eines Prinzips eine Million Menschen sterben müssen, dann lasse ich die Prinzipien Prinzipien sein. In einem solchen Fall bin ich nicht bereit, in Prinzipien zu denken. In realen Gesellschaften kann man sich Prinzipien nicht zum Ziel setzen. Von allen Seiten ist Kompromißbereitschaft erforderlich.

ZSILLE Massenmord findet, wenn man so will, aber trotzdem statt. Nicht plötzlich und spektakulär, sondern allmählich. In der Sowjetunion immerhin schon seit sechzig Jahren. Deportationen, Hinrichtungen, Einweisungen in psychiatrische Kliniken, Selbstmorde. All das könnte man auch als eine Art Massenmord begreifen, denn betroffen davon waren und sind Millionen.

HEGEDÜS Das ist dennoch kein Krieg. Das ist kein Völkermord. Diese Gesellschaften existieren, sie haben viele Schwierigkeiten zu überwinden, ihre Krankheitssymptome sind auffallend, dennoch aber befinden sich diese Gesellschaften nicht in der Agonie. Die Aufrechterhaltung des militärischen Gleichgewichts ist für sie eine enorme Belastung, bedenkt man, daß das Wirtschaftspotential der osteuropäischen Länder höchstens einem Drittel dem der NATO-Staaten entspricht.

ZSILLE Du sagtest, für die osteuropäischen Gesellschaften könne die Beibehaltung der monolithischen Macht und die gleichzeitige Entwicklung des gesellschaftlichen Pluralismus ein Ausweg sein. Wie ist das genau zu verstehen?

HEGEDÜS Gehen wir von der ungarischen Lage aus. Alle Institutionen streben eine größere Autonomie an. Das tut die Akademie der Wissenschaften, wenn sie den vorgeschlagenen Generalsekretär nicht akzeptieren will. Der Schriftstellerverband ist von der Ideologischen Abteilung der Partei nahezu unabhängig geworden und hat eine gewisse Partnerschaftsbeziehung durchgesetzt. Es gibt Zeitschriften, die zunehmend um ihre Unabhängigkeit kämpfen. Wird ihnen die Unabhängigkeit nicht zugestanden, entstehen schwere Konflikte, wie beispielsweise im Fall der »Mozgó Világ« (Welt in Bewegung).

ZSILLE Diese Unabhängigkeitsbestrebungen existieren tatsächlich. Doch zugleich bleiben sie ab einem gewissen Punkt ohne Ergebnis. Der Unabhängigkeitsbestrebung des Schriftstellerverbands wurde ein Ende gesetzt, indem die Kulturabteilung der Partei anstelle des Präsidiums ein Krisenkomitee ernannte. Bei der »Mozgó Világ« wurde der Chefredakteur abgelöst, das Redaktionskollegium solidarisierte sich und folgte ihm. Mit einem Wort, die praktischen Ergebnisse der ungarischen Unabhängigkeitsbestrebungen sind relativ unbedeutend.

HEGEDÜS Hätten die Bestrebungen keine Ergebnisse gebracht, wäre beim Schriftstellerverband kein Krisenkomitee erforderlich gewesen, hätte der Chefredakteur der »Mozgó Világ« nicht abgelöst werden müssen. Also die Macht zeigte sich gegenüber diesen Bestrebungen nicht verständnisvoll, nicht tolerant. Hätte sie das getan, dann hätte sich ihr Charakter bereits geändert, könnten wir in Osteuropa nicht mehr länger von monolithischen Systemen sprechen.

ZSILLE Du hast die Akademie der Wissenschaften und den Schriftstellerverband als Institutionen erwähnt, in denen Autonomie angestrebt wird. An welche Institutionen denkst du außerdem?

HEGEDÜS Beispielsweise an die Kirchen. Früher oder später muß der Machtapparat einsehen, daß die Kirchen nicht nur Glaubensgemeinschaften sind, sondern auch gesellschaftliche Organisationen. Sie sind Träger bestimmter Werte und Wertvorstellungen. Vermutlich ist auch die Existenz autonomer Jugendorganisationen sehr wichtig. Auch hierfür gibt es Bestrebungen. Die Auflösung des NÉKOSZ wird heute auch offiziell als Fehler angesehen; das ist ein interessantes Phänomen. Andererseits gibt es heute noch keine autonomen Volkskollegien. Meines Erachtens wird es sie früher oder später geben. Natürlich sind auch autonome Gewerkschaften sehr wichtig. Als die Institutionalisierung der Schattenwirtschaft begann, wurde für diese Gründungen eine eigene Interessenvertretung gefordert. Das ist beachtenswert. Bisher wurde eine solche Interessenvertretung vom Gericht zwar nicht genehmigt, aber dazu wird es kommen.

ZSILLE Die Ereignisse in Polen sprechen nicht dafür: Nachdem der Machtapparat die freie Gewerkschaft »Solidarität« genehmigt hatte und dann sehen mußte, von wie vielen sie unterstützt wurde, beseitigte er sie wieder.

HEGEDÜS Meines Erachtens ist die »Solidarität« in Polen auch heute noch eine existierende Organisation, zumindest im Bewußtsein der Menschen. Die Machthaber sind gezwungen, Walesa zu dulden. Ich glaube, daß Solidarität früher oder später legalisiert werden wird.

In welcher Form, weiß ich allerdings auch nicht. Aber eines scheint mir sicher zu sein, daß in Polen in dieser Angelegenheit noch nicht das letzte Wort gesprochen ist. Recht haben die, die den Dialog zwischen der Macht und den verschiedenen gesellschaftlichen Organisationen, wie beispielsweise Solidarität, befürworten. Die neue polnische Gesellschaft wird sich jedenfalls nur mit Kompromissen aufbauen lassen.

ZSILLE Kehren wir zu deiner Biographie zurück. 1968 bist du als Direktor des Soziologischen Instituts abgelöst worden, weil du den Einmarsch in die Tschechoslowakei verurteilt hast. Und 1973 wurdest du wegen des Vorwurfs des Revisionismus aus der Partei ausgeschlossen. Kannst du etwas über die Hintergründe deines Ausschlusses erzählen?

HEGEDÜS Im Januar 1973 begann mit György Aczéls Rede auf der Ideologiekonferenz der Frontalangriff gegen uns. Danach wurde eine Staats- und Parteikommission zusammengestellt, worin der Staat von der Akademie der Wissenschaften und die Partei von der Ideologieabteilung vertreten wurde. Diese Kommission erhielt die Aufgabe, unsere ideologische Tätigkeit zu untersuchen. Eine wichtige Rolle spielte dabei István Friss. Viele meinen, er habe auch den endgültigen Vorschlag formuliert. Zur Diskussion wurden wir zwar eingeladen, doch wir hatten beschlossen, nicht hinzugehen. In dem Text ging es nämlich nicht um unsere Thesen, sondern einfach darum, uns abzustempeln.

ZSILLE Um wen ging es eigentlich außer dir?

HEGEDÜS Es ging um sieben Leute: Agnes Heller, Mária Márkus, György Márkus, Mihály Vajda, János Kis, György Bence und mich. Wir gingen also nicht zur

Diskussion, dennoch wurde natürlich ein Beschluß gegen uns gefaßt. Eines Vormittags wurden wir aufgefordert, in die Parteizentrale zu kommen, wo uns mitgeteilt wurde, daß uns das Sekretariat aus der Partei ausgeschlossen habe. Danach mußten wir alle sieben zum Generalsekretär der Akademie der Wissenschaften, dem heutigen Kultusminister Köpeczi. Er teilte uns in Anwesenheit der zuständigen Institutsdirektoren mit: »Glauben Sie mir, ich muß ihnen wirklich mit Bedauern mitteilen...« Bence rief dazwischen: »Das glauben wir!« Das gab großes Gelächter, doch Köpeczi fuhr gleichmütig fort: »Ich muß Ihnen mitteilen, daß wir Sie von Ihrem Aufgabenbereich suspendieren, aber einem jeden von Ihnen entsprechende Arbeit geben werden.«

ZSILLE Ihr seid also aus der Partei ausgeschlossen und in eurer damaligen Tätigkeit gekündigt, aber nicht direkt auf die Straße gesetzt worden?

HEGEDÜS Ja. Für mich sah die entsprechende Arbeit so aus, daß ich zu einem Buch-Großhandelsunternehmen »umdirigiert« wurde. Dort wurde ich vom Generaldirektor empfangen, der mir sagte, er habe die Anweisung des Ministers erhalten, daß er mich anstellen müsse. Für diese Arbeit, so fuhr er fort, bekomme er kaum junge Akademiker, weil die Tätigkeit so langweilig und unbefriedigend sei. »Ich denke, dann wird sie auch für mich unbefriedigend sein«, sagte ich und ging. Am nächsten Tag rief er mich an, wir hätten uns mißverstanden, ich solle ihn nochmals aufsuchen, um weiter zu verhandeln. Ich sagte, wir hätten beide ungarisch gesprochen, es sei klar genug gewesen, was er mitgeteilt und was ich geantwortet habe. Damit war die

Angelegenheit für mich erledigt. Und nun begann die Stellensuche. Zwei Generaldirektoren, die Generaldirektoren der Firmen Kontakta und Taurus, boten mir an, mich als Wirtschaftsberater einzustellen. Nach Ablauf der Kündigungsfrist nahm ich meine Arbeit in den beiden Fabriken auf. Das war eine ziemlich lehrreiche Tätigkeit. Der eine Generaldirektor sagte mir: »Andris, jetzt kannst du einmal sehen, wie ein roter Baron arbeitet.« In jener Zeit nannten sich die Manager schon gern so; der Ausdruck hatte keinen abschätzigen Beigeschmack. Es war in der Tat eine interessante und neue Welt. Ich suchte die Werkstätten oft auf und unterhielt mich viel mit den Leuten. Lange allerdings konnte ich in dieser Welt nicht verweilen. Beide Generaldirektoren erhielten eines Tages einen Anruf von der zuständigen Bezirksparteileitung: »Was sucht der Hegedüs in der Fabrik?« Daraufhin ließen mich beide zu sich kommen und sagten mir, daß sie mir selbstverständlich alle Bezüge bis zum Vertragsende bezahlen wollten, mich aber bäten, nicht mehr zu kommen, weil das für sie unangenehm sei.

ZSILLE Gab es ein auslösendes Moment für diese Telefonanrufe?

HEGEDÜS In dieser Zeit heiratete der ehemalige Vorsitzende des Budapester Arbeiterrats, Sándor Rácz.

ZSILLE Sándor Rácz war nach 1956 zu lebenslanger Haft verurteilt und in den sechziger Jahren amnestiert worden.

HEGEDÜS Kádár hatte im Zentralkomitee eine Rede gehalten, die auch in den Grundorganisationen verlesen wurde. Es war darin die Rede von der Organisation der Reaktion. Ein Beweis dafür sei, so sagte er, wen der ehemalige Vorsitzende des Budapester Arbeiterrats, der die Tochter eines Horthy-Offiziers geheiratet habe und der in der Matthias-Kirche von einem reaktionären Priester getraut wurde, zur Hochzeit eingeladen habe: Frau Rajk, Ferenc Donáth, Miklós Vásárhelyi und András Hegedüs. Von all dem wußte ich nichts. Ich wußte weder, daß Rácz geheiratet, noch wen er geheiratet hatte. In der ganzen Stadt sprach man davon. Nur bis zu mir war die Nachricht nicht gedrungen, bis mich einer meiner Söhne fragte, an was für einer kirchlichen Hochzeit ich denn teilgenommen hätte.

ZSILLE Das ist doch bezeichnend für eine monolithische Gesellschaft, daß eine solche Bemerkung des Ersten Sekretärs der Partei zu deiner Entlassung geführt hat! Hast du protestiert?

HEGEDÜS Meine Familie schlug mir vor zu protestieren, aber ich unternahm nichts in der Angelegenheit. Ich dachte, mit meinem Protest würde ich eigentlich akzeptieren, daß man sich zu Recht damit beschäftigte, was ich tue.

ZSILLE Wie schätzt du diesen Fall ein? Haben die Spitzel schlecht funktioniert, oder wollte Kádár die Generaldirektoren davon abhalten, dich anzustellen?

HEGEDÜS Das glaube ich nicht. Kádár war in dieser Sache wahrscheinlich vollkommen gutgläubig. Sicher war ihm ein Bericht über diese Hochzeit zugegangen, allerdings ein Bericht mit einem Druckfehler. Ich vermute – allerdings bin ich mir nicht sicher, daß es sich tatsächlich so verhält –, daß es sich bei dem angegebenen András Hegedüs auf Rácz' Hochzeit um András B. Hegedüs gehandelt hat, der nach 1956 mit Rácz zusammen im Gefängnis gesessen hat. Da ich nun keinen

Arbeitsplatz mehr hatte, ließ ich mich krankschreiben. Danach beantragte ich eine Invalidenrente. Ich glaube, auch die politische Führung freute sich über diese Lösung. Die Rente erhielt ich ohne sonderliche Schwierigkeiten. Es gab nur ein Problem: Man wollte nicht meinen Verdienstorden für das Sozialistische Vaterland anerkennen, den man mir beim Ausschluß aus der Partei nicht abgenommen hatte. Doch ich ging in Berufung, und so kam auch diese Sache in Ordnung. Als ich dann die Rentenanstalt aufsuchte und einem Beamten mein Arbeitsbuch übergab, rannte der damit umher und sagte: »Seht nur, der war alles: Minister, Ministerpräsident, Direktor, Hilfsarbeiter.« Also seit Januar 1975 bin ich Rentner. Dem habe ich es auch zu verdanken, daß ich seit 1976 reisen kann. Zuvor hatte ich drei Jahre lang keine Genehmigung erhalten. Seither hat sich eine ziemlich intensive Begegnung, eine Serie des Gedankenaustauschs mit westlichen Universitätsprofessoren, Schriftstellern und Journalisten herausgebildet.

ZSILLE Wieviel Rente bekommst du?

HEGEDÜS Alles in allem 6300 Forint.

ZSILLE Ist das die Rente für die Ministerpräsidentenschaft?

HEGEDÜS Nein. Die Grundlage für diese Rente ist das »Gehalt eines leitenden wissenschaftlichen Mitarbeiters«. Hinzukommen die zweiprozentigen Zulagen und die Summe, die mit dem Verdienstorden für das Sozialistische Vaterland verbunden ist. Eine Rente als Ministerpräsident erhalte ich nicht, weil ich nicht darum gebeten habe. Diese Rente bekommt man in Ungarn nicht automatisch. Man kann darum bitten. Das bedeutet, daß es eine Frage der »Gnade« ist. Mit Rücksicht darauf, daß mir meine Autonomie wichtiger ist, als wegen der Rentenhöhe bei den entsprechenden Stellen vorstellig zu werden, ist es dabei geblieben. Mir reichen diese 6300 Forint, die im heutigen Ungarn dem Verdienst eines Facharbeiters entsprechen.

ZSILLE Erhältst du keine weiteren Zuwendungen, wie sie einem ehemaligen leitenden wissenschaftlichen Mitarbeiter zustünden?

HEGEDÜS Doch, die Wohnung. Wir haben heute noch die Wohnung, die meine Frau 1957 zugeteilt bekam, als sie mit den Kindern aus Moskau zurückkam. Diese Wohnung steht hinsichtlich der Bequemlichkeit weit über einer Budapester Durchschnittswohnung. Andere Vergünstigungen habe ich nicht.

ZSILLE 1958 bist du, wie du gesagt hast, als stalinistischer Funktionär, als Befürworter des Kádár-Systems und der Kádár-Richtlinie aus Moskau nach Ungarn zurückgekehrt. Es folgte ein langer Entwicklungsprozeß. Wo steht dieser Entwicklungsprozeß heute?

HEGEDÜS Ich bin ein kritischer Intellektueller. Als solcher versuche ich, mir auch über die gegenwärtigen Zustände in Ungarn eine selbständige Meinung zu bilden. Ich denke, meine Kritik bewegt sich auf einer gewissen realen Grundlage. Meine Kritik ist nicht wie in den sechziger Jahren als eine Art »innere Kritik« anzusehen. Ich denke nicht in den Denkschemata einer monolithischen, sondern eher in den Kategorien einer pluralistischen Gesellschaft. Das ist die Basis, von der aus ich die Phänomene beurteile. Heute bin ich Kritiker und nicht Apologet. Ich bin kein Propagandist oder Verteidiger der heutigen Verhältnisse in Ungarn, wenn ich dagegen bin, daß die Machtstruktur in einem blutigen Bürgerkrieg zusammenbricht. Ich will nicht, daß eine erneute Vergeltung weitere Vergeltung nach sich zieht.

ZSILLE Glaubst du an die Reformierbarkeit des Systems?

HEGEDÜS Unbedingt. Doch mein Glauben ist ein anderer als in den sechziger Jahren. Damals glaubte ich an die Möglichkeit einer Reform von oben. Heute halte ich das nicht mehr für realistisch. Die Reform kann nur dann erfolgreich sein, wenn sich der Reformflügel der Macht und der von unten kommende Druck der Massen treffen. Von unten kommende Initiativen und deren Unterstützung von oben bedeuten für mich die Reform.

ZSILLE Wie schätzt du das Kádár-System ein?

HEGEDÜS Ich halte es für sehr formbar. Es hat Perioden, in denen das existiert, was im Westen als Kádárismus bezeichnet wird. Solche Zeitabschnitte gab es von 1964 bis 1972 und von 1978 bis ich weiß nicht bis wann. Vielleicht bis gestern, aber vielleicht auch noch lange.

ZSILLE Also was in der ungarischen Entwicklung positiv ist, das nennst du »Kádárismus«, was negativ ist, »Dogmatismus«.

HEGEDÜS Nicht ich bin es, der das als Kádárismus bezeichnet. Im Westen nennt man das so. Und auch im Westen werden genau diese zwei Perioden so bezeichnet. Allerdings werden die reformfeindlichen Tendenzen nicht immer bemerkt.

ZSILLE Das heißt freilich, die Rosinen aus der Geschichte herauszupicken: Alles, was gut oder relativ gut ist, wird als Kádárismus bezeichnet, und alles, was schlecht ist (wofür Kádár ja ebenso verantwortlich ist), das ist etwas anderes.

HEGEDÜS Ich nehme an, daß Kádár sich zu den Reformperioden hingezogen fühlt. Auf jeden Fall hat er sich bei der Durchsetzung der beiden Reformperioden große Verdienste erworben. In der benachbarten Tschechoslowakei wurden vergleichbare Kursänderungen nicht vorgenommen, obwohl die gesellschaftlichen Voraussetzungen dafür besser waren als in Ungarn. Andererseits, wenn ich beispielsweise an die Periode zwischen 1956 und 1964 denke und dann an die Periode zwischen 1972 und 1978, so muß ich eindeutig feststellen, daß sich Kádár in beiden Fällen in einer Zwangslage befand. Insbesondere im ersten Zeitabschnitt. Er war in einer Situation, für die er nicht verantwortlich war, an die Macht gelangt. Und die relativ tolerante Linie, über die wir bereits sprachen, ist sein Werk.

ZSILLE Warum gab dann Kádár nach der Stabilisierung der Macht die mit seinem Namen verbundene und berühmt gewordene kádáristische Politik auf?

HEGEDÜS Er hat sie nur einmal aufgegeben, und zwar zwischen 1972 und 1978. Das geschah vor allem auf außenpolitischen Druck. Doch alles in allem kann man Kádár zugute halten, daß er die Repräsentanten der Wirtschaftsreform nicht zur Emigration gezwungen hat. Der ehemalige Stellvertretende Ministerpräsident Mátyás Timár wurde Präsident der Ungarischen Nationalbank und Rezsö Nyers übernahm das Wirtschaftswissenschaftliche Institut.

ZSILLE Dennoch aber mußten viele in die Emigration gehen. Namhafte Philosophen, Soziologen und Wirtschaftswissenschaftler waren gezwungen, ins Ausland zu gehen. Und über zahlreiche Intellektuelle wurde ein Berufsverbot verhängt.

HEGEDÜS Ja, das ist richtig.

ZSILLE Wenn wir den Charakter des Kádár-Systems untersuchen, trifft es dann zu, daß Kádár im Tausch dafür, daß er die ungarische Außenpolitik völlig den Interessen Moskaus unterordnete, eine gewisse innenpolitische Freiheit zugestanden bekommen hat?

HEGEDÜS Diese These trifft heute nicht mehr zu. Ungarn hat 1978 erneut den Weg der Reformen beschritten. Außerdem fand nach 1972 kein Rückfall in eine so finstere Periode statt wie beispielsweise in der Tschechoslowakei. Außerdem gibt es in Ungarn keine so großen politischen Prozesse wie anderswo. All diese Faktoren haben Ungarn im Westen populär gemacht. Hinzu kommt noch, daß Ungarn allmählich auch selbst die Initiative ergreift. Ungarn ist dem Internationalen Währungsfonds beigetreten und hat seine Beziehungen zu den Vereinigten Staaten geregelt. Das Land ist also in den letzten vier bis fünf Jahren außenpolitisch aktiv geworden. In der »großen« Außenpolitik ist Ungarn natürlich auch heute noch von den Sowjets abhängig. Ich glaube, daß nach wie vor das sowjetische Grundprinzip gilt, daß die Vermeidung von Krisen am wichtigsten sei. Ich glaube, die sowjetischen Führer beobachten die Entwicklung in Rumänien mit großer Sorge. Nicht deshalb, weil die Rumänen trotz des sowjetischen Boykotts an den Olympischen Spielen 1984 teilgenommen haben, sondern weil alle Anzeichen darauf hindeuten, daß sie vor einer großen wirtschaftlichen und politischen Krise stehen. Wegen Ungarn kann Moskau beruhigt sein, denn in Ungarn droht keine gesellschaftliche Krise; nicht einmal eine Wirtschaftskrise, obwohl der Lebensstandard wesentlich gesunken ist. Natürlich kann man nicht wissen, was morgen oder übermorgen sein wird, aber Anzeichen einer Krise kann ich bei uns gegenwärtig nicht entdecken. Ein anderer Gesichtspunkt der Sowjetführer ist der Vorbildcharakter. Das ist immer sehr wichtig. Also wofür Ungarn ein Vorbild sein kann. Ich glaube, die Reformer der Sowjetunion schätzen das ungarische Beispiel sehr positiv ein, die Gegner der Reform dagegen negativ. Würden die letzteren dominieren, könnte das ungarische Wirtschaftssystem unter sehr starken Druck geraten.

ZSILLE Inwieweit hat sich das Verhältnis zwischen sowjetischen und ungarischen Führern geändert, wenn du an die Praxis der fünfziger Jahre denkst? Rákosi wurde von den Sowjets abgelöst. Imre Nagy und András Hegedüs wurden von den Sowjets eingesetzt. Und auch Kádár erhielt den Posten des Ministerpräsidenten aus der Hand der Sowjets. Ist das auch heute noch so?

HEGEDÜS Wenn vom Anfang der fünfziger Jahre die Rede ist, so betone ich immer, daß die Ungarn nicht von den Sowjetführern ernannt wurden, sondern daß uns immer nur zur Ablösung und Ernennung bestimmter Personen geraten wurde. Die Entscheidung fiel stets im Zentralkomitee der Partei der Ungarischen Werktätigen.

ZSILLE Und die Vorschläge wurden immer akzeptiert.

HEGEDÜS Sie wurden immer akzeptiert. Ich denke, daß die Sowjetführer auch heute in Fragen wichtiger personeller Veränderungen konsultiert werden. Allerdings glaube ich, daß es eine entscheidende Veränderung gibt, nämlich daß die Initiative zu Veränderungen in Budapest ergriffen wird.

ZSILLE Anfang der fünfziger Jahre waren die Militärausgaben für die Volkswirtschaft außerordentlich belastend. Erfolgten die Militärausgaben damals auf sowjetischen Rat hin? Und wie sieht die Situation heute aus?

HEGEDÜS In allen Nationalstaaten hat sich ein militärischer Komplex, ein Komplex der Rüstungsindustrie herausgebildet. An der Spitze dieses Komplexes steht ein gut organisiertes Kollektiv, das die Interessen der Militärs, die zugleich seine eigenen sind, schützt. Eine gesellschaftliche Kontrolle ist auf diesem Gebiet sehr schwierig. Selbst der zivile Flügel der Partei kann die Tätigkeit dieses Kollektivs kaum kontrollieren, weil ihm dazu einfach die erforderlichen Daten fehlen.

ZSILLE Hast du in deiner Zeit als Ministerpräsident die entsprechenden Daten besessen? Kanntest du die Höhe der Ausgaben für militärische Zwecke?

HEGEDÜS Damals ja. Die verschiedenen Posten der Militärausgaben waren an verschiedenen Stellen im Haushalt untergebracht. Die Zahlen sind mir jetzt freilich nicht mehr bekannt. Die Höhe der Ausgaben läßt sich nur schätzen. Ein Indikator für die Höhe ist die Tatsache, daß zwischen den beiden Militärblöcken ein ungefähres Gleichgewicht herrscht. Die westlichen Zahlen kennen wir im großen und ganzen. Ich nehme an, daß auch in Osteuropa ein ähnlicher materieller Aufwand erforderlich ist, um das Gleichgewicht zu wahren. Diese Summe wird nach einem entsprechenden Schlüssel auf die Mitgliedstaaten des Warschauer Vertrags verteilt. Übrigens habe ich das Gefühl, daß die Partnerschaftsbeziehung mit der Sowjetunion auch auf diesem Sektor zunimmt.

ZSILLE Kehren wir noch einmal zu deiner persönlichen Situation zurück. Als du das Amt des Präsidenten des

Zentralamts für Statistik abgelehnt hast, bist du, wie du gesagt hast, von der Macht ausgeschlossen worden. Bei der Beschreibung der Ereignisse des Jahres 1973 hast du gesagt, du hättest dich selbst aus der Partei ausgeschlossen. Was hat dieser Selbstausschluß zu bedeuten?

HEGEDÜS Im Rückblick ist die Frage vollkommen berechtigt. Als ich die Leitung des Zentralamts für Statistik nicht übernahm, hätte ich mich noch für die Parteimitgliedschaft entscheiden können. Ich hätte an der Machtperipherie bleiben können: Direktor des Soziologischen Instituts, einen Lehrstuhl an der Universität oder ähnliche Posten. Ich ließ mich von ethischen Überlegungen leiten, als ich mich so entschied. Ich hatte A gesagt, also mußte ich auch B sagen. Ich hatte den »Prager Frühling« unterstützt, also war es nur schwer möglich, beim militärischen Einmarsch kein Wort zu sagen. Rückblickend meine ich, mich richtig entschieden zu haben. Hätte ich mich damals nicht aus der Partei ausgeschlossen, das heißt, wäre ich in meiner ideologischen Kritik oder in der Kritik der politischen Praxis zurückhaltend gewesen, befände ich mich heute beispielsweise in Rezsö Nyers' Situation. Es gibt viele Leute in Ungarn, die sich zwar von der Macht ausgeschlossen haben, aber nicht aus der Partei. Sie haben keineswegs unbedeutende Funktionen. Sie helfen bei der Modernisierung der Gesellschaft und leisten dem Ruhm des Kádár-Kurses gute Dienste.

ZSILLE Wäre das nicht eine bessere Lösung gewesen? Du hättest auf die Ereignisse einen größeren Einfluß ausüben können. Vermutlich hättest du auch für jenes Programm, für die Entwicklung der gesellschaftlichen

Pluralisierung, dessen Verwirklichung du dir zum Ziel gesetzt hast, mehr tun können?

HEGEDÜS Das ist in der Tat das eigentliche Dilemma. Dann hätte ich freilich auch nicht gegen die tschechoslowakische Invasion 1968 protestieren dürfen. Dann hätte ich meine Aufsätze, in denen ich mich mit der Bürokratie beschäftige, ebenfalls nicht schreiben dürfen. Auch hätten meine unlängst publizierten Arbeiten nicht erscheinen dürfen, in denen ich behaupte, daß es in Osteuropa eine Chance für eine pluralistische Ideologie gibt. Ich hätte mich also jenem Lager anpassen müssen, das dem System unmittelbar dienstbar ist. Allerdings bin ich davon überzeugt, daß ich dem System auch so dienen kann, wenn auch nur indirekt. Unlängst traf ich József Bognár, der kritisierte, daß ich meine Meinung sowohl im Inland als auch im Ausland offen vertrete. Auch er habe eine eigene Meinung, sagte er, aber die gebe er nur unter vier oder sechs Augen, und zwar den Parteiführern zu verstehen. Auf all das kann ich nur entgegnen, daß mir der gewählte Weg einfach besser zu sein scheint. Und ich hoffe, es wird sich eines Tages herausstellen, daß diese Entscheidung für die ungarische Gesellschaft von Vorteil war. Ich hoffe, als autonomer Mensch mehr nutzen zu können als in einem abhängigen Verhältnis. Wenn ich, was das gegenwärtige System angeht, mit meiner Kritik zurückhaltend bin, so nicht deshalb, weil ich Angst um einen Direktorenposten habe, sondern weil ich es so für richtig halte. Meine Haltung wird also nicht durch aufgezwungene Kompromisse bestimmt, sondern durch mein eigenes Urteil. Meine Lehrtätigkeit an der Universität wurde schon 1972 eingestellt. Mir war nur ein Seminar geblieben, das ich in verschiedenen Klubs organisiert hatte, doch auch das konnte ich nur kurze Zeit aufrechterhalten. Ein Seminar mit stark kritischem und oppositionellem Hintergrund. Manchmal kamen 40 bis 50 Hörer zusammen: Soziologen, Psychologen, Ärzte...

ZSILLE ... und Geheimpolizisten...

HEGEDÜS Die wahrscheinlich auch. Sie tauchen bei solchen Vorträgen und Diskussionen im allgemeinen auf. Allerdings hatte ich nie Angst vor ihnen. Ich sage auf keinem Forum etwas, wovon ich meine, es sei besser, János Kádár erfährt davon nichts. Mehr Angst habe ich vor den schlechten Informanten, vor denjenigen, die nicht begreifen, wovon die Rede ist und die Dinge falsch darlegen. Dieses Seminar fand etwa bis Anfang 1974 statt. Unter dem Vorwand, daß ich die Anwesenheitsliste nicht anständig führte, was auch tatsächlich zutraf, wurde dem Seminar ein Ende gesetzt. Als dann die Fliegende Universität ins Leben gerufen wurde, eröffneten sich auch für mich wieder Möglichkeiten der Lehrtätigkeit. Anfang 1981 hielt ich acht Vorträge. Jeden zweiten Montag drängten sich in Privatwohnungen 250 bis 300 Menschen. Mir war es ein bißchen unangenehm, weil ich wegen meiner Beinschmerzen einen Stuhl bekam, während die Hörer um mich herum sich nicht einmal auf den Fußboden setzen durften; das hätte einfach zu viel Platz weggenommen.

ZSILLE Worüber hast du gesprochen?

HEGEDÜS Über das Dilemma der osteuropäischen Gesellschaften und über die pluralistische sozialistische Gesellschaft ohne Mehrparteiensystem. Zugleich erhielt ich regelmäßig von Universitäten und Instituten Einladungen. Ich machte sie immer darauf aufmerksam, daß meine Einladung mit den vorgesetzten Behörden abgesprochen werden sollte. Ich will niemanden in Schwierigkeiten bringen.

Personen- und Sachregister

ÁVO – ÁVH: Die Politische Polizei unterstand anfangs dem Innenministerium unter der Bezeichnung ÁVO (Államvédelmi Osztály), zu deutsch Staatsschutzabteilung. 1948 wurde die ÁVO der Kompetenz des Innenministeriums entzogen und fungierte unter dem Namen ÁVH (Államvédelmi Hatóság), zu deutsch Staatssicherheitsbehörde, das heißt Staatssicherheitsdienst, als selbständige Behörde.

Balyó, Mária (1923–1982). Teilnahme an den Aktionen des Györffy-Kollegiums bzw. der illegalen Jugendbewegung. Gemeinsam mit András Hegedüs verhaftet, zu ein bis zwei Monaten Gefängnis verurteilt und nach Deutschland deportiert. Befreiung in Bergen-Belsen. Arbeit im Demokratischen Jugendverband Ungarns, in der Parteizentrale und bis zu ihrer Pensionierung beim Rundfunk.

Bajcsi-Zsilinszky (1886–1944). Politiker der Unabhängigen Kleinlandwirtepartei. Anfang der vierziger Jahre Führer des antifaschistischen Widerstands. Nach Machtübernahme der faschistischen ungarischen Pfeilkreuzler 1944 hingerichtet.

Bata, István (1910*). Als Budapester Straßenbahner in den dreißiger Jahren Anschluß an die kommunistische Bewegung, Tätigkeit vor allem in der linken Gewerkschaftsbewegung. Ab 1949 (?) Armeeoffizier, alsbald im Rang eines Generalleutnants. 1953–1956, von der ersten bis zur zweiten Ministerpräsidentschaft Imre Nagys, Verteidigungsminister. Im Oktober 1956 Flucht in die Sowjetunion, 1958 Rückkehr nach Ungarn.

Bence, György (1940*). Philosoph. Verlust des Arbeitsplatzes wegen seines gemeinsam mit János Kis und György Márkus geschriebenen Buches. Gehört zu den einflußreichen Mitgliedern der demokratischen Opposition.

Berija, Lawrentij Pawlowitsch. Sowjetischer-grusinischer Partei- und Staatsführer. Seit 1938 gefürchteter Chef der Politischen Polizei der Sowjetunion. Nach Chruschtschows Machtübernahme hingerichtet.

Beszélő (Sprecher). Eine der ersten (ab Oktober 1981) halbillegalen Samisdatzeitschriften der demokratischen Opposition. Bisher sind sechzehn Nummern dieser Zeitschrift erschienen. Jede Nummer hat einen Umfang von ca. acht bis zehn Bogen. Die Redaktionsmitglieder geben ihren Namen und ihre Adresse jedesmal bekannt.

Bibó, István (1911–1979). Ungarns bedeutendster politischer Denker nach 1945. Nach 1945 vorübergehend im Innenministerium tätig. Zwischen 1945 und 1947 schrieb er die wichtigsten politischen und soziologischen Studien der Epoche über die Krise der Demokratie. 1956 Staatsminister in der Regierung Imre Nagy. Nach der sowjetischen Aggression erarbeitet er einen Plan zur Lösung der politischen Krise. Nach seiner Verhaftung 1957 wird er zu lebenslangem Zuchthaus verurteilt. 1963 Amnestie. Sein Lebenswerk ist für die demokratische Opposition eine der wichtigsten Orientierungen.

Biszku, Béla, 1921*. Seit 1944 Parteimitglied; ursprünglich Schlosser. 1951–1953 Budapester Bezirksparteisekretär, 1957–1961 Innenminister,

Mitglied des ZK und Politbüros, ab 1962 ZK-Sekretär, bis zu seiner Pensionierung 1978 galt er als Kádárs reformfeindlicher Rivale. 1985 verlor er seine Mitgliedschaft auch im ZK.

BJELKIN, FJODOR. Südosteuropäischer Chef des sowjetischen Geheimdiensts, der bei den Säuberungen in den Ländern des Sowjetblocks eine Lenkungsfunktion innehatte, so auch im Rajk-Prozeß. Wurde 1952 im Zusammenhang mit dem Judenprozeß verhaftet, 1955 aus dem Gefängnis entlassen. Sein weiteres Schicksal ist unbekannt.

BOGNÁR, JÓZSEF. Volkswirt, Kryptokommunist. 1946–1947 Informationsminister, 1947 Bürgermeister von Budapest, 1949-1956 verschiedene Ministerposten, 1959* Präsident des Weltverbands der Ungarn, 1963–1968 Direktor des Forschungsinstituts für Weltwirtschaft, 1981* Direktor des Forschungsinstituts für Wirtschaft.

BÓLYAI-KOLLEGIUM – siehe Turulbund

BRESCHNJEW-DOKTRIN. Noch 1956 hatte es die Sowjetunion für wichtig gehalten, die Niederschlagung der ungarischen Revolution und die Restaurierung des sowjettreuen Systems mittels militärischer Einmischung formal durch den Hilferuf verantwortlicher Amtsträger eines souveränen Staats zu rechtfertigen. Während der tschechoslowakischen Invasion 1968 erschien das den Sowjets nicht mehr erforderlich. Breschnjew, der sowjetische Generalsekretär, erklärte sogar öffentlich, er betrachte jede Veränderung, die in ihrer Einflußsphäre die Aufrechterhaltung des Status quo gefährde, für eine Bedrohung der Sicherheit der Sowjetunion. Und deshalb erhebe sie einen Rechtsanspruch darauf, sich in all solchen Fällen einzumischen, ungeachtet dessen, ob die Verbündeten offiziell darum bäten oder nicht. Dieser Standpunkt wird seither in der politischen Literatur als Breschnjew-Doktrin bezeichnet.

BULGANIN, NIKOLAI ALEXANDROWITSCH (1895–1975). 1955–1958 sowjetischer Ministerpräsident. Wurde 1958 von Chruschtschow von der Macht verdrängt.

CHRUSCHTSCHOW, NIKITA SERGEJEWITSCH (1894–1971). Seit 1934 Mitglied des ZK, seit 1939 des Präsidiums. 1938–1949 Erster Parteisekretär der Ukraine. 1949–1953 Sekretär der KPdSU und Erster Parteisekretär Moskaus. 1953–1964 Erster Sekretär der Partei, von 1958 an auch Ministerpräsident. Wurde 1964 durch einen Putsch gestürzt und lebte seither als Pensionär.

CYRANKIEWICZ, JOSEF (1911*). Jurist, Journalist. 1954–1970 polnischer Ministerpräsident. 1970–1972 Staatsoberhaupt. In Ungnade gefallen.

DEMÉNY-FRAKTION, DEMÉNY, PÁL (1901*). Ingenieur. Vor 1945 Führer der Nicht-Moskowiter Gruppe unter den Kommunisten. An den Namen der Demény-Partei knüpft sich die effektivste kommunistische Widerstandsarbeit, die sich auf die größte Anzahl von Arbeitern stützen konnte. 1945–1956 Zuchthaus. 1957 rechtliche Rehabilitierung. Die politische Rehabilitierung steht bis zum heutigen Tag aus.

Deportation der Budapester. Mehrere zehntausend Menschen wurden in die Ungarische Tiefebene transportiert. Unter widrigsten Bedingungen mußten sie jahrelang am Verbannungsort leben und für einen Hungerlohn arbeiten. Die Zwangsaussiedlung betraf in der Rákosi-Ära vor allem die Budapester. Rechtsgrundlage der Zwangsmaßnahmen war eine Mitteilung des Innenministeriums aus dem Jahre 1951, die sich auf eine Verordnung aus dem Jahre 1939 berief. In der Mitteilung wurde gemeldet, daß in Budapest die Aussiedlung der ehemaligen Ausbeuter begonnen habe.

Disz – siehe Mefesz

Djilas, Milovan (1911*). Kommunistischer Führer Jugoslawiens, einer der bekanntesten Kritiker des real existierenden Sozialismus, Autor des Buches »Die neue Klasse«. Seit 1938 einer der höchsten Führer der jugoslawischen KP und der Partisanenbewegung. 1945–1954 Stellvertretender Präsident des Bundesexekutivrats. 1956 publizierte er sein Buch über die neue herrschende Klasse in den sozialistischen Ländern. 1957–1965 Gefängnisaufenthalt. In den siebziger und achtziger Jahren erschienen seine Memoiren im Westen. Er lebt in Jugoslawien.

Dobi, István (1898–1968). Landarbeiter, Politiker der Kleinlandwirtepartei, später der kommunistischen Partei. 1945–1947 Mitglied des Politbüros in der Unabhängigen Kleinlandwirtepartei, Kryptokommunist. 1947–1948 Parteivorsitzender, 1948 Landwirtschaftsminister, 1949–1952 Ministerpräsident, 1952–1967 Vorsitzender des Präsidialrates; offizieller Eintritt in die kommunistische Partei erst 1959.

Donáth, Ferenc (1913*–1986). Jurist, Agrarvolkswirt. Seit 1934 Kommunist, ab 1936 einer der Organisatoren der Märzfront, einer der Führer der Friedenspartei, nach 1945 wichtige Partei- und Staatsämter, Chef des Rákosi-Sekretariats, 1951 Verhaftung, später rehabilitiert. Während der Revolution 1956 enger Mitarbeiter von Imre Nagy, Verurteilung im Imre-Nagy-Prozeß 1958, 1960 amnestiert. Seither wissenschaftliche Arbeit, spielte in der Bewegung der demokratischen Opposition Ungarns eine wichtige Rolle.

Erdei, Ferenc (1910–1971). Politiker, Volkswirt, Schriftsteller. Schließt sich 1934 der Dorfforschungsbewegung der Volksschriftsteller an. Gründungsmitglied der Nationalen Bauernpartei, deren Vorsitzender und Generalsekretär. Als Innenminister der Provisorischen Regierung vertritt er 1944 die Zielsetzungen der kommunistischen Partei. 1949-1953 Landwirtschaftsminister. 1953–1954 Justizminister, 1955–1956 Stellvertretender Ministerpräsident, 1957 Generalsekretär der Ungarischen Akademie der Wissenschaften, ab 1964 Generalsekretär der Patriotischen Volksfront. 1956 Mitglied der Regierung Imre Nagy, Mitglied der ungarischen Delegation, die über den Abzug der sowjetischen Truppen aus Ungarn verhandelt hat. Dafür wurde er allerdings nie zur Verantwortung gezogen und bekleidete auch in den folgenden Jahren wichtige politische Ämter.

Erdei, Mihály (1907*). Landarbeiter, seit 1929 Kommunist, seit 1944 Parlamentsabgeordneter, ab 1950 Stellvertretender Landwirtschaftsminister, dann Budapester Bezirksparteisekretär. Nach 1956 bis zur Pensionierung Betriebsdirektor.

FARKAS, MIHÁLY (1904–1965). In der Ungarischen Kommunistischen Partei und der späteren Partei der Ungarischen Werktätigen nach 1945 in der Hierarchie an dritter Stelle. Seit 1921 Mitglied der kommunistischen Partei der Tschechoslowakei, fünf Jahre Gefängnis. Während des Zweiten Weltkriegs Arbeit beim Moskauer Sender Kossuth und im Kreis von ungarischen Kriegsgefangenen. Seit 1945 Mitglied des Politbüros, des Zentralkomitees und des Sekretariats, 1948–1953 Verteidigungsminister. 1953 gelangte er nicht ins neue Politbüro und verlor auch seinen Posten als Sekretär des ZK. Schloß sich daraufhin Imre Nagy an und wurde so Anfang 1954 wieder Politbüromitglied und ZK-Sekretär. Ende 1954 schloß er sich Rákosi an und wurde im April 1955 wegen seines Schwankens aus der Führung ausgeschlossen und 1956 auch aus der Partei. Er wurde vor Gericht gestellt und wegen seiner Rolle in der Zeit der Scheinprozesse zu Gefängnis verurteilt, denn er war Gábor Péters direkter Vorgesetzter. Während der ersten Amnestie des Kádár-Systems gelangte er auf freien Fuß und arbeitete bis zu seinem Tod als Verlagslektor.

FARKAS, VLADIMIR. Sohn von Mihály Farkas. Wurde als Achtundzwanzigjähriger ÁVH-Oberst und bekannt für seine Grausamkeit. Gemeinsam mit seinem Vater verurteilt, doch alsbald auf freien Fuß gesetzt. Trotz Beteiligung an Kádárs Folterung heute Führungsposten in der Wirtschaft.

FEHÉR, LAJOS (1917–1981). Lehrer, kommunistischer Partei- und Staatsführer. Seit 1940 Mitglied der kommunistischen Partei. Im Zweiten Weltkrieg einer der Führer der Budapester Partisanengruppen, 1945 Tätigkeit im Budapester Polizeipräsidium, 1954 Kandidat des Zentralkomitees. Gehört zur Gruppe um Imre Nagy, womit er jedoch nach der Revolution bricht. 1957 Redakteur bei der Parteizeitung Népszabadsśg, 1959 Leiter der Landwirtschaftsabteilung der Ungarischen Sozialistischen Arbeiterpartei, 1962–1974 Stellvertretender Ministerpräsident, 1956–1975 Mitglied des Politbüros der USAP, 1974 Zwangspensionierung, weil er von dem reformfeindlichen Flügel, der Oberhand gewonnen hat, für die Liberalisierung der Landwirtschaft verantwortlich gemacht wird, obwohl er gerade auf diesem Gebiet Ende der sechziger Jahre beachtliche Erfolge erzielt hat.

FÉHRVÁRY, ISTVAN, Alpha Publications 1978.

FEJTÖ, FERENC (1909*). In Frankreich lebender ungarischer Historiker, spielte in den dreißiger Jahren in den Bewegungen der politischen und literarischen Linken Ungarns eine bedeutende Rolle. Gemeinsam mit Attila József Gründer der Zeitschrift Szép Szó (Schönes Wort). Hauptwerk: *Die Geschichte der Volksdemokratien.* Gilt als grundlegendes Werk über die Gesellschaften Osteuropas; in Ungarn nicht verlegt.

FM-PROZESS (Landwirtschaftsministeriumsprozeß). Im Sommer 1948 wurden einundachtzig Beamte des Landwirtschaftsministeriums verhaftet. Sechzig von ihnen wurden insgesamt zu mehr als dreihundert Jahren Gefängnis verurteilt. Die Anklage lautete aufVerschwörung gegen die demokratische Staatsordnung. Der Prozeß ist als Vorbereitung der Zwangskollektivierung anzusehen.

Földváry, Rudolf (1923*). Arbeiter, seit 1945 Parteifunktionär, Budapester Parteisekretär. Gehört zur jüngeren Generation, die von der Rákosiclique in Positionen der ausgeschalteten Konkurrenten beziehungsweise der ausscheidenden Generation gesetzt wurde. 1953 Mitglied der nach Moskau reisenden Delegation, 1956 Parteisekretär des Komitats Borsod, Vorsitzender des Borsoder Arbeiterrats. Nach dem 4. November 1956 bemühte er sich, mit den Sowjets zusammenzuarbeiten, wurde dennoch verhaftet und zu lebenslangem Zuchthaus verurteilt, 1961 begnadigt, Arbeit als Industriearbeiter.

Friedenspartei. Name der kommunistischen Partei Ungarns zwischen Juni 1943 und September 1944. Angeführt wurde die Partei von János Kádár.

iFriss, István (1903–1978). Seit 1922 Parteimitglied. Vier Jahre Zuchthaus. Internationalistische Arbeit. Während des Zweiten Weltkriegs Tätigkeit beim Moskauer Sender Kossuth. 1945–1954 Abteilungsleiter in der Parteizentrale, zwischen 1956 und 1961 ebenfalls. Zwischen 1953 und 1956 einziger unerschütterlicher Anhänger von Rákosis stalinistischer Wirtschaftspolitik. 1953–1974 Direktor des Wissenschaftlichen Forschungsinstituts für Volkswirtschaft.

Garasin, Rudolf (1895–1969). Seit 1918 Mitglied der sowjetischen Bolschewiki, im Bürgerkrieg roter Kommandeur, kam 1945 als sowjetischer Soldat nach Ungarn, ab 1947 als Mitarbeiter im Justizministerium, dann im Innenministerium. Ab 1947 Botschafter in der Mongolei.

Gefängniswelt in Ungarn 1945–1956 (Börtönvilág Magyarországon 1945–1956).

Gerö, Ernö (1898–1980). In der Zeit der stalinistischen Ära Ungarns in der Hierarchie nach Rákosi an zweiter Stelle. Seit 1918 hauptberuflich Parteiarbeiter. Nach Sturz der Räterepublik Emigration, Parteiarbeit in Wien und Preßburg. 1922 nach Ungarn geschickt, um illegale Parteiarbeit zu leisten, flog auf und wurde zu fünfzehn Jahren Zuchthaus verurteilt. 1924 über diplomatische Kanäle mit Hilfe der Sowjets befreit, in der Folgezeit Karriere in der Kommunistischen Internationale, Arbeit in Frankreich, Belgien und Spanien. Übernahm im Spanischen Bürgerkrieg im Auftrag der Internationale unter dem Namen Camerad Pedro wichtige Aufgaben und hat mit der Ermordung der anarchistischen Gefangenen in Barcelona zu tun. Verschiedene Historiker bringen seinen Namen mit der Organisation der Ermordung Trotzkis in Verbindung. Weder die eine noch die andere Behauptung ist historisch bewiesen. Vom Ende der dreißiger Jahre an wieder Arbeit in der Sowjetunion. Während des Zweiten Weltkriegs Mitarbeiter des Moskauer Senders Kossuth. Nach der Rückkehr der Moskauer Kommunisten nach Ungarn gehörte er sofort zur obersten Führungsspitze. Ab Ende 1944 Mitglied, ab 1951 Sekretär des Zentralkomitees, des Politbüros und des Sekretariats der Ungarischen Kommunistischen Partei, der späteren Partei der Ungarischen Werktätigen. 1945–1948 Verkehrsminister, ab 1948 Finanzminister, dann Staatsminister. Geistiger Vater des überzogenen Industrialisierungsprogramms, 1953–1954 Innenminister, 1955–1956 Erster Stellvertreter des Vorsitzenden des Ministerrats, ab Juli 1956 bis 25. Oktober 1956 nach Rákosis Amtsenthebung Erster Sekretär der Partei der Ungarischen Werktätigen. Am 28. Oktober 1956 Flucht in die Sowjetunion. Lebte ab 1960 bis zu seinem Tod zurückgezogen in Budapest als Übersetzer. 1962 Parteiausschluß wegen seiner Verantwortlichkeit für die Gesetzesverletzungen nach 1949.

GHEORGHIU-DEJ, GHEORGHE (1901–1965). Rumänischer Politiker, seit 1930 Mitglied der KP, bekleidete seit 1945 die Funktion des Generalsekretärs bzw. Ersten Sekretärs des ZK der KP, 1948–1952 Erster Stellvertreter des Ministerpräsidenten, 1952–1955 Ministerpräsident, 1961–1965 Vorsitzender des Staatsrats.

GRÖSZ, JÓZSEF (1887–1981) Der Grösz-Prozeß 1951 war eine Station auf dem Weg, die katholische Kirche ihrer Autonomie zu berauben. Der Erzbischof wurde zu lebenslangem Zuchthaus verurteilt, 1955 auf freien Fuß gesetzt. Später war er in der Zusammenarbeit zwischen Staat und Kirche zu Zugeständnissen bereit.

GROTEWOHL, Otto (1894–1964). Deutscher Sozialdemokrat, später kommunistischer Führer, 1920–1925 Landesminister, 1925–1933 Reichstagsabgeordneter. Nach Hitlers Machtergreifung Rückzug in die Illegalität, nach dem Zweiten Weltkrieg Vorsitzender der sozialdemokratischen Partei, spielte eine äußerst wichtige Rolle bei der Vereinigung mit den Kommunisten, Mitvorsitzender der Sozialistischen Einheitspartei Deutschlands. Teilnahme 1948 am Parteitag der ungarischen Sozialdemokraten und Unterstützung der Vereinigungspolitik. Von 1949 bis zu seinem Tod Ministerpräsident der DDR.

GYENES, ANTAL (1920*). Volkswirt, Gründungsmitglied des Györffy-Kollegiums, Mitarbeit in illegalen Bewegungen. 1943 vorübergehende Verhaftung. 1945 Bodenaufteilungskommissar, Präsident des NÉKOSZ (Landesverband der Volkskollegien). Anfang der fünfziger Jahre Entlassung aus seiner Stellung in der Redaktion von Szabad Föld. Lebte eine Zeitlang als Arbeiter. Ab 1953 als Volkswirt in der Forschung tätig, ab 1970 bis zu seiner Pensionierung 1985 Direktor des Genossenschaftlichen Forschungsinstituts.

GYÖRFFY-KOLLEGIUM. Entstand während des Zweiten Weltkriegs anstelle des Bólyai-Kollegiums. Die Mitglieder des Györffy-Kollegiums nahmen an antifaschistischen Bewegungen teil. Viele Mitglieder des Kollegiums wurden Marxisten und Kommunisten. Nach 1945 gelangten viele von ihnen in Führungspositionen.

Hollós, Ervin (1923*). Nach kurzer illegaler kommunistischer Tätigkeit Karrierebeginn im MADISZ (Demokratischer Jugendverband Ungarns), ab 1948 Generalsekretär des MINSZ (Volksverband der Ungarischen Jugend), des Nachfolgeverbands des MADISZ. 1956 Teilnahme an der Organisation des Petőfi-Kreises, vermutlich im Auftrag der Partei oder der Polizei. Nach der Niederschlagung der Revolution Führungsposten bei der Politischen Polizei. Gegenwärtig Professur am Lehrstuhl für Politik an der Technischen Universität in Budapest.

Horthy, Miklos (1868–1957). Politiker, Konteradmiral, wurde 1919 von der Entente unterstützt, setzte konterrevolutionäre Truppen gegen die ungarische Räterepublik ein, die er blutig niederschlug. 1920 Reichsverweser. Wurde 1944 nach dem Pfeilkreuzler-Putsch abgelöst. Die Westmächte verhafteten ihn in Bayern als Kriegsverbrecher, lieferten ihn aber nicht der ungarischen Regierung aus.

Illyés, Gyula (1902–1983). Schriftsteller. Gehörte von Anfang an zu den führenden Vertretern innerhalb der Bewegung der Populisten, der Volksschriftsteller. Auch von der offiziellen Kulturpolitik wurde er wegen seines international beachteten Lebenswerks, seines großen Ansehens und seiner politischen Behutsamkeit immer anerkannt, sowohl in der Rákosi-Ära als auch im Kádár-System. In seinen letzten Lebensjahrzehnten wurden ihm zahlreiche Ehrungen zuteil, er war in Ungarn ein gefeierter Dichter. Seine bis zum heutigen Tag totgeschwiegenen Werke, seine Rolle während der Revolution 1956 sowie sein unermüdliches und unerschrockenes Eintreten für die ungarische Minderheit außerhalb der heutigen ungarischen Staatsgrenzen haben ihn für mehrere Schriftstellergenerationen zum Vorbild werden lassen.

Jankó. Vorsitzender der Kammer in der Zeit des Rajk-Prozesses. So sind die Todesurteile im Rajk-Prozeß und beispielsweise im FM-Prozeß (Landwirtschaftsministeriumsprozeß) formal ihm anzulasten. Später geriet auch er in die Hände des ÁVH und wurde zu Tode gefoltert.

Kádár, János (1912*). Mechaniker. Seit 1931 Kommunist. Unter Horthy mehrmals im Gefängnis, 1942 Mitglied des ZK der Partei, 1943 Erster Sekretär, nach 1945 Mitglied des ZK und des Politbüros der Partei, Stellvertretender Polizeipräsident von Budapest, Budapester Parteisekretär, 1946 Stellvertretender Generalsekretär der Partei, 1948–1950 Innenminister, anschließend Abteilungsleiter in der Parteizentrale, 1951 Verhaftung, 1954 Rehabilitierung, 1954–1956 Parteisekretär von Angyalföld, dann von Budapest, im Juli 1956 Mitglied des Zentralkomitees, des Politbüros und Sekretär des Zentralkomitees, Mitglied der Regierung Imre Nagy und Erster Sekretär der Partei (USAP). Wurde unter bis heute ungeklärten Umständen Präsident der von den Russen gegründeten Gegenregierung, der sogenannten Ungarischen Revolutionären Arbeiter- und Bauernregierung. Bis 1958 und zwischen 1961 und 1965 Ministerpräsident. Seit 1956 Erster Sekretär der Ungarischen Sozialistischen Arbeiterpartei (USAP), seit März 1985 Generalsekretär.

Kállay, Gyula (1910*). Seit 1931 Kommunist. Journalist. Révais Schriften erschienen bis 1945 unter seinem Namen. Ab 1945 Mitglied des Zentralkomitees, 1949–1951 Außenminister, 1951 Verhaftung, 1954 Rehabilitierung, 1954–1955 Leiter der Generaldirektion der Verlage, dann Stellvertretender Minister, ab Juli 1956 Leiter der Kulturabteilung der Partei, 1956–1975 Mitglied des Politbüros, ab 1957 Minister, 1965–1967 Ministerpräsident, 1957-1971 Parlamentspräsident, dann Präsident der Patriotischen Volksfront.

Kardos, László (1920–1980). Schloß sich als Student der Dorfforschungsbewegung der Volksschriftsteller an. Von 1942 bis zu seiner Auflösung Direktor des Györffy-Kollegiums. Teilnahme an der illegalen Jugendbewegung, 1945 Aktivitäten bei der Bodenaufteilung, Generalsekretär des Landesverbands der Volkskollegien. 1956 einer der Organisatoren des Petőfi-Kreises. Nach 1956 wird ihm vorgeworfen, Imre Nagys Aufsätze in den Westen geschmuggelt zu haben. Dafür wird er zum Tode verurteilt und später zu lebenslangem Zuchthaus begnadigt, 1963 amnestiert. Forschungsarbeit als Ethnologe, befaßt sich später mit der Aufarbeitung der Geschichte des NÉKOSZ (Landesverband der Volkskollegien).

Kéthly, Anna (1889–1976). Eine der Führungspersönlichkeiten der Sozialdemokratischen Partei Ungarns. Ab 1945 Vizepräsidentin der Volksversammlung, ab 1947 des Parlaments. Sie war bestrebt, die Unabhängigkeit der Sozialdemokratischen Partei zu wahren, weshalb sie in den fünfziger Jahren inhaftiert wurde. 1956 Staatsminister in der Koalisationsregierung Imre Nagy. Nach der Niederschlagung der Revolution Emigration.

Kettenhund. Nach dem Bruch mit Tito wurde der Partisanenführer mit Vorliebe als Kettenhund des Imperialismus bezeichnet, der sein Volk an die Sklavenkette der Kapitalisten gelegt habe.

Kis, Szaléz. Katholischer Priester, Hauptangeklagter im Gyöngyöser Prozeß wegen sowjetfeindlicher Organisierung. Dieser Prozeß war einer von jenen Prozessen, mit deren Hilfe die katholische Kirche als Zentrum der politischen Morde und der staatsfeindlichen Verschwörung hingestellt werden sollte. Die Angeklagten wurden vor ein sowjetisches Gericht gestellt und im Oktober 1946 hingerichtet. Von den am Leben gebliebenen wurden mehrere in die Sowjetunion verschleppt, wo sie in Arbeitslagern umgekommen sind.

Kis, János (1943*). Philosoph. Gehörte Ende der sechziger Jahre zum Kreis der jüngsten Lukács-Schüler. Nach dem Parteiausschluß eines der bekanntesten Mitglieder der demokratischen Opposition. Herausgeber und Redakteur der Samisdatzeitschrift Beszélö (Sprecher).

Kiss, Károly (1903–1984). Bis 1932 Mitglied des ZK, neun Jahre Gefängnis. Ab 1945 Mitglied der Parteiführung, 1946–1956 Vorsitzender der Zentralen Kontrollkommission, 1951–1952 Außenminister, 1952–1953 Stellvertretender Vorsitzender des Ministerrats, 1956–1962 Mitglied des Politbüros und

Sekretär des Zentralkomitees. 1962–1967 Sekretär des Präsidialrats, ab 1967 als Pensionär Vizevorsitzender des Landesrats der Gewerkschaften.

KÖMI – Direktion für Arbeiten von öffentlichem Interesse. 1950 wurden die sogenannten KÖMI-Unternehmen organisiert, wo ständig mehrere zehntausend Häftlinge zur Arbeit herangezogen wurden, im allgemeinen im Bergwerk, auf Baustellen oder in der Landwirtschaft, unter unmenschlichen Bedingungen. Am berüchtigsten war das ÁVH-Arbeitslager von Recsk, wo man die Gefangenen ohne Urteil arbeiten ließ und quälte. Die Institution der Zwangsarbeit existiert auch heute. 1984 wurde eine Verordnung verabschiedet, wonach die Anwendung der Zwangsarbeit auf sogenannte Drückeberger ausgedehnt werden kann.

KOVÁCS, BÉLA (1908–1959). Schon vor dem Krieg einer der bedeutendsten Führer der Unabhängigen Kleinlandwirtepartei und des Bauernbunds. Nach 1945 Generalsekretär der Kleinlandwirtepartei, eine der Leitfiguren im Kampf um die Demokratie. 1947 von der sowjetischen Geheimpolizei entführt und in die Sowjetunion verschleppt, von wo er schwer erkrankt erst 1956 zurückkehrte. In der Koalitionsregierung Imre Nagy 1956 für die Unabhängige Kleinlandwirtepartei Staatsminister.

KOVÁCS, IMRE (1913–1980). Schriftsteller, Politiker. Leitfigur in der Bewegung der Volksschriftsteller, dann in der Märzfront, der Organisation der Bewegung. Nach 1945 Führer jener Gruppe in der Nationalen Bauernpartei, die zu einem Pakt mit den Kommunisten nicht bereit war. Generalsekretär der Nationalen Bauernpartei, dann Stellvertretender Vorsitzender. 1947 Emigration in die USA.

KOVÁCS, ISTVÁN (1911). Polsterer. Kommunistischer Partei- und Staatsführer, seit 1927 Parteimitglied, acht Jahre Gefängnis, ab 1945 Mitglied des Zentralkomitees und des Politbüros der Partei, bis 1953 Sekretär des ZK, Parteisekretär des Komitats Borsod und später von Budapest. 1956–1958 Aufenthalt in der Sowjetunion. 1962 Parteiausschluß, 1966 Wiederaufnahme in die Partei. Bis zur Pensionierung Direktor eines industriellen Organisationsinstituts.

KRISTÓF, ISTVÁN (1912–1983 ?). 1952–1956 Mitglied des Präsidialrats, 1956–1961 Sekretär des Präsidialrats.

LOSONCZI, GÉZA (1917–1957). Journalist, Kommunist. Einer der wichtigsten Repräsentanten der Gruppe Imre Nagy. 1935–1936 Führer der Debrecener Gruppe der Märzfront. Seit 1939 Parteimitglied, nach 1945 Mitarbeiter der Zeitung Szabad Nép (Freies Volk), 1947 Staatssekretär im Präsidialamt des Ministerpräsidenten, 1949 Staatssekretär für Volksbildungsfragen, 1951 Verhaftung, 1954 Rehabilitierung, 1956 Mitarbeiter der Zeitung Magyar Nemzet (Ungarische Nation), dann Chefredakteur dieser Zeitung, Staatssekretär in der Regierung Imre Nagy, gemeinsam mit Imre Nagy verhaftet, während eines Hungerstreiks im Gefängnis bei der künstlichen Ernährung vermutlich eines unnatürlichen Todes gestorben.

Lukács, Georg (1885–1971). Philosoph, Kommunist. Herkunft aus einer wohlhabenden bürgerlichen Familie. Schloß sich der bürgerlichen demokratischen Revolution von 1918 an, formulierte seine Vorbehalte gegen den Bolschewismus, trat dann aber trotzdem der KP Ungarns bei, in der Räterepublik Volkskommissar für das Unterrichtswesen. Nach dem Sturz der Räterepublik Emigration nach Wien, Aufenthalt in Deutschland und in der Sowjetunion. Wegen Rechtsabweichung mehrfach scharf kritisiert, übte jedoch jedesmal parteigemäß Selbstkritik. 1945 Rückkehr nach Ungarn, fungierte als einer der führenden Ideologen der Partei. 1949 wurden seine Anschauungen von József Révai und László Rudas verurteilt, woraufhin er sich aus der Politik zurückzog. 1956 Unterrichtsminister in der Regierung Imre Nagy, weshalb er nach der Niederschlagung der Revolution gemeinsam mit der Gruppe um Imre Nagy nach Rumänien deportiert wurde, ohne allerdings deren Schicksal teilen zu müssen. Trotz ständiger Angriffe gegen ihn, wegen seiner relativ zivilen Sozialismus-Propaganda, bekannte er sich bis zu seinem Tode zum Sozialismus, zur kommunistischen Parteidiktatur.

Lukács-Schule. Kreis der Schüler, die sich um den marxistischen Philosophen Georg Lukács gruppierten. Die von der offiziellen Ideologie mehr oder weniger abweichende Richtung wird im Westen, wo sie in linken Kreisen ziemlich bekannt geworden ist, auch Budapester Schule genannt. Hierzu wird auch die folgende Generation der Lukács-Schule gerechnet, der Lukács-Kindergarten und die Gruppe der kritischen Soziologen, vor allem András Hegedüs. In der zweiten Hälfte der sechziger Jahre und Anfang der siebziger Jahre spielt die Lukács-Schule im geistigen Leben Ungarns eine bedeutende Rolle. Allerdings geraten die Angehörigen der Lukács-Schule nach 1968 allmählich auf die Liste der geduldeten beziehungsweise verbotenen Autoren. Nach dem Tod von Georg Lukács büßten sie ihren relativen Schutz ein, der durch Lukács gewährleistet war. Nach dem Verlust des Arbeitsplatzes blieb einigen von ihnen nur die Möglichkeit, im Westen zu arbeiten. Ferenc Fehér, Agnes Heller, György Márkus, Mária Márkus leben seit 1976 in Australien. Die jüngere Generation der Lukács-Schule hat sich von ihrem Mentor allmählich entfernt und bildet heute den Kern einer Gruppe der demokratischen Opposition.

Märzfront. Politische Organisation der Volksschriftstellerbewegung. Gründung 1937. Vorläufer der späteren Bauernpartei.

Malenkow, Georgij Maximilianowitsch (1902). Ingenieur. Sowjetischer Partei- und Staatsführer. Seit 1920 Parteimitglied, ab 1925 Stalins persönlicher Sekretär, ab 1939 Mitglied des ZK, ab 1946 Stellvertretender Ministerpräsident, 1953–1955 Ministerpräsident, 1957 durch Chruschtschow aus der Parteiführung ausgeschlossen.

Mao Tse-Tung (1893–1974). Gründungsmitglied der KP Chinas, ab 1933 faktischer Führer der KP Chinas. Nach dem Sieg der Revolution 1949–1959 Staatsoberhaupt. Von 1943 bis zu seinem Tod Vorsitzender der Partei.

Marosán, György (1908). Bäcker. Sozialdemokrat, später Kommunist. Arbeit im linken Flügel der Sozialdemodratischen Partei mit den Kommunisten zusammen. 1943 Sekretär der Sozialdemokratischen Partei, 1945–1947 deren leitender Sekretär. Einer der Hauptakteure bei der Vereinigung von KP und SP. Danach Budapester Parteisekretär und Stellvertretender Generalsekretär. 1950 Verhaftung, 1956 Rehabilitierung, Mitglied der Parteiführung, Stellvertretender Ministerpräsident. 1956–1962 Mitglied des ZK und des Sekretariats und wiederum Erster Sekretär von Budapest. 1962 Ausschluß aus dem ZK. 1965 Parteiaustritt, 1972 auf eigenen Wunsch Wiederaufnahme in die Partei.

MEFESZ. Abkürzung für den Verband der Ungarischen Universitäts- und Hochschulvereine. Der Verband wurde am 12. Oktober 1956 von Szegeder Studenten gegründet, weil sie zur offiziellen Vertretung, die im Rahmen des Demokratischen Jugendverbands (DISZ) organisiert war, kein Vertrauen hatten. Ihrem Beispiel folgend traten auch die Pécser, Miskolcer und Soproner und am 22. Oktober 1956 schließlich die Budapester Studenten aus dem Demokratischen Jugendverband (DISZ) aus und schlossen sich dem Verband der Ungarischen Universitäts- und Hochschulvereine (MEFESZ) an.

Méray, Tibor und Aczél, Tamás: »Tisztitó vihar« (Läuternder Sturm), 1959 London.

Mikojan, Anastas Iwanowitsch (1895–1978). Sowjetisch-armenischer Partei- und Staatsführer. Seit 1915 Bolschewik. Ab 1923 Mitglied des ZK der KPdSU. Zwischen 1926–1955 mehrere Ministerposten, 1955 Stellvertretender Ministerpräsident, 1964–1965 bis zur Pensionierung Staatsoberhaupt.

Mindszenty, József (1892–1975), Erzbischof, Fürstprimas. Führend im Widerstand gegen die Einführung der kommunistischen Diktatur. Dezember 1948 Verhaftung, Februar 1949 Verurteilung zu lebenslangem Zuchthaus, 1956 Befreiung durch die Revolution. Am 4. November 1956 Flucht in die Budapester Botschaft der Vereinigten Staaten von Amerika vor den sowjetischen Aggressoren. Vom Papst dazu aufgefordert, verließ er 1971 Ungarn. Starb in der Wiener Emigration.

Mitschurin, Iwan Wladimirowitsch (1855–1935). Fügte der sowjetischen Landwirtschaft großen Schaden zu, indem er während der Stalin-Ära gemäß Parteibeschlüssen als Botaniker unter Vernachlässigung aller biologischen und geographischen Gegebenheiten neue Pflanzenarten heimisch zu machen versuchte.

Molnár, Endre (1928*). Parteifunktionär. In den sechziger Jahren Arbeit in der Parteizentrale, gegenwärtig in Budapest in Führungsposition tätig.

Molotow, Wjatscheslaw Michailowitsch (1890*). Sowjetrussischer Partei- und Staatsführer. Seit 1906 Bolschewik, gehört seit 1921 zur obersten Parteiführung. 1930–1941 Vorsitzender des Rats der Volkskommissare, 1939–1949 Volkskommissar des Äußeren, 1953–1956 Außenminister, 1957 Ausschluß aus dem ZK, 1962 aus der KPdSU, 1984 Rehabilitierung und Wiederaufnahme in die Partei.

Nagy, Ferenc (1903–1979). Führender Politiker der Unabhängigen Kleinlandwirtepartei. Mitglied der Provisorischen Nationalversammlung. In der Provisorischen Regierung Minister für Wiederaufbau. Nach den einzigen und letzten freien Wahlen nach 1945 als Führer jener Partei mit der absoluten Mehrheit Präsident der Nationalversammlung, vom Februar 1946 bis Ende Mai 1947 Ministerpräsident der Koalitionsregierung. Nach Aufreibung der Unabhängigen Kleinlandwirtepartei zur Emigration gezwungen. Lebte bis zu seinem Tod in den USA.

Nagy, Imre (1896–1958). Ministerpräsident der ungarischen Revolution von 1956. Agrarökonom. Während des Ersten Weltkriegs Teilnahme an der russischen revolutionären Bewegung der ungarischen Kriegsgefangenen und am Bürgerkrieg. 1921 Rückkehr nach Ungarn, gehörte zu den Führern der Landarbeiterbewegung. Seit 1926 in Wien, dann in der Sowjetunion in der Emigration. Während des Zweiten Weltkriegs Mitarbeiter des Moskauer Senders Kossuth. Ende 1944 erneute Rückkehr nach Ungarn. Bodenaufteilungsminister. 1945–1946 Innenminister, Mitglied des Zentralkomitees und des Politbüros der Ungarischen Kommunistischen Partei und der späteren Partei der Ungarischen Werktätigen. 1949 im Zusammenhang mit der Kollektivierung wegen Rechtsabweichung aus dem Politbüro entfernt, 1951 jedoch erneut Mitglied des Politbüros, Versorgungs- und anschließend Erfassungsminister. Ab Ende 1952 Stellvertretender Ministerpräsident, ab 4. Juli 1953 Ministerpräsident. Im April 1955 gelang es Rákosi, Imre Nagy von sämtlichen Partei- und Staatsposten zu verdrängen. Im Dezember 1955 Ausschluß aus der Partei. Erst am 13. Oktober 1956, zehn Tage vor Ausbruch der Revolution, Wiederaufnahme in die Partei. Am 24. Oktober 1956 Ministerpräsident. Während seiner Regierungszeit Wiedereinführung der auf dem Mehrparteiensystem basierenden Demokratie, Imre Nagy erkannte die revolutionären Institutionen des Volks an, die Revolutionären Räte und die Arbeiterräte, Neutralitätserklärung, Austritt aus dem Warschauer Pakt. Nach dem sowjetischen Einmarsch am 4. November 1956 Asyl in der Budapester jugoslawischen Botschaft. Trotz Kádárs Zusicherung freien Geleits und der Garantie von Straffreiheit am 17. November 1956 nach Verlassen der jugoslawischen Botschaft gemeinsam mit seinen Mitarbeitern und deren Familien von den Sowjets entführt und nach Rumänien deportiert. 1958 in einem Geheimprozeß zum Tode verurteilt und am 16. Juni 1958 hingerichtet.

NÉKOSZ – Landesverband der Volkskollegien. Wurde 1946 als Ergebnis einer breiten Bewegung gegründet. Auflösung des Verbands im September 1949 und damit einhergehender Verlust der Unabhängigkeit der Volkskollegien. Gleichzeitige Verstaatlichung der Volkskollegien.

Nyers, Rezsö (1923*). Partei- und Staatsführer. Ursprünglich Drucker, Sozialdemokrat. Nach der Vereinigung von sozialdemokratischer und kommunistischer Partei Arbeit in der Parteizentrale. 1951–1956 Absolvierung der Wirtschaftswissenschaftlichen Universität. Juli 1956 Minister für Lebensmittelindustrie, Übernahme in die Regierung Imre Nagy. In der Regierung Kádár Regierungskommissar für die öffentliche Versorgung, 1957–1960 Vorsitzender des Landesverbands der Genossenschaften, 1960–1962 Finanzminister, 1962–1974 Sekretär des Zentralkomitees. In dieser Zeit Lenkung der Wirtschaftsreform. Nach dem Kurswechsel in der Reformpolitik bis 1981 Direktor des Wirtschaftswissenschaftlichen Instituts der Ungarischen Akademie der Wissenschaften, später Hauptmitarbeiter.

ORBÁN, LÁSZLÓ (1912–1980?). Jurist. Gehörte bereits vor dem Krieg zur Führungsspitze der Partei. Seit 1945 ununterbrochen bis zu seinem Tode Führungsposition auf kulturellem Sektor in der Parteizentrale und im Staatsapparat.

ORDAS, LAJOS (1901–1978). Evangelischer Bischof. Fast gleichzeitig mit Mindszenty Opfer der Kirchenverfolgung. Ebenso wie Mindszenty wurde auch er bis zum heutigen Tag nicht rehabilitiert.

PENG TE-HUAI (1898–1977). Chinesischer Militär und Politiker, Marschall. Nahm am Langen Marsch teil, Stellvertretender Kommandeur der Achten Marscharmee 1937/1945 und der Volksbefreiungsarmee 1945/49, Befehlshaber der chinesischen Volksfreiwilligenarmee in Korea 1951/54, Verteidigungsminister 1954/59, 1956 Mitglied des Politbüros der KP Chinas, 1959 wegen seiner Kritik an Mao Tse-tung aller seiner staatlichen Funktionen entbunden. In der Kulturrevolution 1966/69 von den Maoisten erneut heftig angegriffen.

PÉTER, GÁBOR (1911*). Schneider. Seit 1931 Parteimitglied. Ab 1943 zur Führung der Friedenspartei gehörig, ab 1945 Chef der Politischen Polizei und des späteren ÁVH. Hauptverantwortlich für die Realisierung der ungesetzlichen Prozesse. 1953 Verhaftung, 1957 zu lebenslangem Zuchthaus verurteilt, 1959 mit Kádárs erster Amnestiewelle aus dem Zuchthaus entlassen. Bis zur Pensionierung Arbeit als Bibliothekar. Lebt in Budapest.

PETŐFI-KREIS. Wurde ursprünglich 1954 als Diskussionsclub des Kommunistischen Jugendverbandes gegründet. Entwickelte sich 1956 zum Diskussionsforum der Opposition. Sekretär war Gábor Tánczos, Stellvertreter András B. Hegedüs, Balázs Nagy und Kálman Pécsi. Auf den Diskussionsveranstaltungen wurden erstmals Forderungen artikuliert, die in den Tagen der Revolution realisiert wurden.

PIROS, LÁSZLÓ (1917*). Metzger. Später Gewerkschaftführer. Ab 1951 Mitglied des Zentralkomitees, 1954–1956 Innenminister. Teilnahme an der Niederschlagung der Revolution von 1956. 1956 Emigration in die Sowjetunion, 1958 Rückkehr nach Ungarn, Direktor der Szegeder Salamifabrik. Lebt gegenwärtig als Pensionär in Szeged.

PÓCSPETRI-PROZESS (Juni 1948). Die Dorfbevölkerung protestierte vor dem Gemeindehaus gegen die Verstaatlichung der Schulen. Im Tumult ging das Gewehr eine Polizisten unter ungeklärten Umständen los, wobei der Polizist zu Tode kam. Unter Führung des Innenministers László Rajk wurde das Dorf von mehreren hundert Polizisten umzingelt. Mehr als hundert Menschen wurden verhaftet. Innerhalb weniger Tage wurde ein Geständnis aus ihnen herausgeprügelt, aufgrund dessen ein junger Gemeindeschreiber zum Tode verurteilt wurde. Ein Lehrer namens Som verbrachte vierundzwanzig Jahre im Zuchthaus. Erst 1972 kam er auf freien Fuß. Judit Embers erst unlängst entstandener Dokumentarfilm hätte eine Art Rehabilitierung sein können. Doch bisher kam es zu keiner Aufführung des Films.

RAJK, LÁSZLÓ (1909–1949). Seit 1931 Parteimitglied. Teilnahme am Spanischen Bürgerkrieg. 1941 Deportation von Frankreich in ein deutsches Arbeitslager. Flucht. 1944 Sekretär der illegalen KP Ungarns. Erneute Verhaftung, Internierung in Sopronköhida. 1945 Mitglied des Zentralkomitees und des Politbüros, 1946-1948 Innenminister, von 1948 bis zu seiner Verhaftung Außenminister. 1949 im Rahmen eines großangelegten Schauprozesses zum Tode verurteilt und hingerichtet. 1955 Rehabilitierung. 6. Oktober 1956 ehrenvolle Beisetzung.

RÁKOSI, MÁTYÁS (1892–1971). Die Einführung des stalinistischen Systems in Ungarn verbindet sich mit seinem Namen. Im Ersten Weltkrieg russische Kriegsgefangenschaft, nach der Rückkehr Eintritt in die Kommunistische Partei. Während der Räterepublik Stellvertretender Volkskommissar für Handel, Volkskommissar für Soziales und Politkommissar. Nach dem Sturz der Räterepublik Emigration nach Österreich und später in die Sowjetunion, wo er Mitarbeiter der Komintern war. 1924 Rückkehr nach Ungarn, um illegal für die Partei zu arbeiten. Verhaftung. Sechzehnjähriger Zuchthausaufenthalt. 1941 Abschiebung in die Sowjetunion im Rahmen einer Tauschaktion (kommunistische ungarische Häftlinge gegen Fahnen des ungarischen Freiheitskampfes von 1848/49). 1941–1944 Führer der ungarischen Emigration in Moskau. Redakteur am Moskauer Sender Kossuth. 1945 Rückkehr nach Ungarn, Generalsekretär der Kommunistischen Partei Ungarns, der späteren Partei der Ungarischen Werktätigen. 1945–1949 Staatsminister, 1949–1952 Stellvertretender Ministerpräsident, 1952–1953 Ministerpräsident, auch während der ersten Ministerpräsidentschaft von Imre Nagy (1953–1955) weiterhin Erster Sekretär der Partei. März 1955 erneut unumschränkter Herrscher, nach dem XX. Parteitag der KPdSU, im Juli 1956, Ablösung als Erster Sekretär. Emigration in die Sowjetunion, 1962 Ausschluß aus der Ungarischen Sozialistischen Arbeiterpartei, 1971 Überführung des Leichnams nach Ungarn.

RANKOVICS, ALEKSANDAR (1909–1983). Kommunistischer Führer Jugoslawiens. Neben Tito und Djilas einer der wichtigsten Führer der jugoslawischen KP und Partisanen. 1946–1962 Innenminister, 1963–1966 Vizepräsident der Republik, 1966 wegen seiner Rolle beim ungesetzlichen Vorgehen der Staatssicherheitsorgane Parteiausschluß und Entbindung von allen Ämtern.

RÉVAI, JÓZSEF (1898–1959). Während der Rákosi-Ära Kulturdiktator. Gründungsmitglied der KP. Nach dem Sturz der Räterepublik Emigration. 1930 illegale Rückkehr nach Ungarn. Verhaftung, zu drei Jahren Zuchthaus verurteilt. Nach der Entlassung Emigration in die Sowjetunion. Arbeit in der Komintern und beim Sender Kossuth in Moskau. Ab 1945 Mitglied des Zentralkomitees und des Politbüros, Chefredakteur der Parteizeitung Szabad Nép (Freies Volk). 1949–1953 Volksbildungsminister. Juni 1953 Verdrängung aus der Parteiführung. Nach Rákosis Entmachtung im Juli 1956 erneut Mitglied des Politbüros. Nach 1956 eine Zeitlang Kádárs Gegenspieler. Doch Révais schlechter Gesundheitszustand verhinderte ein Comeback an die Macht.

RÉZLER, GYULA (1911*). Zwischen den beiden Kriegen bedeutender Vertreter der ungarischen Soziologie. Beschäftigung vor allem mit den Arbeiterschichten. 1947 Emigration, Professur für Soziologie in Chicago.

RINGSTRASSENMORD. 1945 wurde auf der Budapester Ringstraße ein sowjetischer Soldat erschossen, die Hintermänner versuchte man der katholischen Kirche unterzuschieben.

SCHEINPROZESS, DER. Der Scheinprozeß basiert auf erfundenen Anklagepunkten, die je nach ideologischen Sachzwängen variierbar sind. Der Scheinprozeß wird öffentlich geführt, um die Weltöffentlichkeit von der Rechtmäßigkeit des gerichtlichen Vorgehens zu überzeugen. In der Regel aber wird der Scheinprozeß als Geheimprozeß geführt. Nicht Beweise sind für die Verhandlung ausschlaggebend, sondern eine von der Partei entwickelte Konzeption, weshalb der Scheinprozeß in Osteuropa auch als Konzeptionsprozeß bezeichnet wird.

SCHÖNSTEIN, SÁNDOR (1898–1945). Arzt. Kommunist. Die Schönsteinhefte waren ein marxistisches Propagandamittel. Tod im Konzentrationslager Bergen-Belsen.

SIMON, JOLÁN. Gábor Péters Ehefrau, Rákosis Sekretärin.

SIPOS, GYULA (1921–1972). Gründungsmitglied des Györffy-Kollegiums, Teilnahme an illegalen Bewegungen vor 1945, vorübergehende Verhaftung. Nach 1945 Mitglied der Bauernpartei. Dichter, Publikation von mehreren Gedichtbänden. Anfang der fünfziger Jahre totaler Rückzug aus dem politischen Leben. Einer der Initiatoren des politischen Widerstands der Populisten. Sein Andenken ist auch heute lebendig.

SLANSKY, RUDOLF (1901–1952). Ab 1929 Führer der tschechischen KP, ab 1945 deren Generalsekretär. 1952 Opfer von Stalins »Entjudungsprogramm«.

STALIN, JOSSIF WISSARIONOWITSCH (1879–1953). Begründer des Grundmodells der bis zum heutigen Tag bekannten kommunistischen Systeme. Nach Lenins Tod – 1924 – absoluter Herrscher der Sowjetunion. Schaffung des Sowjetreichs in den während des Zweiten Weltkriegs eroberten Gebieten.

SZAKASITS, ÁRPÁD (1888–1965). Arbeiter, Sozialdemokrat, später Mitglied der KP. 1903 Eintritt in die Sozialdemokratische Partei. In der Räterepublik Arbeit im Volkskommissariat des Inneren. Wegen dieser Tätigkeit dreijähriger Zuchthausaufenthalt. 1925–1948 Mitglied der sozialdemokratischen Parteiführung, 1938 Generalsekretär der Partei. 1944 Unterzeichnung des Vereinigungsabkommens der beiden Arbeiterparteien. 1945 Regierungsmitglied. Nach der Parteienvereinigung Vorsitzender der Partei der Ungarischen Werktätigen. 1949 Staatsoberhaupt. 1950 Inhaftierung, 1956 Rehabilitierung, 1958 Vorsitzender des Journalistenverbands, 1959 Präsident des Weltverbands der Ungarn.

SZALEI, BÉLA (1922*). 1944 von Hegedüs in die illegale kommunistische Jugendbewegung einbezogen. Führender Funktionär des Volksverbands der Ungarischen Jugend. 1953 Mitglied des Politbüros und Leiter des Planungsamts. In der Regierung Hegedüs Minister. Vor seiner Pensionierung Botschafter in Ostberlin.

SZÁLASI, FERENC (1897–1946). Führer der ungarischen Pfeilkreuzlerpartei, der Partei der ungarischen Faschisten. Am 15. Oktober 1944 nach der Ausschaltung Horthys mit Hilfe der Deutschen durch Putsch Machtübernahme. Als Hauptverantwortlicher für die Schreckensherrschaft der Pfeilkreuzler zum Tode verurteilt und hingerichtet.

SZÁSZ, BÉLA (1910*). Ähnlich wie Lászlo Rajk schloß er sich in den dreißiger Jahren als Student der illegalen kommunistischen Bewegung an. Zur Zeit seiner Verhaftung 1949 Chef der Presseabteilung des Landwirtschaftsministeriums. Legte kein Geständnis ab, verbrachte deshalb mehr als fünf Jahre im Zuchthaus ohne Urteil. Sein Buch *Freiwillige für den Galgen*, wichtigstes Dokument der Geschichte der kommunistischen Säuberungen in Ungarn, berichtet authentisch und zugleich literarisch anspruchsvoll über den Rajk-Prozeß (deutsch in der Anderen Bibliothek bei Franz Greno, Nördlingen 1986).

SZIGETI, JÓZSEF (1921*). Philosoph. Lukács-Schüler. Nach 1956 war er allerdings bemüht, sich durch Angriffe auf Lukács Verdienste zu erwerben. Seit 1946 Lehrtätigkeit an der philosophischen Fakultät in Budapest. 1957–1959 Stellvertretender Volksbildungsminister, 1959–1968 Direktor des Philosophischen Instituts der Ungarischen Akademie der Wissenschaften. Ab 1961 Universitätsprofessor, 1968 Angriffe auf die Vertreter der Budapester Schule und in diesem Zusammemhang auch gegen György Aczél. Ablösung von seinem Posten als Direktor.

SZÜCS, FERENC (1922*). Unter dem Einfluß von Ferenc Erdei Anschluß an die Studentenbewegung der Populisten. Als Mitglied des Györffy-Kollegiums Studium an der Budapester Technischen Universität. Gemeinsam mit András Hegedüs Aufbau der Studentenorganisation der Friedenspartei und Herausgabe einer illegalen kommunistischen Zeitung. 1945 Ministerialkommissar für Bodenaufteilung im Komitat Csanád. Bis 1948 vertrat er als Politbüromitglied in der Nationalen Bauernpartei die Zielsetzungen der kommunistischen Partei. Ab 1947 Führungsmitglied der militärischen Abwehr, 1950–1951 Militärattaché in Washington, im weiteren verschiedene

Positionen im Verteidigungsministerium. 1957 Absolvierung der Militärakademie Miklós Zrinyi, 1966 Absolvierung der sowjetischen Generalstabsakademie. 1968 während der Okkupation der Tschechoslowakei einer der Befehlshaber der ungarischen Truppen. Seit 1980 Mitglied der Ungarischen Sozialistischen Arbeiterpartei. Gegenwärtig Stellvertretender Generalstabschef.

Suslow, Michail Andrejewitsch (1902–1982). Volkswirt. Seit 1921 Mitglied der KP der Sowjetunion. Bis 1941 Mitglied des ZK, bis 1947 Sekretär des ZK, 1949–1950 Chefredakteur der Prawda, ab 1955 Mitglied des Präsidiums des ZK, ab 1966 Mitglied des Politbüros. Chefideologe der Partei.

Tito, Josip Broz (1892–1980). 1937–1966 Generalsekretär der Kommunistischen Partei Jugoslawiens. 1941–1945 Oberbefehlshaber der jugoslawischen Volksbefreiungsarmee und der Partisanen, 1945–1953 Ministerpräsident, ab 1953 Staatspräsident.

Tökés, Ottó (1922*). Gründungsmitglied des Györffy-Kollegiums. Rajks Privatsekretär. Verhaftung gemeinsam mit Rajk, fünf Jahre Einzelhaft. Rehabilitierung. Leiter des Sekretariats der Akademie der Wissenschaften, gegenwärtig Leiter des Sekretariats für Naturschutz.

Trotzki, Lew Dawidowitsch (1879–1940). Einer der obersten Führer der russischen Oktoberrevolution und des sich anschließenden Sowjetstaats. Im Kampf um die Macht unterlag er nach Lenins Tod Stalin. 1927 Ausschluß aus der KPdSU, 1929 Verbannung. 1940 auf Befehl Stalins ermordet.

Turul-bund. Studentenorganisation zwischen den beiden Weltkriegen nach dem Muster der deutschen Burschenschaften. Mit Unterstützung dieser Organisation, die der Regierung und rechten Kreisen nahestand, kam das Bólyai-Kollegium zustande, das die Bauernjugend um sich scharte. Nach dem Bruch des Bólyai-Kollegiums mit dem Turul-Bund konstituierte sich das Györffy-Kollegium.

Ungarische Gemeinschaft. Am 5. Januar 1947 wurde bekanntgegeben, das Innenministerium habe eine republikfeindliche Verschwörung, organisiert von einem Siebener-Komitee, entlarvt. Zu den Mitgliedern dieses Komitees gehörten: György Donáth, Domokos Szentiványi, István Szentmiklósi, Bálint Arany, Károly Kiss, Dr. János Héder und Dr. Kálmán Saláta. Im Prozeß werden drei Todesurteile gefällt. György Donáth wurde hingerichtet. Die Todesurteile gegen Lajos Dálnoki-Veress und Sándor Andráss wurden in fünfzehn Jahre Zuchthaus beziehungsweise zehn Jahre Zwangsarbeit umgewandelt. Dieser Prozeß gilt als eine entscheidende Station in Rákosis Kampf gegen die demokratischen Kräfte.

Vajda, Mihály (1934*). Philosoph, Angehöriger der Lukács-Schule. 1973 Parteiausschluß. Lebt in Budapest, verdient seinen Lebensunterhalt mit Sprachunterricht, publiziert in oppositionellen Zeitschriften.

Vas, Zoltán (1903–1980). Seit 1919 Kommunist. Im Horthy-Regime sechzehn Jahre im Zuchthaus. 1941 gemeinsam mit Rákosi von der sowjetischen

Regierung ausgetauscht. Ab 1945 zu den aus Moskau nach Ungarn zurückgekehrten Führern der KP gehörend. Regierungskommissar für die öffentliche Versorgung, Budapester Bürgermeister, Sekretär des Wirtschaftsrats, Vorsitzender des Planungsamts. 1951 als ungarische Folge der sowjetischen »Entjudung« Ausschluß aus dem Politbüro. 1956 gemeinsam mit Imre Nagy Deportation nach Rumänien. Nach seiner Rückkehr nach Ungarn Rückzug aus dem politischen Leben. Publizistische Tätigkeit. Der erste Band seiner Memoiren wurde um den Preis vieler Auslassungen veröffentlicht. Der zweite Band wird der Öffentlichkeit auch heute noch vorenthalten.

VÁSÁRHELYI, MIKLÓS (1917*). Journalist. Mitarbeiter der Zeitung Szabad Nép (Freies Volk). Zugehörigkeit zu Imre Nagys engstem Freundeskreis. Spielte eine wichtige Rolle bei der Entscheidung, daß Imre Nagy die Führung der Revolution übernahm. Nach 1956 zu fünf Jahren Zuchthaus verurteilt. Lebt gegenwärtig vom Übersetzen.

VERES, PÉTER (1897–1970). Schriftsteller, Politiker. Führungsfigur der populistischen Bewegung. Nach 1945 Vorsitzender der mit den Kommunisten kooperierenden Bauernpartei. Minister. 1954–1956 Vorsitzender des Schriftstellerverbands. Aktive Rolle beim Ausbruch der Revolution am 23. Oktober 1956. Forderte im Namen des Schriftstellerverbands Imre Nagys Rückkehr an die Macht. Mitglied der Führungsmannschaft der für kurze Zeit zu neuem Leben entstandenen Bauernpartei (Petőfi-Partei). Nach 1956 Rückzug ins literarische Leben. Unterstützte Kádárs Politik.

VOLKSSCHRIFTSTELLER, BEWEGUNG DER. Zwischen den beiden Weltkriegen tätige politisch-literarische Gruppe, die bedeutende soziologisch-soziographische Forschungsarbeit geleistet hat. Die führenden Vertreter der Bewegung haben nach der Möglichkeit eines Dritten Wegs gesucht. Wichtigstes Forum war László Németh's TANU (Zeuge) und später die VÁLASZ (Antwort). Wichtige Vertreter der Bewegung: Ferenc Erdei, Géza Féja, Gyula Illyés, János Kodolányi, Imre Kovács, László Németh, Zoltán Szabó, Péter Veres. Nach 1945 wurde die Bewegung von der Nationalen Bauernpartei neu organisiert, ihre kommunistisch orientierte Linke von der Macht integriert. Die demokratischen Vertreter wurden gezwungen, in die äußere oder innere Emigration zu gehen. Die Traditionen der Bewegung der Volksschriftsteller spielten während der Revolution 1956 eine beachtliche Rolle. Bis in die Gegenwart hinein halten sich ernstzunehmende politische und literarische Gruppierungen für die Nachfolger dieser Bewegung.

WOROSCHILOW, KLIMENT JEFREMOWITSCH (1881–1969). Sowjetischer Militärführer. Seit 1903 Bolschewik, im Bürgerkrieg Armeebefehlshaber. Im Zweiten Weltkrieg einer der sowjetischen Militärführer, 1945–1947 in Ungarn Vorsitzender des Alliierten Kontrollrats. 1946–1953 Stellvertretender Ministerpräsident, ab 1953 Mitglied der Staatsführung, bis 1960 Staatsoberhaupt.

ZÖLD, SÁNDOR (1913–1951). Arzt. Seit 1932 Kommunist. Nach 1945 Staatssekretär des Inneren, 1949 Mitglied des Zentralkomitees, 1950 Mitglied des

Politbüros, Innenminister. 1951 beging er gemeinsam mit seiner Familie Selbstmord, nachdem er erfahren hatte, daß ein Verfahren gegen ihn eingeleitet worden ist.

Inhalt